AUSGEKOCHT

Pitt von Bebenburg
Matthias Thieme

AUSGEKOCHT

Hinter den Kulissen hessischer Machtpolitik

1. Auflage 2010

© Eichborn AG, Frankfurt am Main, Oktober 2010
Umschlaggestaltung: Christina Hucke
unter Verwendung eines Fotos von © picture alliance/dpa
Lektorat: Klaus Gabbert, Büro Z
Ausstattung, Typografie: Susanne Reeh
Satz: Greiner & Reichel, Köln
Druck und Bindung: Fuldaer Verlagsanstalt, Fulda
ISBN 978-3-8218-6547-8

© **Mix**
Produktgruppe aus vorbildlich bewirtschafteten
Wäldern, kontrollierten Herkünften und
Recyclingholz oder -fasern
FSC www.fsc.org Zert.-Nr. SCS-COC-001554
© 1996 Forest Stewardship Council

Eichborn Verlag, Kaiserstraße 66, 60329 Frankfurt am Main
Mehr Informationen zu Büchern und Hörbüchern aus dem Eichborn Verlag
finden Sie unter www.eichborn.de

Inhalt

Vorwort

Das Volk ist die Grundlage der Demokratie. Das glauben jedenfalls die meisten Menschen. Leider irren sie sich. Zumindest in Hessen. Dort halten sich die regierenden Politiker für die Basis der Demokratie. Und sie benehmen sich auch so.

Bürger erwarten zu Recht, dass Regierungen kontrolliert werden – vom Parlament, von der Justiz, von den Medien. Sie erwarten, dass Fehlentwicklungen auffallen und abgestellt werden. Dieses Buch zeigt, dass es zuweilen ganz anders läuft.

Es berichtet vom politischen Handeln des langjährigen Ministerpräsidenten Roland Koch und seines Nachfolgers Volker Bouffier. Wir beschreiben ein System, in dem die Regierung all jene beherrscht, von denen sie kontrolliert werden soll. »L'état, c'est moi«, der Staat bin ich: Dieses Wort, das dem absolutistischen König Ludwig XIV. zugeschrieben wird, gilt auch für die Herrscher Hessens im ersten Jahrzehnt des 21. Jahrhunderts. Mit einer Einschränkung: Der absolutistische französische König musste sich nicht zur Wahl stellen.

Daraus ziehen die hessischen CDU-Politiker den fatalen Schluss, sie dürften nach Belieben schalten und walten, weil sie schließlich gewählt seien. Roland Koch hat dieses Denken ganz unverhohlen auf den Punkt gebracht. Als er wegen seiner Einflussnahme auf einen Chefposten im Fernsehen Kritik einstecken musste, erwiderte der hessische Ministerpräsident gekränkt: »Politiker sind nicht eine Gefahr für die Demokratie, sondern ihre Grundlage.«[1]

Roland Koch und Volker Bouffier als Grundlage der Demokratie – genau nach diesem Muster verfährt die CDU in Hessen. Die Trennung der Gewalten, von Regierung, Parlament und Justiz, ist zwar im Grundgesetz vorgeschrieben. Auch die Unabhängigkeit der Medien oder das Prinzip der Bestenauswahl in der Verwaltung zählen zu den ehernen Regeln, die Machtmissbrauch verhindern sollen. Tatsächlich werden die Trennlinien von Koch und Bouffier laufend überschritten. So brechen diese Politiker gewohnheitsmäßig den Geist der Verfassung.

Einige krasse Fälle werden in diesem Buch beschrieben. Oft sind sie nur aufgeflogen, weil mutige Opfer des Systems Koch den Mund aufgemacht haben. Wenn man sieht, welche Konsequenzen das für diese Menschen haben kann, lässt sich erahnen, wie viele Fälle niemals bekannt geworden sind.

Demokratie lebt davon, dass die Mächtigen kontrolliert werden, statt selbst alles zu kontrollieren. Wenn es sonst niemand macht, müssen die Bürger ganz genau hinschauen und ihre Konsequenzen ziehen. Auch bei Kochs politischem Blutsbruder und Nachfolger Volker Bouffier. Denn in der Demokratie geht alle Staatsgewalt vom Volke aus. Nicht vom Volker.

1

Macht um jeden Preis

Das System Koch und sein Personal

Wir ehren uns selbst

Politik war übersichtlich in den Zeiten von Roland Koch. Man konnte sich darauf verlassen: Egal, bei welchem Skandal der Mann ertappt wird, er tritt nicht zurück. Jetzt ist der hessische Ministerpräsident nach gut elf Jahren gegangen. Aber alles bleibt beim Alten. Sein Nachfolger Volker Bouffier war von Anfang an Teil des Systems Koch. Auch er weiß genau, wie man Skandale aussitzt, einen Kreis enger Gefolgsleute um sich schart, die Geschlossenheit zur obersten Maxime der Partei erklärt und die Macht sichert, selbst wenn man dafür die Gesellschaft spalten muss. Machiavelli lässt grüßen.

Jetzt, da Roland Koch abgetreten ist, beginnt die politische Heiligsprechung des Provokateurs. Wir hören auf allen Kanälen, wie scharfsinnig, wie geradlinig, wie aufrecht der langjährige hessische Ministerpräsident und Stellvertreter von Angela Merkel in der CDU war. Ein Ausnahmepolitiker im positiven Sinne. Sein freiwilliger Rückzug sei eine beeindruckende Geste der Unabhängigkeit, will man uns weismachen, sein Abgang ein riesiger Verlust für das Land. Wir wundern uns. Haben wir etwas verpasst?

Seit Franz Josef Strauß und Helmut Kohl ist kein Politiker mit so vielen Skandalen verbunden wie Roland Koch. Der Politiker aus dem Frankfurter Vorort Eschborn hätte wegen etlicher dieser Affären längst Konsequenzen ziehen müssen. Nur sein

System der eisernen CDU-Kameradschaft, des Zusammenhalts gegen ein Feindbild der linken Horden, hat ihn vor dem unfreiwilligen Rücktritt bewahrt.

Es gibt kein Bundesland, an dem sich der Mechanismus der Hinterzimmerklüngel und des Machiavellismus besser beschreiben ließe als Hessen, wie es unter Koch und Bouffier geworden ist. Sie haben ein System perfektioniert, das die Großen schützt und keine Rücksicht nimmt auf jene, die ihnen gefährlich werden können. Erlaubt ist, was Erfolg verspricht, selbst wenn Minderheiten attackiert werden. Wenn es der Sicherung der Mehrheit dient, wird im System Koch auch die Wahrheit geopfert. Anschließend erklärt die Hessen-CDU die Meinung der Mehrheit, nämlich ihre, zur Wahrheit. So lässt es sich in den Abschlussberichten der Untersuchungsausschüsse nachlesen, die mit Kochs Parlamentsmehrheit stets zu dem Schluss kamen, dass es in seiner Regierungszeit nie Skandale gegeben hat. Wer die Ereignisse jedoch nachvollzieht, kommt zu ganz anderen, haarsträubenden Ergebnissen.

Kochs Erfolgsgeheimnis war immer die Politik der verschworenen Clique, des bandenhaften Zusammenhalts eines Männerbunds, der sich gegen äußere Feinde um einen starken Anführer schart. Mit seinen Jugendfreunden hat Koch alle wichtigen Ministerposten in Hessen besetzt. Koch schuf ein Bundesland, in dem vom Ministerpräsidenten über den Innen- und den Justiz- bis zum Finanzminister enge Jugendfreunde jahrelang an den Hebeln der Macht saßen. Deshalb ist Koch ein Ausnahmepolitiker im negativen Sinn. Er hat der politischen Kultur geschadet.

Um Missverständnissen vorzubeugen: Es muss nicht falsch sein, wenn Freunde miteinander Politik gestalten. Aber ein Kabinett, das fast nur aus alten Kumpanen besteht, erinnert mehr an die Feudalherrschaft eines Medici-Fürsten. Gegen Parteien, deren Mitglieder an einem Strang ziehen, ist nichts einzuwenden. Wenn aber eine offene Debatte nicht stattfinden darf, damit die Partei ein Bild der Geschlossenheit abgibt, wird es bedenklich. Richtig sind Wahlkämpfe, in denen Politiker die Alternativen klar benennen. Gefährlich sind dagegen Kampagnen, die die Bevölkerung in Gute und Böse teilen. Das sind die Grenzlinien, die das System Koch ständig überschreitet. Es geht dabei nicht um Personen. Es geht nicht darum, ob Roland Koch oder Volker Bouffier sympathische Menschen sind. Es ist ihr System des Machterhalts um jeden Preis, das für uns im Mittelpunkt steht.

Mit dem Abgang des Roland Koch nimmt seine Verklärung vor allem in der ausgezehrten CDU erschreckende Ausmaße an. Der einstige CSU-Vorsitzende Edmund Stoiber verlangt, »dass man Roland Koch unbedingt in der Politik halten sollte«. Ein Koch-begeisterter Bundespolitiker geht noch einen Schritt weiter: »Er war göttlich«, formuliert er. Es ist der 30. Juni 2010, als diese Worte fallen, die Bundesversammlung wählt Kochs Kumpel Christian Wulff aus Niedersachsen in einer mühsamen Prozedur zum Bundespräsidenten. Wulff schafft es erst, nachdem Roland Koch einen aufrüttelnden Auftritt in der CDU/CSU-Fraktion für den Kandidaten hingelegt hat, nach einer mauen Rede der Bundeskanzlerin. Der göttliche Roland als Gegenentwurf zur normalsterblichen Angela: Das ist das Bild, das die innerparteilichen Gegner der Kanzlerin und CDU-Vorsitzenden Merkel von jetzt an verbreiten. Es ist falsch.

Ein Kennzeichen der schnelllebigen Mediendemokratie besteht in der Vergesslichkeit, und die Koch-Verehrer beweisen eine erstaunliche Amnesie. Die Karriere des CDU-Politikers ist nur dadurch möglich geworden, dass seine Skandale nach einiger Zeit schlicht von anderen Skandalen überlagert wurden. Auch sein Nachfolger Volker Bouffier hätte wohl schon im ersten Amtsjahr als Innenminister vor mehr als zehn Jahren gehen müssen, wenn seine heute kaum noch bekannte Parteiverratsaffäre nicht von der viel mächtigeren Schwarzgeldaffäre der Hessen-CDU überdeckt worden wäre.

Mit der Schwarzgeldaffäre übrigens will Koch nichts zu tun haben. Andere hätten ihm Nitroglycerin ohne Gebrauchsanweisung übergeben, spielt der Machtpolitiker heute das Opferlamm. Koch bastelt an seiner Verklärung mit.

Koch hat dafür gesorgt, dass seine Clique auch nach seinem Abgang weiter regiert. Nachfolger Volker Bouffier war immer Teil dieses Systems. Jetzt führt er es an. Es steht für die Unterordnung politischer Sachfragen unter die Technik des Machterhalts, die Versorgung und Protektion von Freunden und die Diffamierung des politischen Gegners. Die hessischen Verhältnisse offenbaren, wie die Demokratie von Netzwerken erstickt, von Machenschaften ausgehöhlt werden kann.

Kochs Überhöhung und mediale Beweihräucherung im Sommer 2010 haben den Ausschlag für dieses Buch gegeben. Es spricht einige in Regierungskreisen sehr unbeliebte Wahrheiten über die Ära Koch aus, die zum Teil erstmals vollständig dargestellt und dokumentiert werden. Es erinnert an die Skandale, Affären und haarsträubenden Ungereimtheiten der Koch-Regierung. Es erklärt, wie das System Koch mit Volker Bouffier weiter triumphiert. Denn ob mit Koch oder Bouffier: die hessischen Verhältnisse bleiben hässliche Verhältnisse, solange sich die Politik nicht grundlegend ändert.

Wer ihr Denken und Handeln begreifen will, braucht nur eine knappe Notiz zu lesen. Sie umfasst gerade acht Zeilen inklusive Überschrift, doch in diesen acht Zeilen steckt die Essenz der politischen Welt von Roland Koch und Volker Bouffier. Sie sind in einem wenig gelesenen Werk abgedruckt, dem *Staatsanzeiger für das Land Hessen*. Versteckt auf Seite 1682 ist dort im Jahre 2005 eine knappe Mitteilung erschienen: Roland Koch verleiht an drei seiner Minister den Hessischen Verdienstorden.[2]

Man muss sich das vorstellen: Ministerpräsident Koch hängt seinen engsten politischen Freunden Volker Bouffier und Karlheinz Weimar, seinerzeit Innen- und Finanzminister, sowie dem damaligen Justizminister Christean Wagner das rote Kreuz mit dem goldenen Hessen-Löwen am blauen Band um. Im Namen des Landes Hessen, versteht sich. Vorschlagsberechtigt für die

Ordensträger: der Ministerpräsident und seine Minister. Also die Preisgekrönten selbst.

Politische Freundschaften müssen nicht verwerflich sein. Überall gibt es solche Verbindungen. Doch Hessen ist anders. Selbst die größten Verehrer von Roland Koch würden wohl kaum behaupten, dass unter vier Millionen erwachsenen Hessen rein zufällig genau jene die besten Minister abgeben, die schon immer mit Koch befreundet waren. Doch seine Landesregierungen bestehen von Anfang an, seit 1999, zum Großteil aus politischen Jugendfreunden. Sie fahren gemeinsam in Urlaub, helfen sich gegenseitig als Trauzeugen, Anwälte und Notare. Im Regierungsapparat beschützen sie sich gegenseitig.

Normalerweise lässt sich die hessische Landesregierung nicht lumpen, wenn sie Ehrungen vergibt. Man lädt dann Gäste ein und hält die eine oder andere gewichtige Rede. Auch Journalisten sollen dabei sein, um Ruhm und Preis in die Welt hinauszurufen. Nicht so bei den Herren Bouffier, Weimar und Wagner. Man will wohl doch lieber unter sich bleiben bei dieser peinlichen Ehrung.

Das System Koch weckt Erinnerungen an längst versunken geglaubte, vordemokratische politische Zustände. Duodezfürsten konnten nach Gutdünken ihre Getreuen auszeichnen oder bestrafen. Doch solche Vergleiche kommen nur uneinsichtigen Regierungsgegnern in den Sinn. Koch-Sprecher Dirk Metz jedenfalls findet die Ordensverleihung an die Minister »völlig normal«. Kochs engster Ratgeber hat Recht, wenn auch in einem anderen Sinne, als er es meint. In einer normalen demokratischen Kultur wären solche Zustände undenkbar. Im System Koch allerdings sind sie der Normalzustand.

Konservative im Feindesland

»Roland Koch ist unser Anführer, und er bleibt unser Anführer«, beteuert Volker Bouffier im Frühjahr 2008, nachdem die CDU des Spitzenkandidaten Koch bei der Wahl gegen Andrea

Ypsilantis SPD krachend abgestürzt ist. Seine eigene politische Geschichte ist aufs Engste mit dem Aufstieg von Roland Koch verwoben. Mehr noch: Bouffier war dem jungen Koch Freund und Förderer, Anführer und Wegbereiter. Jetzt ist er selber am Drücker. Koch hat das vorgeschlagen, die Partei ist ihm gefolgt. Noch am selben Tag, an dem der Ministerpräsident die eigene Partei mit seiner Rücktrittsankündigung vor den Kopf gestoßen hat, installiert er auch seinen sechs Jahre älteren Nachfolger. Bevor der Parteitag ein paar Wochen später die offizielle Entscheidung trifft, nominieren die Mitglieder des CDU-Landesvorstandes und die hessischen Kreisvorsitzenden Bouffier einstimmig. Ohne Abweichler, ohne Kritik, so wie die Regel der Kaderpartei es vorsieht. Dabei ist aus der Außensicht schwer verständlich, warum ausgerechnet der 58-jährige skandalbelastete Bouffier die Zukunftshoffnung der hessischen Union verkörpern soll. Als er nominiert wird, ist mal wieder ein Untersuchungsausschuss gegen ihn im Gange, zugleich läuft eine staatsanwaltschaftliche Ermittlungsprüfung – von beidem wird noch ausführlich die Rede sein. Doch das stört nicht weiter. Denn es geht vor allem um eine bestimmte Zukunft: um den Machterhalt der Koch-Getreuen.

Allein dem »Bouffi«, wie er parteiintern seit Urzeiten genannt wird, traut Koch es zu, den Regierungsladen in seinem Sinne zusammenzuhalten. Der späte Aufstieg befreit die graublonde Eminenz vom Ruf als ewigem Thronfolger, als »Prinz Charles« der hessischen Politik. Wie der Sohn der britischen Königin ist Bouffier lange nicht ganz nach oben gekommen. Nun soll er die Hessen-CDU im Kochschen, im konservativen Sinne weiterführen und nicht auf die Abwege einer Merkel-CDU, die den Hessen viel zu liberal, viel zu sozialdemokratisch und viel zu weiblich ist.

Dabei führt die Personalie tief ins Gestern, erinnert an die Verbundenheit des abdankenden Roland Koch mit seinem Mentor Volker Bouffier. Koch hat ihn damals sehr bewundert, in seinen Anfangsjahren bei der hessischen Jungen Union.

Bouffier kommt zu den Treffen bereits mit dem Auto, als Roland Koch noch von seiner Mutter hingefahren wird. Bouffier und der langjährige, bis Ende August 2010 amtierende Finanzminister Karlheinz Weimar sind damals die Helden, können sich aber gegenseitig nicht recht leiden. Jungspund Koch versucht ungefragt zu vermitteln und sich damit bekannt zu machen. Für Weimar ist Koch zunächst »nur so ein pickeliger Knabe im grauen Anzug«[3], der mutterseelenallein in irgendwelchen Papieren liest. Bouffier lässt den Frechdachs einfach abblitzen. Doch Koch bleibt hartnäckig, und mit der Zeit entwickelt sich eine Freundschaft.

Der gut sechs Jahre ältere Bouffier hat ähnliche biografische Wurzeln wie Koch. Beide Väter sind prominente CDU-Politiker, Karl-Heinz Koch bringt es bis zum hessischen Justizminister, der Gießener CDU-Mann Robert Bouffier zum langjährigen einflussreichen Stadt- und Kreispolitiker. Koch wie Bouffier wachsen in Opposition zu den Sozialdemokraten auf, die Hessen seit Jahrzehnten regieren, und in inniger Feindschaft zu den linksalternativen 68ern, mit denen sie nicht zuletzt an den Unis Kämpfe ausfechten. Sie bilden eine konservative Minderheit, empfinden sich als einsame Bürgerliche im Feindesland, die sich zusammenschließen, um es den Linken zu zeigen.

Auch Bouffier ist ehrgeizig, schafft es zum Schulsprecher, studiert Rechtswissenschaften, leitet eine Kanzlei und wird Hessens jüngster Landtagsabgeordneter, bis Roland Koch ihm diesen Titel streitig macht. Koch vermittelt seinen Junge-Union-Kumpel Bouffier an Vater Karl-Heinz, der ihn 1987 in der ersten hessischen CDU-Regierung unter Walter Wallmann zu seinem Staatssekretär im Justizministerium beruft. Bouffier wiederum lässt Koch den Vortritt, als es zwölf Jahre später um die Spitzenkandidatur zur Landtagswahl geht. Und tatsächlich, die CDU erobert 1999 die Mehrheit von Rot-Grün zurück, Koch wird Ministerpräsident.

Man ist gemeinsam aufgestiegen, man hat gemeinsam die Macht erobert und gefestigt. Und so versichert Bouffier seinen

Parteifreunden, als er im Juni 2010 zum Koch-Nachfolger als hessischer CDU-Landesvorsitzender gewählt wird, es werde in der Politik der Partei unter ihm »keine Revolution« geben. Nur im persönlichen Stil werde man sich unterscheiden. In der Tat.

Anders als der spröde und zurückhaltende Koch tritt Bouffier als Draufgänger auf, der mit seiner lauten Stimme und seinem jovialen Auftreten jeden Stammtisch einnehmen kann. Bouffier war einst eine Sportskanone und feierte Erfolge als Basketballer beim mehrfachen deutschen Meister MTV Gießen. Er wirkt körperlich dynamisch, obwohl er bis heute unter den Folgen eines Unfalls leidet, nach dem er vor 25 Jahren viele Monate im Krankenhaus zubringen musste.

Der Aktenfresser Koch hingegen spielt zwar Tennis und fährt Ski, aber oft steht er so unbeholfen da, als wäre er in seinem Körper nicht zuhause. Bouffier begrüßt Menschen mit einem kräftigen Händedruck. Bei Koch fühlt er sich seltsam schlaff an, ohne jeden Widerstand. Seine Kraft sitzt ganz woanders.

Von der Tankstelle ganz nach oben

Langsam haben Bouffier und die anderen Großen der JU den kleinen Koch was werden lassen. Schriftführer erst. Dann, Anfang der 80er Jahre, nimmt »Bouffi« Koch in einen ganz besonderen Freundschaftsbund auf: die »Tankstelle«, so benannt nach dem Treffpunkt, der Autobahnraststätte Wetterau an der A5 Richtung Norden. In einem eigens angemieteten Séparée schwört sich eine Reihe junger Politiker die Treue – einer der erfolgreichsten informellen Zusammenschlüsse der bundesdeutschen Politik wird gegründet. Eines der Mitglieder, der spätere Minister Jürgen Banzer, erinnert sich rückblickend, dass die Tankstelle gar nicht so wichtig gewesen sei. »Die Treffen gab's gerade zehnmal in 20 Jahren«, sagt der Politiker. »Das wird völlig falsch transportiert, aber wir lassen das laufen. Das ist einfach eine schöne Geschichte.«

Doch die Zahl der Treffen ist nicht das Entscheidende. Bezeichnend für das Karrierebündnis ist schlicht sein Erfolg. Irgendwann wird ein Großteil der Tankstellenrunde ganz oben in der Landespolitik angekommen sein: in Ministerämtern. Denn neben Koch und Anführer Bouffier sind in der Tankstelle dabei: der spätere Umwelt- und langjährige Finanzminister Karlheinz Weimar; der kommende Hochtaunus-Landrat und Justiz-, Kultus- und Sozialminister Jürgen Banzer; der künftige Europa- und Bundesratsminister und heutige Opel Vice President für Regierungsbeziehungen Volker Hoff; Kochs kommender Staatskanzlei-Chef, CDU-Fraktionsvorsitzender und Bundesverteidigungsminister Franz Josef Jung; der spätere Landtags- und Bundestagsabgeordnete und zeitweilige Vorsitzende der hessischen Landesgruppe im Bundestag Bernd Siebert; der spätere Landtagsabgeordnete Clemens Reif; und als einzige Frau Kochs langjährige Kultusministerin und zeitweilige Vize-Regierungschefin Karin Wolff.

Als Roland Koch 50 Jahre alt wird, überredet ihn seine Partei zu einem Geburtstagsempfang, obwohl bei der Union gerade keine Feststimmung herrscht. Es ist Frühjahr 2008, die CDU hat ihre Mehrheit im Landtag eingebüßt, Koch hat einige Monate als nur geschäftsführender Ministerpräsident vor sich. Auf eine protzige Fete verzichtet man. Die Partei lädt zwar ins schicke Kurhaus Wiesbaden, aber das Büfett beschränkt sich auf Würstchen, Kartoffelsuppe und Kartoffelsalat. Für brave Unterhaltung sorgt das Landesjugend-Jazzorchester.

Volker Bouffier hält die Gratulationsrede auf den Anführer. Natürlich ist bei diesem festlichen Ereignis keine Rede von Untersuchungsausschüssen, keine Rede von Schwarzgeld. In ungewohnter Offenheit greift Bouffier allerdings andere Gründe für die Antipathie auf, die Koch in der Öffentlichkeit entgegenschlägt. »Unglaublich zielstrebig und glatt« sei Kochs politischer Aufstieg verlaufen. Zudem sei er, »horribile dictu«, immer noch mit derselben Frau verheiratet, spottet der Redner in Richtung der Kritiker.

Bouffier nutzt die Gelegenheit, um sich über Menschen zu mokieren, die einen Joschka Fischer mehr schätzen, einen Politiker, der Steine geschmissen, Polizisten verprügelt und es auf fünf Frauen gebracht habe. Koch müsse im Vergleich zu dem einstigen Sponti-Führer und späteren hessischen Umwelt- und Bundesaußenminister Fischer »das Urbild des Spießers« sein. »Und wenn schon kein Spießer, dann wenigstens ein Unhold, ein Machtmensch, ein Kopfmensch.«

Womit die Kritiker, wie Bouffier einräumt, nicht völlig falsch lägen. »Natürlich hat dieser Roland Koch Machtwillen. Wo es notwendig ist, zeigt er auch Härte.« Nur – falsch findet man das im System Koch keineswegs. Spießig zu sein ist in der Union kein Problem. Machtmensch zu sein schon gar nicht. Bloß der Kopfmensch, damit tun sich die Parteifreunde oft schwer. Koch lässt auch diese Rede über sich ergehen, stehend, die Hand am Kinn, unnahbar und undurchschaubar.

Spießer, Machtmensch, Kopfmensch, damit kann er leben. Aber Kritik an seinen politischen Freundschaften? Da hört der Spaß auf. Eines schreibt er der Festgesellschaft an diesem Tag ins Stammbuch: Es dürfe kein »Anlass für Verdacht« sein, wenn Politiker miteinander befreundet seien. Er jedenfalls freue sich darüber, wenn man unter Freunden Politik machen könne.

Daran ändert sich auch mit dem Wechsel in der Staatskanzlei nichts. Mit Bouffier als Ministerpräsident sitzt Roland Koch weiter unsichtbar am Kabinettstisch, und da er unmittelbar nach seinem Rücktritt als hessischer CDU-Chef zum Ehrenvorsitzenden des Landesverbandes gewählt wurde, darf er auch an Vorstandssitzungen teilnehmen, wenn er Lust dazu verspürt. Die Tankstelle braucht man dazu nicht mehr. »Wir werden in der uns eigenen Art unsere Politik fortsetzen«, verspricht Bouffier, und es klingt wie eine Drohung. »Ich trete ein großartiges Erbe an.«

Männer gegen Merkel

Das Erbe von Roland Koch ist genau dies: die Politik als Clique, mit einem Anführer und einer Gefolgschaft, mit Treueschwüren und äußeren Feinden. Und vielen Geheimnissen, die die Gruppenmitglieder stark aneinander binden.

Einst wollte Koch dieses Prinzip des Clans, diese männerbündischen Sippenstrukturen verschworener Politiker, bis in die Bundespolitik ausbauen und mit dieser Methode irgendwann Angela Merkel besiegen. Vielleicht sogar selbst Kanzler werden. »Andenpakt« hat sich diese Zusammenrottung von westdeutschen CDU-Männern genannt, weil der Treueschwur der Gründungsmitglieder auf einem Nachtflug von Caracas nach Santiago de Chile stattgefunden haben soll. Koch ist da noch nicht dabei. Er wird später von seinem Weggefährten Franz Josef Jung hineingeholt. Die Hessen halten zusammen.

Zwei Tage, bevor er seinen Rückzug aus der Politik öffentlich verkündet, weilt Roland Koch mit seinen Andenfreunden fern der Heimat – zwar nicht in Südamerika, aber in Barcelona. Man spricht, wie es später heißt, über »die Orientierungslosigkeit der Bundesregierung« und die Zukunft der Partei. Es geht, mit anderen Worten, wie so oft gegen die Bundeskanzlerin und CDU-Vorsitzende Merkel.

Es gibt Regeln im »Pacto Andino Segundo«, anders als in der Tankstelle sogar fest vereinbarte. Wer dazu gehört, verspricht, nicht gegen ein anderes Mitglied des Paktes zu kandidieren, keinen Rücktritt eines Paktmitglieds zu fordern und politische Vorstöße oder innerparteiliche Angriffe mit anderen Paktmitgliedern abzustimmen. Zum Beispiel: die Kanzlerkandidatur von Angela Merkel im Jahr 2002 zu verhindern.

Die Mitglieder des Paktes tagen von 1979 an mit jährlichen Hauptversammlungen, Mitgliedskonto, regelmäßigen Reisen. Man druckt sogar eigenes Briefpapier für die Kommunikation untereinander. Seine Existenz wird nie offiziell bestätigt, aber beim zweiten Glas Wein plaudert manches Mitglied gerne darüber. Es ist ähnlich wie bei der Tankstelle: Die Beteiligten spotten, die Bedeutung des Bündnisses werde von den Journalisten weit überbewertet, weil so eine Art Geheimbund eben neugierig mache.

Doch das ist auch hier nur die halbe Wahrheit. Erneut belegen die Karrieren der Mitglieder, wie gut der Bund funktioniert. Die Liste der Clique liest sich wie ein Who's Who einer Generation von Männern, die in der CDU im Laufe der Zeit etwas werden. Aus Hessen sind Roland Koch, Volker Bouffier und Franz Josef Jung dabei. Viele andere werden Ministerpräsidenten wie der heutige EU-Kommissar Günther Oettinger, der jetzige Bundespräsident Christian Wulff oder der Saarländer Peter Müller. Der forsche CDU-Finanzpolitiker Friedrich Merz gehört dazu, der zeitweilige Bundesverkehrsminister und heutige Chef-Lobbyist der Autoindustrie Matthias Wissmann oder der langjährige CDU-Vize Christoph Böhr, der in Rheinland-Pfalz allerdings nie den Sprung in die Staatskanzlei schafft.

Die Männer schützen sich gegenseitig vor politischen Angriffen und protegieren sich untereinander. Als Roland Koch 2002 seinen vorgeblich spontanen Wutauftritt gegen das Zuwanderungsgesetz im Bundesrat hinlegt, ist das Schauspiel vorher unter den Unions-Ministerpräsidenten abgesprochen, zu denen mehrere Andenbrüder zählen. Sie wollen verhindern, dass der sozialdemokratische Bundesratspräsident Klaus Wowereit dem Gesetz mit einem Trick zur Mehrheit verhilft, indem er das Ja seines brandenburgischen Parteifreundes Manfred Stolpe zählt, obwohl dessen große Koalition sich darüber nicht einig ist. Im Bundesrat, wo es üblicherweise weder Zwischenrufe noch Beifall gibt, haut Koch in gespielter Empörung mehrfach auf den Tisch und erwidert dem zur Ruhe mahnenden Präsidenten Wowereit: »Nein, ich mäßige mich nicht!« Am Vorabend haben die Andenbrüder das schon geübt. Nur dass Peter Müller die Sache mit der Schauspielerei kurze Zeit später öffentlich preisgibt, gehört nicht zur Absprache.

Frauen sind im Andenpakt nicht erwünscht. Merkel können die Andenmänner dennoch nicht verhindern, nachdem Edmund

Stoiber 2002 bei der Bundestagswahl gescheitert ist. Sie besiegt nach Altkanzler Helmut Kohl auch noch dessen Brüder im Geiste der westdeutschen CDU-Kaderschmiede.

Interessant sind die Tankstelle wie der Andenpakt nicht nur wegen der Karrieren ihrer eingeweihten Mitglieder, sondern auch, weil sie das politische Denken von Männern wie Roland Koch zu Tage treten lassen. Eine Art Raster, das im politischen Handeln immer wieder auftaucht. Auch ein Reflex auf die Unüberschaubarkeit der modernen Welt: der Rückzug in die verschworene Gemeinschaft, gegen die äußeren Feinde, die fast zwingend gebraucht werden, um im Innern der Gruppe den unbedingten Zusammenhalt herzustellen und erleben zu können. Das Intrigenschmieden. Das jungenhafte Verständnis von Machterlangung und -ausübung, von dem nicht nur die gegenseitige Verleihung hessischer Verdienstorden zeugt. Aber auch die Effizienz der informellen Absprachen, die Kaltblütigkeit der Pläne, das geplante Abservieren von Gegnern. Ob es der brutale Umgang mit der sozialdemokratischen Spitzenkandidatin ist oder die Hetze gegen Ausländer, das Fischen von Stimmen am äußeren rechten Rand oder die gezielte Einflussnahme bei kritischen Medien – im Wahlkampf und in politischen Krisenzeiten offenbart die Politik des Systems Koch ihren wahren Kern.

Wenn es wirklich eng wird im Kampf um die Macht, dann ist der Parteivorsitzende nicht mehr Funktionsträger, sondern archaischer Anführer, ist die Partei nicht mehr Organ der politischen Willensbildung, sondern mutiert zum »Kampfverband«. Insbesondere die hessische CDU hat dieses Selbstverständnis vom »Kampfverband« vielfach zelebriert, mit fatalen Auswirkungen für politische Gegner oder ausgegrenzte Bevölkerungsgruppen.

Kampfverband Hessen-CDU

Auf dem Rücken der Minderheit

Man kann nicht behaupten, Roland Koch würde unter seinem Rambo-Image leiden. »Ich habe offenbar das Privileg, Menschen aufregen zu können«, sagt er im Mai 2010. »Das nutze ich und sehe im Unterschied zu manchen Kollegen nicht meine Aufgabe darin, Aufregung zu vermeiden. Ich glaube nämlich vielmehr, dass wichtige demokratische Prozesse ohne Aufregung gar nicht in Gang kommen.«[4]

Der CDU-Politiker hat sich seinen schlechten Ruf sorgfältig erarbeitet – und offenkundig nicht ohne Absicht. Schließlich hat er die Erfahrung gemacht, dass man auf diese Weise Wahlen gewinnen kann. Mit Radau ist Roland Koch an die Macht gekommen. Mit Radau ist er wiedergewählt worden. Das prägt ihn, aber auch sein Image. Denn seine gelegentlichen Anwandlungen, als Sympathieträger wahrgenommen werden zu wollen, erweisen sich regelmäßig als Schlag ins Wasser. Bei der rührend harmlosen »Koch kocht«-Tour im Sommer 2007 muss der Ministerpräsident in Nudelpfannen rühren und öffentlich kleine Brötchen backen, um so richtig menschelnd rüberzukommen. Doch auch wenn der Vollblutpolitiker privat gerne kocht: Hier wirkt er nicht so, als ob ihm das allzu viel Freude bereiten würde. Der CDU-Mann blüht erst richtig auf, wenn protestierende Studenten, wütende Arbeitslose oder gar Aktivisten der Linkspartei auftauchen und er politisch vom Leder ziehen kann. Das ist das Pfund, mit dem er seit dem ersten Wahlkampf wuchert.

Es gibt kaum einen Landtagswahlkampf, der bundesweit so viele Spuren hinterlassen hat wie Roland Kochs Kampagne Anfang 1999. Mit seiner Unterschriftensammlung gegen die doppelte Staatsbürgerschaft wühlt er das Land auf. Denn sie mobilisiert Ressentiments gegen Ausländer. Wenn die CDU ihre

Unterschriftenstände aufbaut, fragen Menschen nach, wo man bitte »gegen Ausländer unterschreiben« könne. Das berichten entsetzte Augen- und Ohrenzeugen immer wieder. Koch aber geht nicht auf Distanz, sondern nimmt diese Stimmen gerne mit.

Tatsächlich hat die Hessen-CDU, haben Roland Koch und Volker Bouffier die Aktion keineswegs im Alleingang gestartet. Zu den Initiatoren zählen vielmehr der damalige CDU-Vorsitzende Wolfgang Schäuble und sein CSU-Kollege Edmund Stoiber. Doch ihre Dynamik entfaltet die Aktion in Hessen, wo die erste wichtige Wahl stattfindet, seit die rot-grüne Bundesregierung von Gerhard Schröder und Kochs altem Intimfeind Joschka Fischer im Herbst 1998 die Macht übernommen hat. Der bis dahin weitgehend unbekannte Roland Koch profiliert sich gegen Rot-Grün in Bonn. Als Thema wählt er das denkbar provokativste: die Ausländerpolitik.

Den Sturm der Entrüstung über seine Aktion kontert Koch seitdem mit dem Hinweis, dass die Unterschriftensammlung noch eine zweite Überschrift getragen habe. Der Titel habe gelautet: »Ja zur Integration, Nein zur doppelten Staatsangehörigkeit«. Das ist so richtig wie ignorant. Denn an den Ständen spielt die Integrationspolitik keine Rolle.[5]

Die Union zieht ihre Kampagne durch, obwohl Ausländerhass in Deutschland grassiert. Die tagelangen Ausschreitungen gegen Ausländer in Rostock-Lichtenhagen, die Brandanschläge auf von Ausländern bewohnte Häuser in Mölln und Solingen liegen noch nicht lange zurück. Sie haben Anfang der 90er Jahre die Republik aufgeschreckt. Berichte von Hetzjagden und Misshandlungen häufen sich. Im Jahr 2000 werden die *Frankfurter Rundschau* und der *Tagesspiegel* in einer Dokumentation nachweisen, dass in den zehn Jahren seit der deutschen Vereinigung 93 Menschen aus rechtsextremen Motiven getötet worden sind, viele von ihnen Ausländer. Kanzler Schröder sieht sich ein Jahr nach Kochs Kampagne genötigt, den »Aufstand der Anständigen« gegen Ausländerfeinde und Antisemiten auszurufen. Die Saat ist aufgegangen. Das kommt nicht unerwartet.

Koch wird sich nach seiner Wahl tatsächlich auch um Integrationspolitik kümmern, jedenfalls soweit es Deutschkurse für Migranten betrifft. Er wird das islamische Fastenbrechen mit Muslimen feiern und einen Muslim in den CDU-Landesvorstand holen. Doch im Wahlkampf gelten andere Regeln, die Regeln der kalten Berechnung. Da scheut sich Roland Koch nicht, die Welle der Ressentiments auszunutzen. Er tritt als Scharfmacher auf. Das wird ein unverzichtbarer Teil des Systems Koch.

Aus diesen Tagen stammt die Aversion gegen Koch bei seinen Gegnern, die bis heute anhält. Was sie empört, macht den aufstrebenden Spitzenkandidaten im Nu bundesweit bekannt. Bei der Wählerschaft holt er damit den größten Nachteil auf, den er gegenüber dem sozialdemokratischen Amtsinhaber Hans Eichel ausgleichen muss. Trotzdem überrascht Kochs Erfolg am Wahlabend alle. Die Demoskopen, die dem aggressiven CDU-Kandidaten kurz zuvor keinerlei Chance eingeräumt haben, sind blamiert. Die Koch-Partei liegt satte vier Prozentpunkte vor der SPD, und für Schwarz-Gelb reicht es zur Mehrheit.

Mit Sicherheit ins Wahltief

Was damals bei rechtskonservativen Wählern populär ist, verliert allerdings in den Jahren danach deutlich an Anziehungskraft. Die CDU erfährt unter Angela Merkel auch in der Integrationspolitik einen Modernisierungsschub. Am Auftritt von Kochs Hessen-CDU geht er weitgehend vorbei. Das zeigt sich im Vorfeld der Landtagswahl, die im Januar 2008 ansteht, als Koch erneut die Ausländerkarte zu spielen versucht. Diesmal scheitert er kläglich und setzt einen sicher geglaubten Sieg in den Sand, nicht zuletzt durch seine Kampagne gegen kriminelle Ausländer.

Noch im Dezember 2007 führt Koch die Auseinandersetzung mit der SPD von Andrea Ypsilanti als eine Art Schlafwagen-Wahlkampf. Er lässt die SPD trommeln und rührt sich nicht. Es ist der Versuch, sich auf den Amtsbonus und auf gelegentliche

Anwürfe gegen die linke Kandidatin zu beschränken. Ypsilanti mobilisiert zwar das eigene Lager mit ihren Konzepten für eine radikale Energiewende und für eine Gemeinschaftsschule. Die Umfragen zeigen aber, dass das nicht genügt, um den Amtsinhaber in Gefahr zu bringen.

Das erledigt er selbst. Es zeigt sich: Der präsidiale Habitus liegt Koch nicht. In Wahlkampfzeiten zur Attacke zu blasen, das gehört zu Koch wie seine Liebe zur Cola.

Der CDU-Fahrplan sieht vor, in den ersten Januarwochen mit zwei altgedienten konservativen Themen aufzufahren: erstens Sicherheit, zweitens Wirtschaftskompetenz. Doch die vermeintliche Gewinnertaktik führt zum Eigentor. Das Sicherheitsthema geht nach hinten los und prägt die politische Debatte wochenlang so stark und so negativ, dass das Wirtschaftsthema gar nicht mehr zum Tragen kommt. Kochs Wahlkampfberater, allen voran sein Pressesprecher Dirk Metz, haben die falsche Strategie gewählt. Die Hessen zeigen: Ressentiments gegen Ausländer sind nicht (mehr) mehrheitsfähig. Das System Koch fängt an zu bröckeln.

Kurz vor Weihnachten 2007 haben ein 20-jähriger Türke und ein 17-jähriger Grieche in der Münchner U-Bahn einen Rentner verfolgt und zusammengeschlagen, der sie aufgefordert hatte, nicht zu rauchen. Eine Überwachungskamera zeichnet die Bluttat auf. Die Bilder erschrecken das vorweihnachtliche Deutschland. Nach den Feiertagen hat die *Bild*-Zeitung dann die Lösung parat. Roland Koch liefert sie. Jetzt spreche »der erste Politiker Klartext«, jubelt das Boulevardblatt. In fetten Lettern lässt es die Kernaussage aus dem Koch-Interview folgen: »Wir haben zu viele junge kriminelle Ausländer.«

Es ist immer dasselbe Spiel. Wenn die Menschen wegen eines spektakulären Verbrechens Angst vor Kriminalität bekommen, treten die Konservativen auf und versprechen Abhilfe durch härtere Strafen. Das wirkt entschlossen, auch wenn es nichts hilft. Koch allerdings geht einen Schritt weiter. Er erklärt die Herkunft der Täter zum Problem. Und spaltet damit das Land.

»Wer sich als Ausländer nicht an unsere Regeln hält, ist hier fehl am Platze«, erzählt er vollmundig der *Bild*-Zeitung.[6] Und vergisst zu erwähnen, dass viele der so genannten »Ausländer« in Deutschland aufgewachsene junge Leute sind, die, wie die Mehrheit ihrer Altersgenossen, einen deutschen Pass haben. Inländer also, Menschen aus der Bundesrepublik, für die das Land seine Verantwortung nur dann abgeben kann, wenn es verantwortungslos handelt.

Kurz nach Neujahr, die Landtagswahl steht in drei Wochen bevor, wird auch in Roland Kochs Hessen ein Vorfall bekannt, der ins Wahlkampfschema passt. Am Frankfurter U-Bahnhof Heddernheim richten sieben Jugendliche den Fahrer einer U-Bahn übel zu. Der Mann erleidet Prellungen und eine Gehirnerschütterung. Die Täter leben in einem sozialen Brennpunkt in Frankfurt. Ihre Familien stammen aus der Türkei oder aus arabischen Ländern. Die Wahlkampagne nimmt Fahrt auf.

Angeführt wird sie natürlich von der *Bild*-Zeitung, die es mit dem vermeintlichen Tabubrecher Roland Koch hält. Das Blatt startet eine Serie: »Übergriffe krimineller Ausländer in Deutschland« und behauptet: »Lange war es ein Tabu-Thema.« Jetzt werde »offen darüber geredet, dass in unserem Land etwas schief läuft«.[7]

In den nächsten Wochen haben die hessischen Wähler Gelegenheit, sich Gedanken darüber zu machen, was in ihrem Bundesland schief läuft. Was sie erfahren, ist allerdings nicht gerade Wasser auf Roland Kochs Mühlen. »Gefängnis muss man spüren, wenn es Wirkung haben soll«, sagt der Ministerpräsident. Aber die Realität in seinem Land ist eine andere. Nirgendwo dauert es so lange wie hier, bis verurteilte junge Leute ihre Strafe antreten können.

Die Wähler kriegen auch mit, dass es ausgerechnet in Hessen viel zu wenige Arrestplätze gibt. Immer wieder werden Jugendliche, die nach einer Straftat zu einem Wochenende oder gar vier Wochen Arrest verurteilt worden sind, von der Anstalt weggeschickt, wenn sie ihre Haft antreten wollen. Sorry, belegt. Unglaubliche Zustände ausgerechnet in dem Lande, das Ministerpräsident Roland Koch und sein Innenminister Volker Bouffier zu diesem Zeitpunkt bereits seit neun Jahren lenken.

Kurz, die Menschen erfahren, dass es mit der Sicherheitspolitik dieser Regierung nicht so weit her ist, wie sie immer erzählt bekommen. Und dass diese Regierung die Schuld an der Kriminalität gerne bei den Ausländern sucht. Die Empörung wächst. Aber Koch und Bouffier ziehen ihre Linie durch und gerieren sich als Sprachrohr einer schweigenden Mehrheit.

Als Verbände von Türken in Deutschland und Deutschen mit türkischen Wurzeln Alarm schlagen und vor einer Spaltung der Gesellschaft warnen, reagiert der Ministerpräsident schroff. Er sei nicht bereit, »mir von türkischen Vertretern den Mund verbieten zu lassen«, raunzt er zurück. Und überhaupt: »In den inzwischen rund 2 500 Briefen, Mails und Faxen, die ich bekommen habe, bestärken mich nicht nur viele Deutsche, mich nicht mundtot machen zu lassen.«[8]

Es ist der Tropfen, der das Fass endgültig überlaufen lässt. Indem er Migranten in Deutschland als »türkische Vertreter« abqualifiziert, macht Koch deutlich, wie wenig er von der Integrationspolitik verstanden hat. Wie wenig er begriffen hat, dass sich auch viele Menschen mit ausländischen Wurzeln in Hessen heimisch fühlen, als Teil dieser Gesellschaft.

Ypsilanti, Al-Wazir und die Kommunisten

Doch das Maß ist noch nicht voll für die in Fahrt gekommene Hessen-CDU. Mitte Januar 2008 tritt Generalsekretär Michael Boddenberg mit einem Eimer voll Leim und einem Plakatroller vor die Tür der Wiesbadener Parteizentrale und klebt ein neues Großmotiv an den Plakatständer. Es ist kein kunstvoll gestaltetes Poster, sondern nur Text auf blauem Grund. Aber der hat es in sich. Kochs CDU ruft dazu auf, den »Links-Block« zu verhindern. Darunter prangt, in knalligem Rot, die Warnung: »Ypsilanti, Al-Wazir und die Kommunisten stoppen!«

Auf den ersten Blick transportiert der Text bloß die gängige Rote-Socken-Kampagne, malt ein bisschen DDR an die Wand für den Fall, dass die SPD eine gemeinsame Mehrheit mit Grünen und Linken im Landtag bekommt. Spätestens auf den zweiten Blick sticht jedoch das Spiel mit den ausländischen Namen der Gegenkandidaten ins Auge. Da steht schließlich nicht: »SPD, Grüne und die Kommunisten stoppen!« Ganz bewusst hat die Union sich für den persönlichen Angriff entschieden – und dabei gerne ins Kalkül gezogen, dass die Spitzenkandidaten der anderen derart ausländisch klingende Namen tragen.

Welcher Wähler weiß schon, dass Al-Wazir ein gebürtiger Offenbacher und Ypsilanti in Rüsselsheim auf die Welt gekommen ist? Selbst im Landtag wurde der Grüne, dessen Vater aus dem Jemen stammt, aus den Reihen der CDU als »Student aus Sanaa« bezeichnet, wenn nicht sogar mit den Worten »Geh zurück nach Sanaa« beleidigt. Es blieb immer umstritten, wie der Zwischenruf des Koch-Kumpans Clemens Reif im August 2000 genau gelautet hatte.

Der Grüne jedenfalls hegt keine Zweifel daran, dass die Plakatierung mit den ausländischen Namen gewollt ist. Er spricht von einem »Signal an ein ganz bestimmtes Segment der hessischen Wählerschaft«, an Menschen, die solche unterschwellig fremdenfeindlichen Botschaften sofort verstehen und begrüßen. Eines steht für ihn fest, und daraus bastelt er sich eine Pointe für seine Wahlkampfauftritte: Wenn Ypsilanti wieder ihren Mädchennamen angenommen hätte, statt den Nachnamen ihres geschiedenen Ehemannes zu behalten, und Al-Wazir den Namen seiner Mutter tragen würde, wäre die CDU nicht auf eine derartige Idee gekommen. Denn dann hätte der Text lauten müssen: »Dill, Knirsch und die Kommunisten stoppen.« Da jubeln dann die Grünen-Anhänger, denn das leuchtet ein. Das Ypsilanti-Al-Wazir-Plakat, assistiert auch der seinerzeitige SPD-Bundesvorsitzende Kurt Beck, sei einfach »eine Sauerei«.

Es zeigt sich: Koch hat mutwillig an sein mieses Image als gnadenloser Hardliner, gewissenloser Stratege und Rechtspopulist angeknüpft, von dem er sich noch zwei Monate vor der Wahl mit staatstragenden Auftritten zu verabschieden schien.

Der Muslim kann draußen bleiben

Mit Muslimen fremdelt der Katholik Koch. Zwar gibt es seit Anfang 2009 in seiner Regierung sogar ein Integrationsministerium, geführt vom stellvertretenden Ministerpräsidenten, seinem langjährigen Duzfreund Jörg-Uwe Hahn. Doch es bleibt ein Akzent, den die nach sechs Jahren in die Landesregierung zurückgekehrte FDP gesetzt hat.

In einer Partei der christlichen Hardliner, die das Fremde stets mit Misstrauen betrachten, achtet man sehr genau darauf, dass derlei Modernisierung nicht zu weit geht. Dort gilt das Wort des evangelischen Vorkämpfers und Fraktionsvorsitzenden Christean Wagner: »Wer hier dauerhaft leben will, muss respektieren, dass unsere Gesellschaft mehrheitlich christlich geprägt ist.« Es ist der Kampf der christdemokratischen Traditionalisten gegen die Merkel-CDU, die für Wagner »in sträflicher Weise ihre treuesten der treuen Anhänger vernachlässigt«, weil sie ihre christlichen und konservativen Werte vergesse.[9]

Koch will trotzdem etwas wagen. Er plant, den renommierten Hessischen Kulturpreis an Vertreter verschiedener Religionen zu vergeben, auch an einen Muslim. Der Versuch gerät zum Desaster. Er liefert den Beweis dafür, dass Koch im Zweifel auf Ausgrenzung setzt – selbst wenn am Anfang der Wille steht, das Gemeinsame zu würdigen. Ausgegrenzt werden die Andersgläubigen, wenn die Christen es so wollen. Aufgeklärte Christdemokraten wie Bundestagspräsident Norbert Lammert sprechen von einer »Staatsposse«.

Im Dezember 2008 entscheidet das Kuratorium des Kulturpreises unter Kochs Leitung, die Ehrung für 2009 an vier Vertreter verschiedener Religionen zu vergeben: an den Mainzer Kardinal Karl Lehmann, den ehemaligen evangelischen Kirchenpräsidenten Peter Steinacker, den Vizepräsidenten des Zentralrats der Juden Salomon Korn und den Orientalisten Fuat Sezgin. Sie sollen für ihren Beitrag zum Dialog ausgezeichnet werden, doch der Dialog geht in den nächsten Wochen gründlich schief. Dafür ist Roland Koch verantwortlich.

Er kann zwar nichts dafür, dass Sezgin wegen seiner Verärgerung über Salomon Korn absagt, der umstrittene israelische Militäraktionen im Gaza-Streifen gutheiße. Aber Koch trägt die Hauptverantwortung für den unwürdigen Umgang mit dem Kölner Schriftsteller Navid Kermani, der anstelle von Sezgin als neuer muslimischer Preisträger ausgedeutet wird. Im März erfährt Kermani von seiner Nominierung, im Mai wird ihm die Anerkennung wieder aberkannt. Der Grund: Den christlichen Mit-Preisträgern Lehmann und Steinacker hat ein Text von Kermani missfallen, woraufhin Lehmann dem Ministerpräsidenten mitteilt, er könne sich nicht gemeinsam mit dem muslimischen Intellektuellen ehren lassen. Koch und sein Kuratorium kommen zu dem wunderlichen Schluss, dass man den Platz des Muslims bei der Preisverleihung für den interreligiösen Dialog auch leer lassen könne, wenn nur die Christen glücklich sind.

Die Sache ist in mehrfacher Hinsicht bemerkenswert. Zum Ersten findet, wer den anstößigen Text von Kermani liest, eine kluge Auseinandersetzung mit dem christlichen Glauben, in deren Verlauf sich der Autor gedanklich von der »Ablehnung des Kreuzes« vorarbeitet zu dem Schlusssatz: »Erstmals dachte ich: Ich – nicht nur: man –, ich könnte an ein Kreuz glauben.«[10] Das Erstaunen darüber, dass christliche Würdenträger einen Muslim wegen eines einzigen Textes meiden wollen, wird spätestens hier zur Verärgerung über ihre Borniertheit. Zum Zweiten fällt auf, dass Kochs Preisvergabegremium den Muslim Sezgin gehen lässt, während man die Christen Lehmann und Steinacker sogar auf Kosten eines weiteren muslimischen Preisträgers zu beruhigen versucht.

Das Entscheidungsgremium, ein Kuratorium voller kluger und einflussreicher Kulturmenschen, wird von Koch auf kaltschnäuzige Weise regiert, als wäre es Teil der CDU. Manche

Mitglieder können an der entscheidenden Sitzung im Mai gar nicht teilnehmen, sie sind per Handy von unterwegs zugeschaltet. Schließlich soll der Ausschluss Kermanis hoppla-hopp über die Bühne gehen.

Als das hessische Parlament später wissen will, wer in diesem Kuratorium eigentlich was entschieden habe, stößt es auf eine Mauer des Schweigens. Koch und seine Wissenschaftsministerin Eva Kühne-Hörmann, die ebenfalls Mitglied des Kuratoriums ist, tun so, als gehe es um die Geheimsitzung eines Geheimgremiums, aus dem keinerlei Informationen nach draußen dringen dürften. Die Öffentlichkeit soll keine Details erfahren über Kochs Verantwortung für den längst öffentlich gewordenen Eklat.

Im November 2009, mehr als vier Monate später als geplant, wird der Hessische Kulturpreis doch noch an Kermani und die anderen drei Preisträger verliehen. Die vier Männer haben miteinander gesprochen und die Wogen so weit geglättet, dass auch Lehmann und Steinacker dabei sind. Im Wiesbadener Kurhaus laufen die Kameras, es gibt gemeinsame Fotos von Koch neben Kermani. Fast sieht es so aus, als hätte die ganze Sache eigentlich nicht besser laufen können – der beigelegte Konflikt als bester Beleg dafür, wie mühselig und letztlich doch lohnend so ein interreligiöser Dialog sein kann. Zur Krönung gibt es auch noch eine Entschuldigung von Roland Koch an Navid Kermani.

Doch der schale Nachgeschmack bleibt. Denn die Entschuldigung ist ein seltsames Produkt Kochscher Rhetorik. Sie garantiert die Überschrift »Koch entschuldigt sich bei Kermani« in den Zeitungen, aber wofür eigentlich entschuldigt sich der CDU-Politiker? Jedenfalls nicht dafür, dass er vor den hohen Herren des Christentums eingeknickt ist. Nein, er bekräftigt vielmehr in seiner Laudatio, dass es für ihn undenkbar gewesen wäre, auf sie zu verzichten. Wenn man Kochs vertrackte Sätze nachvollzieht, stellt man fest: Es ist nur die missglückte Kommunikation, die ihm jetzt leid tut.

Koch bedauert nicht, dass er und sein Kuratorium Kermani zwischenzeitlich den Preis aberkannt haben. Er entschuldigt sich lediglich für den wahrhaft grotesken Umstand, dass Kermani nicht einmal von der Staatskanzlei über die Aberkennung des Preises informiert worden war, sondern aus der Zeitung davon erfahren musste. Weiter nichts. Es ist ein Fall typisch Kochscher Rabulistik. Wie so oft muss man ihm ganz genau zuhören, um wirklich verstehen zu können, wes Geistes Kind er ist. Das ist die Schattenseite seines viel gepriesenen Talents zur freien Rede, die sich nicht nur an diesem Beispiel zeigt.

Stern an der Brust

Die Erfahrungen mit Roland Koch sprechen eine eindeutige Sprache. Sein ausländerfeindlich aufgeladener Wahlkampf von 1999 hat den Ton vorgegeben. Er steht unter Beobachtung. Was ihn nicht daran hindert, weiter im trüben Wasser zu fischen. Kurz vor der Landtagswahl 2003 löst er erneut einen Eklat aus und beleidigt die Verfolgten des Nationalsozialismus durch einen völlig unpassenden Vergleich.

Es geht um die Forderung nach einer Vermögensteuer, die von Gewerkschaftern wie dem Verdi-Vorsitzenden Frank Bsirske vorangetrieben wird und Koch zu seinem absurden Vergleich mit Nazideutschland veranlasst. »Hören Sie auf damit, Menschen vorgaukeln zu wollen, das betrifft nur ein paar Reiche«, sagt der Ministerpräsident im Landtag. »So wie Herr Bsirske es im Fernsehen gemacht hat: Dass er anfängt, von Menschen die Namen zu nennen mit so einer neuen Form von Stern an der Brust.« Das sei, so Koch, »eine schlimme Parallele zu anderen Zeiten«. Als der Protest anschwillt, entschuldigt sich Koch. Er habe sich in der emotionalen Stimmung »vergaloppiert«.

War es tatsächlich ein Versehen oder eine vorsätzliche Grenzverletzung? Sprach Koch aus einer Ideologie heraus, die die Verbrechen des Nationalsozialismus relativiert, oder als Taktiker der Macht, der die rechte Wählerschaft einfangen will? Ersteres kann man auch einem Roland Koch nicht unterstellen. Wer etwa seine Reden zum Holocaust-Gedenktag gehört hat, weiß, dass er sich ernsthaft zur historischen Verantwortung Deutschlands bekennt. Es spricht also mehr für die zweite Variante. Als müsste der ehemalige Parteilinke Koch den nationalkonservativen Flügel seiner CDU immer wieder beglücken.

Paul Spiegel, der inzwischen verstorbene damalige Präsident des Zentralrats der Juden in Deutschland, hielt Kochs Worte für eine »unerträgliche Beleidigung« der Opfer des Nationalsozialismus. Die Entschuldigung Kochs habe er gehört. Doch Spiegel stellte fest: »Es bleibt ein sehr bitterer Nachgeschmack.« So wie immer, wenn Roland Koch am rechten Rand wildert.

Linke Rechte

Wer verfolgt, wie Roland Koch am rechten Rand fischt, wird es nicht glauben, aber ursprünglich war er eigentlich ein Linker – jedenfalls wenn man in den Kategorien seiner Partei denkt. So paradox es klingt: Das erklärt, warum es im System Koch keinen klaren Grenzstrich nach rechts, vor allem zu fremdenfeindlichen Äußerungen gegeben hat. Denn Roland Kochs Macht ruhte auf der Zustimmung einer rechten hessischen CDU und ihrer Stahlhelmfraktion. Seine ressentimentgeladenen Wahlkämpfe haben damit viel zu tun.

Klar, mit den linken Gesellschaftsveränderern an den Unis wollte auch Roland Koch nie etwas gemein haben. Die 68er waren immer ein stabiles Feindbild der Hessen-CDU. Doch Koch steht bis in die 90er Jahre für eine junge CDU, die sich von den konservativen Hardlinern um den Landesvorsitzenden Alfred Dregger und seinen Nachfolger Manfred Kanther abheben will. Viele der Jungen tragen Hippiehemden, Lederjacken und Bärte. Koch nicht. Aber er gehört zu dieser Gruppe. Auch wenn er nichts von alternativer Mode hält.

Als sich die Junge Union der Bouffier und Koch 1975 zu starken Gewerkschaften bekennt, bremst Dregger sie mit dem dringenden Hinweis, er halte Mitbestimmung für eine »Durchgangsstation auf dem Weg zum Sozialismus«.[11] Später kommen die Grünen auf, und Koch wirbt dafür, sie ernst zu nehmen, sich mit der Friedensbewegung auseinanderzusetzen und mit der Ökologie.

Roland Koch hält Umweltschutz für ein wichtiges Thema. Vor allem aber für eines, mit dem er sich profilieren kann. Das zählt, als er 1987 kurz nach seinem 29. Geburtstag ins Landesparlament einzieht. Mehr als der Posten des umweltpolitischen Sprechers ist für den jungen Hinterbänkler nicht drin. Doch das Thema bietet jede Menge Möglichkeiten, sich zu profilieren, gegen einen rhetorisch ebenbürtigen Rivalen im Parlament. Er wird auf Jahre hinaus den Widerpart zu Koch geben. Sein Name: Joschka Fischer.

Die konservativen Ideologen in seiner Partei halten Abstand. Roland Koch ist kein Freund launiger Skatabende und schnapsseliger Männerrunden wie sein innerparteilicher Widersacher Christian Wagner. Doch als Manfred Kanther 1993 in die Bundesregierung gerufen und in Wiesbaden ein neuer CDU-Fraktionschef gebraucht wird, erhält Koch als Vertreter der aufstrebenden Pragmatiker den Vorzug vor dem 15 Jahre älteren Ideologen. Wagner lässt zähneknirschend von einer Kampfkandidatur ab. Er wolle »die Geschlossenheit der Fraktion nach außen hin« nicht gefährden, erklärt er.[12]

Roland Koch wird ihm das nicht vergessen. Er macht den rechten Haudegen zum Justizminister seines ersten Kabinetts – und vergisst später nicht, den einflussreichen innerparteilichen Widerpart Wagner mit dem Hessischen Verdienstorden zu ehren.

Gefälligkeiten werden zurückgezahlt. Das ist ein unverzichtbarer Teil des Systems Koch. Es ist bei Wagner wie bei Volker Bouffier, der auch mit Verspätung auf den Posten darf, den er einst Koch überlassen hatte. Bei Bouffier geht es um den Parteivorsitz und den Ministerpräsidentenposten. Bei Wagner immerhin um den Chefposten in der Landtagsfraktion. Der Platz wird frei, weil Koch seinen Intimus Franz Josef Jung 2005 in Angela

Merkels erste Bundesregierung schickt. Dass Wagner dessen Nachfolger in Wiesbaden wird, ist als versöhnliche Geste an die Partei zu verstehen. Inhaltlich allerdings birgt sie erheblichen Sprengstoff. Denn Kochs CDU wird schwarz und schwärzer. Die Ränder nach rechts, die noch nie besonders scharf waren, bröckeln.

Was Kameraden unter Demokratie verstehen

Es gibt Parteien, in denen Begeisterung zu spüren ist, politische Debatten spannend geführt werden und sich Mitglieder kritisch äußern. Und es gibt die hessische CDU des Vorsitzenden Volker Bouffier und des Ehrenvorsitzenden Roland Koch. Wer als Neuling einen hessischen CDU-Parteitag besucht, erlebt eine autoritätshörige, leblose und intransparente Veranstaltung. Man könnte das gespenstisch nennen oder undemokratisch. Oder aber man sagt »entschlossen und geschlossen« dazu. Das bevorzugt Roland Koch.

Mit diesen Worten und nicht wenig Rührung in der Stimme lobt er seine Parteifreunde am Nachmittag des 17. Mai 2008, als der Parteitag in der Offenbacher Stadthalle fast zu Ende gegangen ist und nur noch gemeinsam die Nationalhymne gesungen werden muss, wie das bei CDU-Parteitagen Brauch ist. Koch hat allen Grund zur Erleichterung. Denn bei diesem Parteitag hätte es selbst in der strammen Hessen-CDU Rabatz geben können. Doch weit gefehlt.

Es ist der 100. Landesparteitag der hessischen CDU seit ihrer Gründung. Und es ist der Erste, bei dem der erfolgverwöhnte Roland Koch seinen Leuten eine gewaltige Niederlage zu erklären hat. Mit 36,8 Prozent hat seine Partei so schlecht abgeschnitten wie seit 1966 nicht mehr. Einen Absturz um zwölf Prozentpunkte hat es in der hessischen CDU-Geschichte noch nie gegeben.

Aussprache heißt es, wenn die Parteibasis das Wort erhält. Wie also werden die 336 Delegierten ihre Chance nutzen, um ihrem Ärger und ihrer Enttäuschung Luft zu verschaffen, Änderungen anzumahnen, den Oberen ihre Meinung zu sagen? In allen anderen Parteien suchen gerade die Mitglieder, die vor Ort viel Arbeit in den erfolglosen Wahlkampf gesteckt haben, solche Gelegenheiten, um Dampf abzulassen. Bei Sozialdemokraten und Grünen, Freidemokraten und Linken melden sich dann Delegierte zu Wort, um den Kurs zu ändern oder eine Personaldebatte zu eröffnen. Manchmal nützt es sogar etwas.

Nicht so bei der hessischen CDU. An den weiß gedeckten Tagungstischen melden sich an jenem Samstag im Mai nach dem Wahldebakel genau drei Christdemokraten, um das Wort zu ergreifen.

Erst tritt eine CDU-Frau aus Groß-Gerau ans Mikrofon. »Wir schauen voll Vertrauen auf unseren Landesvorsitzenden«, sagt sie. »Wir hoffen, dass unsere Grundsätze, die Grundsätze der CDU, erhalten bleiben.« Applaus.

Beitrag Nummer zwei, eine Delegierte aus der Landeshauptstadt Wiesbaden. »Lieber Roland Koch«, sagt sie, »Sie haben bis zur Erschöpfung gekämpft für uns alle. Wir werden heute zu Ihnen stehen. Sie sind unser Mann.« Starker Beifall.

Schließlich ein Mann aus Frankfurt, der für Politikerverhältnisse noch jung ist. Er ist in der Politik ein Unbekannter, hat aber in den Tagen davor die Neugier der Journalisten geweckt, weil er Mails verschickte, in denen er Forderungen nach strukturellen Veränderungen anmahnte. Das grenzt in der hessischen CDU an Revolution. Beim Parteitag allerdings bleibt der Redner zahm. Sein mutigster Satz lautet noch: »Was uns interessiert, ist eine offene Debatte.« Auch der Frankfurter vergisst nicht zu erwähnen, dass Roland Koch »der beste Ministerpräsident« sei. »Das soll er auch bleiben.« Damit sind die Wortmeldungen der Parteibasis erschöpft. Von dem Delegierten hört man in den Monaten danach nichts mehr.

Was soll man von einer Partei halten, die sich nicht traut, öffentlich zu sagen, was sie an ihrem Wahlkampf und an ihrem Personal gut oder schlecht fand? Gestandene Rechtsanwälte und Unternehmensberater, redegewandte Bundes-, Landes- und Kommunalpolitiker halten lieber den Mund in der Offenbacher Stadthalle. Dabei haben Roland Koch und sein Sprecher Dirk Metz ganz offensichtlich auf die falsche Karte gesetzt, als sie wieder einmal einen Wahlkampf auf dem Rücken von Ausländern austragen wollten. 1999 hat das funktioniert. Diesmal ist die vermeintliche Wahlkampfrakete nach hinten losgegangen.

Abgestraft wird dafür Generalsekretär Michael Boddenberg, der ein schlechtes Ergebnis bei seiner Wiederwahl ins Parteiamt erhält. Aber gesagt wird nichts in der hessischen Kaderpartei, die die demokratische Kultur der Vasallentreue unterordnet. Auch an Boddenberg hat niemand Kritik geäußert, so dass den freundlichen Metzgermeister aus Frankfurt sein mieses Ergebnis überraschend trifft. Auch das gehört dazu, wenn nicht offen gesprochen werden kann. Bleich steckt Boddenberg den Nackenschlag weg. Ein paar Monate später wird er von Koch abgelöst und als Bundesratsminister in die hessische Landesvertretung nach Berlin weggelobt.

Kurz nach der kargen Aussprache bestätigen 306 von 327 noch anwesenden Delegierten Koch im Amt. Das sind 93,6 Prozent. Die CDU wird kurz darauf über »mehr als 95 Prozent« der Stimmen jubeln. Sie zählt die Enthaltungen, in diesem Fall waren es sechs, grundsätzlich nicht mit. Ein kleiner Trick, um die Prozentzahlen hochzuschrauben.

Man könnte die Offenbacher Veranstaltung für eine Ausnahme halten. Doch das ist sie nicht. In der Welt des Roland Koch funktionieren Parteitage so. Niemand macht öffentlich den Mund auf gegen den Vorsitzenden, den sein alter Kumpel Volker Bouffier »unseren Anführer« genannt hat. Hinter verschlossenen Türen fliegen angeblich gerne die Fetzen. Das erzählen die Beteiligten, um zu zeigen, dass man gar nicht so Chef-hörig sei, wie es oft erscheint. Überprüfen kann das aber niemand.

Denn wo es heikel werden könnte, muss die Presse raus – als ob die Öffentlichkeit keinen Anspruch darauf hätte, die Wahrheit über die Partei zu erfahren, die ihr Land regiert. Zum Beispiel Anfang 2007 beim Parteitag im nordhessischen Stadt-allendorf. Die CDU stellt an diesem Tag ihre Liste für die Landtagswahl auf. Die Nummer eins: natürlich Roland Koch. Dass er diesmal bei der geheimen Abstimmung zwei Gegen-stimmen erhält, dürfen die Journalisten noch miterleben. Die absehbare Demütigung für seine stellvertretende Ministerprä-sidentin Karin Wolff jedoch nicht mehr. Denn als die übrigen 111 Kandidaten für die Landtagsliste gewählt werden, sind die Journalisten nicht mehr dabei.

Die Kultusministerin, Kochs langjährige Vertraute und die einzige Frau von der »Tankstelle«, hat sich in den Monaten zuvor bei fast allen unbeliebt gemacht. Ihre Schulpolitik mit dem Lernstress des Turboabis hat Schüler und Eltern verärgert, die Unterrichtsvertretung von Leuten ohne pädagogische Aus-bildung bringt die Lehrer und ihre Gewerkschaften auf die Palme, und nebenbei hat sie den reaktionären Flügel ihrer Partei noch mit der Nachricht vergrätzt, dass sie in einer lesbischen Partnerschaft lebt.

Nun wird Karin Wolff zwar auf Platz 2 der Landesliste gewählt, wie Koch es vorgesehen hat. Aber sie wird mit dem schlechtesten Ergebnis aller 112 Kandidaten abgestraft. Für die Hessen-CDU ist es dramatisch, obwohl es in jeder normalen Partei bestens aussähe: Fast 94 Prozent haben Karin Wolff ge-wählt. In der hessischen Gehorsamspartei haben solche Zahlen eine andere Bedeutung. Sie besagen, dass 19 Delegierte es gewagt haben, Koch zu widersprechen – wenn auch heimlich. So etwas ist nicht normal. Denn Hessen-CDU bedeutet, dass alle Ja sagen.

Umso bemerkenswerter ist, dass Roland Koch im Frühjahr 2009 ein Parteitag aus dem Ruder läuft. Als in Marburg die Liste zur Europawahl aufgestellt wird, geschieht das Ungeheuerliche. Die Delegierten lassen zwei der vorgesehenen Kandidaten für die aussichtsreichen drei Plätze durchfallen. Sie wählen sich ihre eigenen Leute. Ausgerechnet Kochs Uralt-Kumpel Clemens Reif fällt durch. Für den Unternehmer Reif, der noch nie durch be-sonderes Interesse an der Europapolitik aufgefallen ist, sollte der erfahrene Europaabgeordnete Thomas Mann seinen Sitz im Straßburger Parlament räumen, der zum kleinen sozialpolitischen Flügel der Hessen-CDU zählt. Das macht die Basis nicht mit. Es wird sogar offen debattiert, wer der Bessere sei. Eine Meuterei im System Koch. Ungeheuerlich.

Ist die CDU auf dem Weg der Öffnung? Wohl kaum. Marburg war aus Sicht der Koch-Leute eine böse Panne. Kurz nach dem Parteitag fragen wir den neuen Generalsekretär Peter Beuth, der zum Nachfolger Boddenbergs gewählt wurde, ob die offene Debatte nicht ein Vorbild sein könne. Beuth antwortet: »Man muss nicht jede Frage immer öffentlich auf Parteitagen diskutieren.« Die hessische CDU sei eben »aufgrund ihrer Geschlossenheit eine besondere Partei«. Der öffentliche Streit soll nicht wieder vorkommen. Man hätte, befindet Kochs General, vorher mehr über die Europaliste diskutieren sollen – »in unseren Gremien«, versteht sich.[13]

Jetzt macht sie es doch mit den Linken

Wer in Hessen »Wortbruch« sagt, weckt damit automatisch Erinnerungen an Andrea Ypsilanti, die SPD-Politikerin, die es fast geschafft hätte, Roland Koch abzulösen. Dass sie es nicht vermochte, hat vor allem mit der Zerrissenheit ihrer SPD zu tun, mit dem Frust von parteiinternen Widersachern und dem Dissens über den Umgang der eigenen Partei mit der neuen Konkurrenz auf der Linken. Geschürt wurde dieser innerparteiliche Konflikt nach Kräften von außen. Von vielen Medien. Von der FDP. Vor allem aber von Roland Kochs CDU.

Ihre schärfste Waffe ist der Verweis auf Ypsilantis Wortbruch. Er ist zwar wahrlich nicht der einzige in der hessischen Landespolitik. Aber keiner wird so massiv für den Kampf der politischen Gegner ausgeschlachtet. »Lügilanti« lässt grüßen. Das ist der Kampfbegriff, den sich die *Bild*-Zeitung einfallen lässt.

Dass die Kampagne verfängt, hat viel mit der moralischen

Fallhöhe zu tun, die Ypsilanti und ihr Wahlkampfteam selbst aufgebaut haben. Sie wirft Roland Koch unmoralisches Handeln vor und macht sich selbst zur Sprecherin für eine »neue politische Kultur«.

Andrea Ypsilanti ist in der Bredouille. Sie werde nicht mit der Linken koalieren, auch nicht mit ihr zusammenarbeiten, hat sie im Landtagswahlkampf 2008 gesagt. Aber auch dies: »Koch muss weg.« Dieses Ziel hätte sie um ein Haar erreicht. Aber Koch sitzt weiter in der Staatskanzlei. Seit dem knappen Einzug der Linkspartei in den Hessischen Landtag im Januar 2008 ist klar: Es reicht nicht für ein klassisches Zwei-Parteien-Bündnis in Wiesbaden, es reicht nicht für Rot-Grün.

Anfang März 2008 tritt die hessische SPD-Vorsitzende und Koch-Herausforderin im Pressesaal 307W des Landtagsgebäudes vor eine große Schar neugieriger Journalisten und kündigt ihren Wortbruch an. »Es wird vielleicht so ausgehen, dass ich ein Versprechen nicht halten kann«, sagt Ypsilanti. »Sie können mir glauben, dass mir das alles nicht leicht fällt.«

Hundertfach hat sie im Wahlkampf ihr Wort gegeben, niemals mit der Linkspartei zu regieren. Doch jetzt sieht sie keine andere Mehrheit für einen Wechsel. Es ist der erste Schritt zum Wortbruch, der Ypsilanti erst ihre Glaubwürdigkeit und am Ende die Chance auf die Macht kostet. Es ist der Beginn der politischen Wiedergeburt des Systems Koch.

Eine halbe Stunde, nachdem Ypsilanti den Platz im Pressesaal geräumt hat, sitzen an gleicher Stelle die CDU-Politiker Christean Wagner (Fraktionschef) und Michael Boddenberg (Generalsekretär). »Der Wortbruch ist vollzogen«, geißelt Wagner. Außerdem sei es »ein Skandal, dass eine große demokratische Partei sich anschickt, die Zukunft unseres Bundeslandes Hessen abhängig zu machen von den Kommunisten«. So geht die Gegenkampagne richtig los. Sie steigert sich in den nächsten Monaten beträchtlich.

Fast täglich haut die CDU-Fraktion im Landtag den Sozialdemokraten Presseerklärungen um die Ohren, in denen sie die

DDR in Hessen aufziehen sieht. Die Junge Union verteilt Postkarten mit dem Slogan: »Ist Wahlbetrug der neue Politikstil, Frau Ypsilanti?« Eine CDU-nahe »Wählerinitiative« gründet sich. Ihren Slogan »Kein Wortbruch in Hessen« im CDU-blau verkauft sie auf Regenschirmen, T-Shirts und Pullis. Die Kappe kostet 14,90 Euro.

Vergeblich wirbt die Hoffnungsträgerin der Koch-Gegner um Verständnis dafür, dass kein Weg am Wortbruch vorbeiführe. »Wortbruch kann viele Facetten haben«, erklärt sie in einem Interview.[14] »Wenn mich Tausende von Studenten wählen, weil ich die Studiengebühren abschaffen will, und ich das nicht tue, wäre das Wortbruch. Wenn mich Tausende von Eltern, Schülern und Lehrern wählen, weil ich eine bessere Bildungspolitik machen will, und die Möglichkeit zur Umsetzung nicht ergreife, wäre das auch Wortbruch.« Doch eine derart machiavellistische Argumentation verzeiht man der Frau nicht, die ihre Diplomarbeit über die seltsame Scheu der Frauen vor der Macht geschrieben[15] und sich als Kämpferin für eine bessere Welt gegen den verschlagenen Koch vermarktet hat.

Roland Koch und seine CDU ergreifen die Chance. Sie starten eine vehemente und am Ende erfolgreiche Kampagne gegen Ypsilanti, in die ein Großteil der Medien heftig mit einstimmt. Der Autor Tom Schimmeck hat diese Phase als »Chronik der Zermürbung« beschrieben. Er kommt zu dem Schluss: »Das gab es noch nie in der deutschen Nachkriegsgeschichte, ein historischer Tiefpunkt ist erreicht: die Vereinheitlichung der veröffentlichten Meinung.«[16]

Wir haben Andrea Ypsilanti nach ihrem Wortbruch gefragt, wie sie es mit Machiavelli hält. Die SPD-Politikerin hat geantwortet, sie wolle »Macht, um etwas zu bewirken, was nicht zur persönlichen Bereicherung dient, sondern zur Bereicherung aller«. Sie stehe für eine Reformpolitik, die der Mehrheit der Menschen zu besseren Lebensverhältnissen verhelfe. »Und dafür braucht man Macht.«[17] Das war im August 2008. Keine drei Monate später ist ihre Hoffnung Vergangenheit.

Unser Wort gilt (nicht)

Ypsilanti scheitert am Ausscheren von vier SPD-Abgeordneten. Eine davon, Carmen Everts, wird von Kochs Leuten nach der Wahl mit einem Job in der Hessischen Landeszentrale für politische Bildung aufgefangen, nachdem sie ihr Mandat verloren hat. Bei den Neuwahlen im Januar 2009 holt sich Kochs CDU gemeinsam mit der FDP wieder eine Mehrheit. Der Wahlkampf steht im Zeichen des Themas Wortbruch. Die FDP plakatiert »Unser Wort gilt« und fährt einen historischen Wahlerfolg ein. Die CDU schreibt auf die erste Seite ihres Wahlprogramms: »Wir sagen deshalb deutlich, dass der Wortbruch weder gestern noch heute noch in Zukunft Erfolg haben darf.«[18] Das allerdings ist ein mutiger Satz, wenn man sich die bemerkenswerteste Wortbruch-Geschichte des Roland Koch anschaut.

Koch und sein Freund Jörg-Uwe Hahn, der Vorsitzende der hessischen FDP, haben viel zu erklären, wenn es um die Nachtflüge am Frankfurter Flughafen geht. Jahrelang haben sie beteuert, dass es »keinen Ausbau ohne Nachtflugverbot« geben werde. Beides sei untrennbar miteinander verbunden. »Das sind zwei Seiten einer Medaille«, formulierte Koch-Kumpel Hahn plakativ. Die lärmgeplagten Anwohner rund um den Flughafen haben sich darauf verlassen. Doch es soll anders kommen.

Auch von Koch selbst gibt es zahllose Zitate aus acht Jahren, in denen er dieses Versprechen wiederholt hat. Zum Beispiel jenes vom 20. September 2000: »Deshalb wird es zwischen 23 und fünf Uhr keine geplanten Flüge mehr geben können.« Er hatte gute Gründe dafür. Die heftigen Auseinandersetzungen um den Bau der Startbahn West hatten in den 8oer Jahren die Region aufgeheizt. Zwei Polizisten waren während der Proteste erschossen worden. Die Landesregierung gab die Zusage, dass es wenigstens keine neuerliche Erweiterung des Flughafens geben sollte. Genau das aber ist nun geplant.

In einem mühsamen Prozess suchen die Flughafenbetreiber und Anwohner nach einem Kompromiss. Ergebnis der Mediation: Unter bestimmten Bedingungen kann es einen Ausbau geben. Die wichtigste: Flüge zu nachtschlafender Zeit werden untersagt. Zwar nicht in der ganzen Nacht. Aber wenigstens zwischen 23 und 5 Uhr, in der so genannten Mediationsnacht.

Kurz vor Weihnachten 2007 lässt Kochs Wirtschaftsminister Alois Rhiel (CDU) die Katze aus dem Sack. Obwohl sogar der Flughafenbetreiber Fraport einen Ausbau mit Nachtflugverbot beantragt hat, genehmigt er 150 Flüge pro Nacht – davon im Schnitt 17 in den sechs Stunden der Mediationsnacht. Von »Unser Wort gilt« kann keine Rede mehr sein.

Zwei Jahre später lassen CDU und FDP jede Scham fahren. Hatten sie bis dato argumentiert, sie hätten leider, leider im Falle Frankfurt nicht anders entscheiden können, zeigen sie in den Koalitionsverhandlungen auf Bundesebene im Herbst 2009, was sie wirklich anstreben: Nachtflüge. Durch eine »Präzisierung im Luftverkehrsgesetz« sollten »international wettbewerbsfähige Betriebszeiten« an den Flughäfen verankert werden. Das Ziel: eine »gleichberechtigte« Abwägung zwischen wirtschaftlichen, betrieblichen und Lärmschutz-Interessen in Sachen Nachtflüge. Wer lesen kann, weiß, was das bedeuten soll: die Öffnung gerade des international bedeutenden Frankfurter Flughafens für mehr Betrieb in der Nacht.

Kochs und Hahns Wortbruch ist offenkundig, die Empörung von Opposition und Umweltverbänden laut, und auch die Medien verurteilen fast einhellig die Kehrtwendung der Regierenden. Doch anders als Ypsilanti wird Koch nicht wegen Wortbruchs an den Rand gedrängt und politisch klein gearbeitet. Der wichtigste Grund: Die Kameraden halten zusammen. Kein CDU-Abgeordneter bekundet öffentlich sein Entsetzen über Kochs Wende. So wird plötzlich der eine Wortbruch für legitim erklärt, während der andere böse ist.

Woran das wohl liegt? Hier lohnt ein Blick auf die Inhalte, um die es bei den Wortbrüchen geht: eine rot-grüne Regierung mit Unterstützung der Linken hier, ein Flughafenausbau ohne Nachtflugverbot dort. Es ist nicht abwegig, dabei an die Interessen der großen Unternehmen zu denken. Sie sehen Ypsilanti als Bedrohung. Die SPD-Frau ist bereit, sich für die Umstellung auf erneuerbare Energien mit den großen Stromversorgern anzulegen. Sie wendet sich massiv gegen Firmen, deren Geschäftskonzept nur mit Billiglöhnen funktioniert, und wirbt für Mindestlöhne. Und Ypsilanti besteht darauf, dass der Frankfurter Flughafen nur erweitert wird, wenn die Anwohner wenigstens sechs Stunden in der Nacht Ruhe haben.

CDU und FDP in Hessen hingegen kommen den Konzernen gerne entgegen. Sie bieten den Energieriesen verlängerte Laufzeiten für ihre Atomreaktoren an, sie lehnen Mindestlöhne ab und tun alles für die Fluggesellschaften, auch zu Lasten der Anwohner. Solange diese Interessen bedient werden, scheint ein Wortbruch nicht wirklich schlimm zu sein.

Griff nach den Medien

Hessen-Berlusconi

Der Fall Ypsilanti zeigt, dass das System Koch sich auf hilfreiche Medien verlassen kann. Der Journalist Tom Schimmeck nennt den Umgang der Presse mit der SPD-Politikerin eine »Hegemonie der Häme«.[19] Auch Roland Koch kennt die Häme der Medien zur Genüge, doch er verfügt über ganz andere Mittel, um es ihnen zurückzuzahlen. Der Hesse hat oft damit kokettiert, dass er um sein negatives mediales Image wisse und es ihm letztlich egal sei. Ich bin ein Mensch mit Ecken und Kanten, dem es vor allem um die Sachthemen geht, lautet die Botschaft. Schlabberige Sakkos und ausgeleierte Schuhe sind für Koch kein Problem. Er wollte nie sexy sein, weil er wusste, dass er das sowieso nicht konnte.

Im Fernsehen wirkt er oft unsympathisch. Es gab viel Häme

über sein Aussehen. »Wo beginnt menschliches Leben?«, fragte die Satirezeitschrift *Titanic* einmal auf ihrem Titelbild und zeigte dazu ein Foto von Kochs narbigem Gesicht. »Schweinchen Babe in der großen Politik« wurde er von den Frankfurter Satirikern der *Titanic* genannt und sogar »Hessen-Hitler«. Koch hat, soweit bekannt, nie gegen mediale Angriffe geklagt, so dass man ihn für einen Politiker halten könnte, der zwar hart austeilen kann, der es aber auch aushält, dass ihn Medien hart kritisieren.

Doch Koch funktioniert anders. Klagen würde er gegen eine kritische Veröffentlichung wohl wirklich nie. Das wäre zu direkt, zu ineffektiv, zu weit unten angesetzt. Koch würde den Chefredakteur des Mediums von seinem Pressesprecher Dirk Metz aus der Staatskanzlei anrufen lassen. Ob das denn sein muss? Ob der Mitarbeiter wirklich alles korrekt recherchiert hat? Ob man nicht bald mal ein Interview zu einem ganz anderen Thema vereinbaren sollte?

Koch würde versuchen, den Chefredakteur austauschen zu lassen, falls solche Dinge öfter vorkommen. Dafür müsste er eventuell das Gremium über dem Chefredakteur verändern lassen, im Sinne einer Reform natürlich. Und am Ende wären andere Entscheidungsträger installiert, hätten sich mit dieser Reform auch die politischen Machtverhältnisse in dem Medium leicht verschoben – gerade genug, um Koch vor kritischer Berichterstattung etwas mehr zu schützen. Das wäre nach Kochs Geschmack, und er würde in Interviews weiter behaupten, dass ihn sein mediales Image nicht sonderlich interessiere, weil er ein Mensch mit Ecken und Kanten sei, dem es um Sachthemen gehe.

Es gibt einige Beispiele solcher Einflussnahme auf Medien. Kochs Regierungssprecher Dirk Metz agiert in allen Jahren seiner Amtszeit immer als düsterer Spin-Doctor, der mit einem breiten Repertoire an Beeinflussungsversuchen eine Koch-günstige Berichterstattung erreichen will. Ein Beispiel: Der frühere HR-Fernsehunterhaltungchef Bernd Küsters will vor einigen Jahren Kabarettisten zum öffentlichen Apfelweinanstich einladen. Die Künstler sollen der Politik in dem lockeren Rahmen die Leviten lesen. Als dieser harmlose Plan bekannt wird, bestellt die Staatskanzlei den Fernsehunterhaltungschef zu sich. »Ich wurde gefragt, ob das denn alles so scharfes Kabarett sein müsse, oder ob es nicht allgemeinverträglicher geht«, berichtet der Mann der *Süddeutschen Zeitung*. Er habe daraufhin sein »Befremden« geäußert, »dass so etwas in einer Staatskanzlei diskutiert wird«. Das Gespräch mit dem Beamten sei zwar »undramatisch« verlaufen, doch habe er es als »eindeutigen Versuch empfunden, Einfluss auf das Programm zu nehmen«.[20]

Der damalige Regierungssprecher Metz bestreitet natürlich, dass es darum ging. Man habe lediglich eine bunte Mischung im Programm haben wollen. Der Apfelweinverband habe sich keine Kabarettveranstaltung vorgestellt. Warum die hessische Landesregierung sich mit solchen Fragen überhaupt befasst, warum Medienvertreter auf diese Art und Weise in die Staatskanzlei zitiert werden, all dies beantwortete Kochs Mann fürs Grobe nicht. Wenn schon ein apfelweinseliger Abend in einem dritten Programm solche Aktionen der Koch-Regierung auslöst, kann man sich allerdings vorstellen, wie hoch die Aktivitäten bei wirklich brennenden Themen sind.

Auch dafür gibt es zahlreiche Beispiele. Begonnen hat der Griff nach dem Hessischen Rundfunk kurz nach der Wahl der Koch-Regierung im Jahr 1999. Der Sender berichtet damals ausführlich und scharf über die Verwicklungen Roland Kochs in die Schwarzgeldaffäre. Die Reaktion Kochs lässt nicht lange auf sich warten – und sie fällt typisch aus: Ende 2000 wird per Gesetz die Zusammensetzung des HR-Rundfunkrats geändert. Das wichtige Entscheidungsgremium kann zum Beispiel den Intendanten wählen und damit auch Einfluss auf die Bestimmung neuer Chefredakteure nehmen – mit weitreichenden Folgen. Als Begründung führt die CDU-FDP-Regierung in Hessen an, dass man den Rundfunkrat verändern müsse, weil die dort vertretenen Gruppen »nicht mehr als repräsentatives Abbild der Gesellschaft einzustufen« seien. Neu aufgenommen

werden der aus CDU-Sicht gesellschaftlich offenbar hoch re-
präsentative Bund der Vertriebenen, die Handwerkskammern
und der Landessportbund – vertreten durch einen CDU-Landtagsabgeordneten. Zudem die Europa-Union, für die ein CDU-
Europaabgeordneter in den Rundfunkrat einzieht. Fazit der als
Reform getarnten Aktion: Die konservative Landesregierung
hat die Mehrheitsverhältnisse im Rundfunkrat systematisch
und dauerhaft zu ihren Gunsten verändert.

Wer Mehrheitsverhältnisse ändert, der will sie auch zur
Durchsetzung von Interessen nutzen: Schon im Herbst 2002
wird der damalige stellvertretende ZDF-Chefredakteur Helmut
Reitze zum neuen Intendanten des Hessischen Rundfunks gewählt. Die »Reform« der Gruppen im Rundfunkrat hat sich
ausgezahlt: Kochs Wunschkandidat ist ganz oben im Sender
im Amt. Anfang 2005 findet Reitze dann einen neuen Fernseh-
Chefredakteur: Alois Theisen, der zuvor ZDF-Studioleiter in
Stuttgart war.

Wenn man den zahlreichen Schilderungen von Kollegen des
Hessischen Rundfunks glaubt, dann hat Roland Koch seitdem
keinen Grund mehr, sich über allzu viele kritische Berichte zu
beklagen, weil Koch-Freund Reitze und sein im HR-Jargon als
»Schwarzer Taliban« bezeichneter Chefredakteur Theisen mit
der hessischen Staatskanzlei bestens verdrahtet seien. Kritische
Berichte über die Landesregierung hätten große Schwierigkei-
ten, intern genehmigt zu werden, gute Sendezeit zu bekommen
oder überhaupt ausgestrahlt zu werden. Stattdessen, so die
Klage der Mitarbeiter, würden lieber Heimatsendungen, Tier-
filme und Wandertipps veröffentlicht.

Es gibt Beispiele für diese These: So verfügt Chefredakteur
Theisen im Februar 2008, zwei Wochen nach der Landtagswahl, der HR dürfe nicht über eine Umfrage berichten, nach der
nur noch ein Drittel der Befragten Koch als Ministerpräsidenten
haben wollte. Der HR solle »nicht auf jede noch so blödsinnige
und methodisch zweifelhafte Meinungsumfrage eingehen«,
schreibt Theisen damals laut *Süddeutscher Zeitung* – obwohl

es sich um eine Umfrage im Auftrag der ARD handelt. Später begründet der Chefredakteur, der mit der Veröffentlichung von negativen Umfragen zu SPD-Frau Ypsilanti wenig Probleme hatte, seine Anweisung damit, dass die Umfrage bundesweit angelegt und damit für das Regionalprogramm nicht geeignet gewesen sei.

Geeignet sind offenbar immer die seichten Heimatthemen. »Wir setzen auf Hessen, Hessen und nochmals Hessen«, verkündet Intendant Reitze. So wechseln sich im Programm »Hessens schönste Burgen« ab mit Sendungen über »Die Lieblingsweihnachtslieder der Hessen« oder eben zur Abwechslung auch mal dem »Hessen-Quiz«. Beim »Apfelweinanstich« trinken Intendant Reitze und Ministerpräsident Koch dann vor laufender Kamera den sauren hessischen Most. »Hessliche Verhältnisse«, schreibt die Berliner *taz* über dieses Provinzprogramm: »Blauer Bock und Bull & Bear auf engstem Raum, mentale Provinz und Mainhattan-Größenwahn gehen gut zusammen. Deregulierung, Wettbewerb und Mobbing, im milden Licht des naturtrüben Äpplers tut das gar nicht mehr so weh. Auf ökonomische Globalisierung reagiert Hessen mit kultureller Provinzialisierung.«[21]

Geht es um brennende politische Themen aus Hessen, wird die Sendezeit beim HR schnell mal knapp. Als Roland Koch nach der Wahl sein Versprechen eines Nachtflugverbots bricht und die Opposition wegen dieses »Wortbruchs« schäumt, überträgt das HR-Fernsehen die Plenardebatte im Landtag nur bis zur Rede von Koch. Danach bricht es die Übertragung ab und zeigt eine Heimatsendung statt der beißenden Oppositionskritik im Parlament. Das gibt Ärger: »Dass das kubanische Staatsfernsehen nach den Reden des ›Maximo Lider‹ die Übertragung beendet, wussten wir«, kommentiert Mathias Wagner, parlamentarischer Geschäftsführer der Grünen, »im öffentlichrechtlichen Rundfunk ist das aber eine neue Entwicklung.« Die Entscheidung des HR berühre das Selbstverständnis des Parlaments, urteilt der parlamentarische Geschäftsführer der

SPD, Günter Rudolph. Der Landtag sei nicht die Bühne der Regierung, sondern Ort der Debatte. Den anderen Fraktionen in der Liveübertragung das Wort abzuschneiden sei eine nicht nachvollziehbare Entscheidung. Der Hessische Rundfunk sieht das anders: Man habe »geschätzt, wie lange die Debatte danach noch dauern würde, und befürchtet, dass es weit über unsere Sendezeit hinausgeht«, so der Sprecher. Landtagsdebatten seien sowieso »Quotenkiller«.

Die offiziellen Erklärungen des Senders unterscheiden sich stark von den Schilderungen der eigenen Mitarbeiter zur offenbar stark bedrohten inneren Pressefreiheit. Freie Mitarbeiter, die einschüchternde SMS-Nachrichten aus der Staatskanzlei bekommen. Direkte Absprachen zwischen Führungskräften des Senders und der Landesregierung. Oder sogar direkte Eingriffe in die Recherche von kritischen Berichten.

Der bekannte TV-Reporter Christoph Maria Fröhder berichtet, dass er beim Chefredakteur einbestellt wird, als er über die geschäftlichen Verstrickungen von Kochs ehemaligem Europaminister Volker Hoff recherchieren will. HR-Chefredakteur Theisen habe verlangt, er solle sein Recherchematerial offenlegen. Für Fröhder ist klar: »Dann hätte ich die Sachen gleich in der Staatskanzlei abgeben können.« Auch andere HR-Mitarbeiter erzählen, dass Vorgesetzte oft ihren Recherchestand zu politischen Beiträgen abfragten. Offiziell geht es dabei um die Qualitätssicherung – wie auch bei Roland Kochs wohl brutalstem Versuch, sich ein Medium untertan zu machen: bei der Demontage des ehemaligen ZDF-Chefredakteurs Nikolaus Brender.

Auch beim ZDF nutzt die CDU mit Koch als Organisator der ganzen Aktion ihre Mehrheit im Verwaltungsrat des Senders, um Brender abzusägen. Dass prominente Journalisten des Senders protestieren, fast alle Chefredakteure anderer Medien vor einem Eingriff in die Pressefreiheit warnen, interessiert Koch nicht im Geringsten auf seinem Weg zum Ziel. Sogar gegen den Widerstand des ZDF-Intendanten Markus Schächter, der

Brender halten will, soll der von der CDU auf die Abschussliste gesetzte Chefredakteur gehen. Koch schreckt nicht davor zurück, in einem Interview ausführlich über Einschaltquoten und journalistische Qualitätskriterien zu räsonieren. Das ist erstaunlich, wo er sonst stets damit kokettiert, dass er von Medien keine Ahnung habe und sich auf den Rat von Sprecher Metz verlassen müsse. Auf eine kritische Frage nach dem Einfluss von Parteien auf Sender antwortet Koch: »Öffentlich-rechtliche Sender stehen in der Verantwortung der Gesellschaft und der Politik und werden sich davon auch nicht völlig lösen können. Das ist ein Teil von Demokratie. Politiker sind nicht eine Gefahr für die Demokratie, sondern ihre Grundlage.«[22]

So stellt Koch sich das offenbar vor: Heimatfilme und Recherchekontrolle aus der Staatskanzlei. Chefredakteure und Intendanten im Dienst von Parteien. Medien in der Verantwortung der Politik. Politiker als Grundlage der Demokratie – mit der Lizenz zu jeglicher Grenzüberschreitung.

Stoff für eine Frankfurter Zeitung

Die Autoren dieses Buches können davon aus eigener Erfahrung ein Lied singen. Denn im Umgang mit der *Frankfurter Rundschau*, die Koch mit Enthüllungen über den Schwarzgeldskandal oder die Steuerfahnderaffäre seit Jahren schwer genervt hat, sind er und seine Partei nicht zimperlich. Wie heftig es dabei zugeht, zeigt eine bemerkenswerte Episode aus dem Landtag.

»Grenzwertig« lautet der Titel des Buches, das Schülerinnen und Schüler am Mittag des 28. Januar 2010 im Hessischen Landtag an Parlamentspräsident Norbert Kartmann (CDU) übergeben wollen. Es ist ein Donnerstag, der letzte Tag einer dreitägigen Sitzungswoche des hessischen Landesparlaments, und die Schülerinnen und Schüler aus Fulda müssen sich mehr als eine halbe Stunde lang gedulden. Denn unmittelbar vor der verspäteten Mittagspause wird im Plenum eine grenzwertige Debatte geführt. Wenn auch in einem ganz anderen Sinne, als die Jugendlichen es meinten, die sich mit der deutschen Teilung beschäftigt haben. Eigentlich soll nur ein Untersuchungsausschuss zum Steuerfahnderskandal eingesetzt werden. Das ist ein normaler parlamentarischer Vorgang, auch wenn er die Politiker auf der Regierungsbank nicht erfreut. Doch dann erklären Roland Koch und seine CDU diesen Mittag zu einem Frontalangriff auf eine Zeitung und einen Journalisten, wie es das in einem deutschen Parlament wohl seit Jahrzehnten nicht mehr gegeben hat. Die angegriffene Zeitung: die *Frankfurter Rundschau*. Der angegriffene Journalist: Matthias Thieme. Der Grund: seine hartnäckige Recherche zum Umgang mit den für psychisch krank erklärten und geschassten Steuerfahndern.

Wie entfesselt greift die hessische Union die Überbringer der schlechten Botschaft an, statt die Verhältnisse selbst zu verbessern. Es ist eine Lehrstunde über die Medienpolitik des Roland Koch.

Der Ministerpräsident selbst ergreift in dieser Debatte das Wort. Er macht das nicht oft und seit seinen Wahlschlappen von 2008 und 2009 noch viel seltener. Er ist zu diesem Zeitpunkt, wie man später erfahren wird, bereits zum Rücktritt entschlossen.

Koch fängt an zu begründen, warum er sich gemeldet habe. Er wolle »nicht alles unkommentiert im Raum stehen« lassen, was »insbesondere in einem bestimmten Medium vorgetragen« worden sei. Die Opposition habe »die Souveränität verloren«, nur weil »ein Presseorgan« ihr »jeden Tag einen Artikel geschrieben« habe, bemängelt der Regierungschef. Für Kochs Verhältnisse, der im Parlament gerne in verschwurbelten Endlossätzen improvisiert, ist das deutlich. Es weiß ja jeder, wer gemeint ist. Den Klartext steuert Kochs Generalsekretär Peter Beuth bei, ein jung-dynamischer Hardliner der stramm konservativen Hessen-CDU.

Der prangert die »unsägliche Kampagne gegen unseren Finanzminister« an. »Sie wollen hier politischen Klamauk veranstalten«, wirft er den Oppositionsparteien vor. »Sie wollen hier den Stoff für eine Frankfurter Zeitung liefern – für einen Journalisten, der sich damit in den vergangenen Wochen beschäftigt hat. Sie wollen unseren Finanzminister mit Schmutz überziehen.« Dann nennt Beuth die unbotmäßige Zeitung beim Namen. Es gehe um »die Frage, wie die *Frankfurter Rundschau* und der Journalist, der das betreibt, förmlich eine fanatische Verfolgung der CDU und von Karlheinz Weimar hier durchführen«. Beuth sieht eine »gemeinsame Kampagne« – verantwortlich: »die *Frankfurter Rundschau*, die Oppositionsabgeordneten und die vier ehemaligen Mitarbeiter der Finanzverwaltung«. Ebenso Axel Wintermeyer, ein Jurist aus Kochs Heimatkreis Main-Taunus, der damals als parlamentarischer Geschäftsführer die CDU-Fraktion im Landtag auf Kurs hält und heute die Staatskanzlei für den neuen Ministerpräsidenten Bouffier organisiert. Was hat Wintermeyer zu sagen? »Dass eine gezielte Kampagne der Opposition unter Beteiligung bestimmter Medien angezettelt worden ist.«

Die öffentliche *Rundschau*-Schelte ist der aggressive Aufschrei von Politikern, die hartnäckige Recherche nicht vertragen können und die vergeblich gehofft haben, solche Dinge im Stillen regeln zu können. Schon Wochen zuvor haben sie sich im Hintergrund darum bemüht, die unliebsamen Journalisten auf Linie zu bringen. Man muss die Gepflogenheiten im Hessischen Landtag kennen, um zu verstehen, wie das funktionieren sollte. Politiker und Abgeordnete treffen sich hier oft, absichtlich oder zufällig, in Pressekonferenzen oder auf den Fluren. Die regelmäßigen Berichterstatter sind nah dran, denn der Landtag stellt ihnen Büros im Parlamentsgebäude zur Verfügung. Dadurch gibt es viele inoffizielle Informationsbörsen, bei denen stillschweigend die Verabredung gilt, dass über diese Gespräche nicht geschrieben wird.

Man trifft sich beim Rheingauer Weinfest auf dem Wiesbadener Schlossplatz, an dem der Landtag in einem Schloss aus dem 19. Jahrhundert residiert. Man redet an der Theke im Landtagsrestaurant miteinander, die mittags den Journalisten,

Pressesprechern und wichtigen Politikern vorbehalten bleibt. Man plaudert beim Kaffee im bezaubernd bemalten Musiksaal, wenn im Plenarsaal eine langweilige Debatte abläuft. Irgendwo bietet sich für Journalisten immer die Gelegenheit, Abgeordnete und Minister anzusprechen. Zugleich geben diese Begegnungen den Politikern die Chance, Journalisten in bestimmte Richtungen zu lenken und auch ihren Frust über manche Kommentierung loszuwerden.

So können wir im Herbst 2009 spüren, dass sich bei der CDU etwas zusammenbraut. Denn die *Frankfurter Rundschau* hat nicht nur das Steuerfahnder-Thema aufgegriffen. Auch die Wolski-Affäre, über die die Autoren dieses Buches berichten, bereitet den Unionspolitikern Schmerzen. Es geht, wovon noch ausführlich die Rede sein wird, um eine hohe hessische Richterin, die auf CDU-Ticket an den Staatsgerichtshof gesandt wurde.

Die Berichterstattung passt den CDU-Leuten nicht. Deshalb reden sie den *FR*-Journalisten ins Gewissen, indem sie wahlweise die Skandale für unbedeutend erklären, an das Mitleid mit den Betroffenen appellieren oder deutlich machen, dass man künftig wegen Interviews gar nicht mehr anzufragen brauche. Die CDU versucht es mit einer Mischung aus Zuckerbrot und Peitsche.

Als weder das eine noch das andere die Berichterstatter bremst, erhöht die Union den Druck und geht jetzt an die Öffentlichkeit. Im Dezember 2009, eine Woche vor Weihnachten, muss sich Finanzminister Karlheinz Weimar im zuständigen Fachausschuss des Landtags Fragen zur Wolski-Affäre gefallen lassen. In der CDU wächst die Nervosität. In dieser Lage macht der finanzpolitische Sprecher der CDU, Gottfried Milde, den Auftakt zur *Rundschau*-Beschimpfung. Das Protokoll hält seine Worte fest: »Es ist der Kern der Sache, dass es hier eine Kampagne der *Frankfurter Rundschau* gegen den Finanzminister gibt.« So wird aus der investigativen Berichterstattung über skandalöse Fälle in der CDU-Lesart flugs selbst der Skandal. Es ist ein altes Muster, unliebsame Presse zu diskreditieren.

In diesen Wochen haut Kochs Hessen-CDU auf die Zeitung ein, sobald sich Gelegenheit dazu bietet. Per Pressemitteilung heißt es, dass es der *FR* »bei diesem Thema (den geschassten Steuerfahndern) nicht um seriösen Journalismus geht, sondern um eine Schmutzkampagne gegen die gesamte hessische Steuerverwaltung«. Generalsekretär Peter Beuth schreibt an einen besorgten Bürger, der sich an die CDU gewandt hat, über »die unerträgliche Hetze«, die »nach meinem Eindruck im Zusammenwirken von *Frankfurter Rundschau*, den vier ehemaligen Steuerfahndern und der Opposition betrieben wird«. Der erboste Bürger leitet das Schreiben prompt an die Zeitung weiter.

Schließlich wird eine Anfrage des *FR*-Journalisten Matthias Thieme bei Beuth mit einer unverschämten Mail beantwortet. Sie lautet: »Wir haben in den vergangenen Monaten genügend Erfahrungen mit Ihrer einseitigen Berichterstattung sammeln dürfen und sind nicht gewillt, bei einer neuen üblen Schmutzkampagne mitzuspielen.« Mit freundlichen Grüßen, Christoph Weirich, Pressesprecher CDU Hessen.

Die Union versucht, ihre Muskeln zu zeigen. So, wie sie es sonst mit dem parteipolitischen Gegner macht, soll es jetzt auch die unliebsame Presse zu spüren bekommen. Politisch aber geht der Schuss nach hinten los. Die Leser der *Frankfurter Rundschau*, die Kochs Umtriebe ohnehin mit wachsendem Zorn verfolgt haben, stellen sich geschlossen auf die Seite ihrer Zeitung.

Am 29. Januar 2010, dem Tag nach der bemerkenswerten Landtagsdebatte, überschreibt das Blatt seinen Bericht im Politikteil mit den Worten »CDU attackiert die *FR*«. Das Leserecho ist überwältigend, hält wochenlang an und hat einen einhelligen Tenor: Jetzt erst recht! »Das, liebe CDU, ist nun mal das Risiko, das man eingeht, wenn man versucht, einen solchen Vorfall auszusitzen«, schreibt ein Leser. Ein anderer Briefschreiber notiert: »Das System Koch & Co, für das Gesetze anscheinend keine Gültigkeit haben, greift nun die Zeitung an, die lediglich ihrer Pflicht nachkommt, über dieses System zu berichten.« Man könnte diese ermutigenden Reaktionen seitenweise fortsetzen.

Die Leserinnen und Leser haben erkannt, dass vertuschen will, wer sich gegen die freie Berichterstattung wendet.

Mit der *Frankfurter Rundschau* verbindet Roland Koch eine lange, spannungsvolle Geschichte. Auf seine berüchtigte Unterschriftenaktion im Wahlkampf 1999 reagiert die Zeitung mit einem »Frankfurter Appell« für eine weltoffene, tolerante Stadt, der in kürzester Zeit von 80 000 Menschen unterzeichnet wird. Zu Zeiten der Schwarzgeldaffäre sieht sich der Ministerpräsident von der Zeitung verfolgt und bestellt das Blatt demonstrativ ab, als ihm eine Satire zu weit geht. Später, im Jahr 2003, sichert er der wirtschaftlich maroden Zeitung, die ins Schlingern geraten ist, mit einer Landesbürgschaft in Millionenhöhe das Überleben. Er gehe diesen Schritt, um Arbeitsplätze zu erhalten und die Medienvielfalt des Landes zu bewahren, verkündet der Ministerpräsident.

Den zweiten, kostspieligeren Teil der Zeitungsrettung übernimmt dann ausgerechnet der politische Gegner, die SPD, mit ihrem Verlag Deutsche Druck- und Verlagsgesellschaft mbH (DDVG), der Koch und seiner Union seit Jahren ein Dorn im Auge ist. Auf Landesebene kämpft die CDU gegen den Medienbesitz von Parteien – ein Vorstoß, der sich immer nur gegen die SPD richtet, denn die anderen Parteien verfügen über keine nennenswerten Medienunternehmen.

So schließt Kochs CDU im Jahr 2000 per Privatrundfunkgesetz die DDVG von ihrer Beteiligung am Radiosender FFH aus. Da allerdings ist den Christdemokraten der parteipolitische Gaul durchgebrannt. Die SPD klagt und bekommt vor dem Bundesverfassungsgericht Recht. Die Karlsruher Richter entscheiden, dass eine Minderheitsbeteiligung von Parteien nicht verboten werden darf, sofern sie keinen politischen Einfluss auf das Programm nehmen. Kochs CDU legt nach, aus der Sicht der hessischen Opposition allerdings erneut auf verfassungswidrige Weise. Der Streit dauert an.

Verbotene Werbung

Als ein weitgehend unbekannter CDU-Politiker namens Roland Koch gegen Ende des Jahres 1998 mit dem Werk *Vision 21* in die Buchläden kommt, läuft für den nicht unbedingt bestsellerverdächtigen Titel eine unvergleichliche Werbemaschinerie an. Satte 101 Werbespots sind im Radiosender FFH geplant, weitere 31 beim Hessischen Rundfunk gebucht.

Es ist eine wundersam überdimensionierte Reklame für ein Buch, dessen Erstauflage mit 5000 Exemplaren nicht allzu hoch veranschlagt wird. Dem Verleger Moritz Hunzinger ist der Werbeeinsatz nach eigenen Worten 150000 Mark (etwa 75000 Euro) wert. Doch so weit kommt es nicht. Die Landesanstalt für den privaten Rundfunk, die den Sender FFH beaufsichtigt, zieht ebenso wie der Hessische Rundfunk die Notbremse. Die Ausstrahlung eines Großteils der Spots wird untersagt.

Denn, welch ein Zufall: Wenige Wochen nach Erscheinen des Buchs steht eine Landtagswahl in Hessen an. Roland Koch kandidiert dabei als Spitzenkandidat für die CDU. Er versucht, die alteingesessene SPD mit ihrem Ministerpräsidenten Hans Eichel von der Macht zu verdrängen. Hunzinger macht keinen Hehl aus dem Zusammenhang. »Ich habe mir gedacht, der Landtagswahlkampf steht vor der Tür; machen wir etwas über den CDU-Kandidaten«, sagt er später im Schwarzgeld-Untersuchungsausschuss, der sich auch dieser Sache annimmt. Parteienwerbung ist in der Vorwahlzeit streng reglementiert, damit sich keine Seite einen unerlaubten Vorteil verschaffen kann. Genau dies aber wäre die Buchwerbung auf Hunzingers Kosten, befinden die Rundfunkhüter für die privaten wie für die öffentlich-rechtlichen Sender. Die politische Konkurrenz, Kochs bevorzugter Bündnispartner FDP diesmal sogar eingeschlossen, wittert indirekte Parteienfinanzierung. Aufgeklärt wird dieser Vorwurf nie.

Der Frankfurter PR-Unternehmer Moritz Hunzinger arbeitet nur ganz nebenbei als Verleger. Er verdingt sich mit seiner Firma als Kontaktvermittler zwischen den Wichtigen und den

ganz Wichtigen. Die Zeitschrift *Focus* bezeichnet ihn später als
»Krake vom Main«. Zu diesem Zeitpunkt sind gerade Bundesverteidigungsminister Rudolf Scharping (SPD) und der Grünen-
Bundestagsabgeordnete Cem Özdemir über Kontakte zu dem
PR-Mann gestolpert, bei denen Geld geflossen ist. Hunzinger
jedoch gehört der CDU an und führt zeitweilig als Schatzmeister die Bücher ihrer Christlich-Demokratischen Arbeitnehmer-
schaft (CDA).

Als der Trick mit Kochs Wahlwerbebuch auffliegt, flüchtet
sich Hunzinger in die rührende Behauptung, er habe trotz der
Kampagne noch Geld mit dem Titel verdienen wollen. Zwar
würde die Werbung den kompletten Umsatz aus der ersten Auflage kosten. Aber er gehe von einer zweiten Auflage aus, mit
deren Erlös er am Ende im Plus stehen werde. Das Koch-Buch
allerdings liegt in den Regalen wie Blei. Nur wenige Leser interessieren sich für die Rezepte des Kandidaten, wie die CDU wieder eine Partei in der Tradition Ludwig Erhards werden kann.

Das Buchcover zeigt einen ernst und entschlossen blicken-
den, sauber gescheitelten jungen Mann. Der Untertitel lautet:
Ein Gegenmodell zur rot-grünen Republik. Noch regieren sowohl auf Bundes- als auch auf hessischer Landesebene Koalitio-
nen von SPD und Grünen, »reinrassig linke« Politiker, wie Koch
sie in *Vision 21* nennt.[23]

Drei Jahre nach Erscheinen räumt Hunzinger im Schwarzgeld-Untersuchungsausschuss des Landtags ein, er habe rund
60 000 Euro Verlust mit dem Titel gemacht. Am Ende hat er
Koch immerhin mit 20 000 Euro für Zeitungsanzeigen und
50 000 Euro für die Verbreitung eines Rundfunkspots helfen
können, der auf Kosten der CDU produziert worden ist. Angeblich soll das Hunzingers Verlag bekannt machen. Wie praktisch, dass es zugleich den CDU-Kandidaten Koch ins Gespräch
bringt, der die Wahl tatsächlich gewinnt und Ministerpräsident
wird. Dabei ist wegen der Bedenken der Rundfunkhüter nur
ein Drittel der geplanten Radiowerbung auf Sendung gegangen.

Wer die Idee zu den Rundfunkspots hatte, wird auch nach den Auftritten von Hunzinger und Koch im Untersuchungsausschuss nicht geklärt. Die CDU habe werben wollen, behauptet Hunzinger. Koch hält dagegen: Hunzinger habe die Idee für die Reklame mit seinem Buch gehabt. Über die Kontakte zu Hunzinger mögen andere Politiker stolpern. An Koch geht auch diese Affäre vorüber.

Als Ministerpräsident hat es der CDU-Politiker deutlich leichter, ins Radio und ins Fernsehen zu kommen. Jetzt braucht er keine Freunde mehr, die dafür bezahlen. Allerdings zeigt sich, dass der Mächtige gerade auf dem Bildschirm schlecht rüberkommt. Koch im Fernsehen, das heißt immer Strebergesicht, Zahlensalat, Lügenbold, Unsympath – Fernbedienung und weg. Weil er die Fernsehzuschauer nicht selbst begeistern kann, bleibt ihm nichts anderes übrig, als sein mediales Manko über die Einflussnahme auf die Medienhierarchie zu kompensieren.

Zwei seiner ältesten Freunde haben das viel weniger nötig, auch wenn sie unterschiedlicher nicht sein könnten: Altkanzler Helmut Kohl, der medial zwar ähnlich ungelenk auftritt wie Koch, aber wenigstens durch pure physische Präsenz punktet. Und der Anführer der Tibeter, der Dalai Lama, der mit seinem schallenden Lachen nicht nur im Fernsehen gut ankommt, sondern im richtigen Leben ganze Stadien füllt. Wie gerne wäre Roland Koch von diesem Format.

Im Schatten des Charismatikers

Man hat in der CDU einiges versucht, um den Kopfmenschen Roland Koch nahbarer zu machen, ihn als Menschen mit Gefühlen zu zeigen. Nur eine liebenswerte Kehrseite des harten Machtmenschen Koch hat immer funktioniert und zugleich irritiert: die jahrzehntelange Freundschaft zum Dalai Lama, dem weisen Tibeter. Sie steht dafür, dass es auch noch einen anderen Koch gibt, einen feinsinnigen. Alle Redner kommen darauf zu sprechen zur Feier von Kochs 50. Geburtstag. Volker Bouffier sagt: »Dieses Engagement zeigt mehr von dir. Roland Koch ist eine komplexe Persönlichkeit.«

Auch Merkels Abgesandter aus der Bundespartei, der damalige CDU-Generalsekretär Ronald Pofalla, greift in seinem Grußwort Kochs Engagement für den Tibeter auf. Es ist ein peinlicher Auftritt, weil Pofalla entweder nicht weiß, wie der prominente Mann aus Asien sich nennt, oder weil es ihm nicht richtig über die Lippen kommt. Vor der zunehmend betretenen Festgesellschaft spricht der Gast aus Berlin in seinem nasalen Ton ein ums andere Mal vom »Daila Lama« statt vom Dalai Lama. Manche können sich das Kichern nur schwer verkneifen.

Dabei meint Pofalla es gut. Der Merkel-Vertraute hat es schließlich schwer genug, im Land des Merkel-Widersachers zu punkten. Doch da gibt es eben diesen wichtigen Aspekt: Roland Koch hatte der Kanzlerin empfohlen, dem Tibeter eine große Bühne zu bieten, und Merkel war seinem Rat gefolgt. Die Chinesen schäumen vor Wut. Pofalla also sagt: »Es war schlicht und einfach richtig, den Daila Lama im Kanzleramt zu empfangen.« Ihm falle kein Landespolitiker ein, der sich so stark für Menschenrechte in einem anderen Staat einsetze wie Koch.

Die Freundschaft zum Dalai Lama ist das Ergebnis eines seltsamen Zufalls, den der Machtmensch Roland Koch entschlossen nutzt. Es ist 1987. Ein deutscher Kontaktmann der Tibeter sucht um politische Unterstützung in Deutschland nach. In den oberen Reihen der Politik fasst man den Erleuchteten mit spitzen Fingern an. Als zu bedeutend erscheinen in der Regierungszeit von Kanzler Helmut Kohl gute Beziehungen zur mächtigen Volksrepublik China. Niemand ist bereit, sich aufs Glatteis zu wagen, außer dem weithin unbekannten stellvertretenden Bundesvorsitzenden der Jungen Union. Das ist ein junger Politiker der CDU, der gerade in den Hessischen Landtag eingezogen ist. Er heißt Roland Koch.

Im September 1987 kommt der Dalai Lama ins Taunusstädtchen Hofheim, wird von mehr als tausend Menschen gefeiert und lernt Roland Koch kennen. Koch hat mit dem Kontakt zum Buddhismus und dem Engagement für den friedlichen Widerstand sein weiches, menschliches Thema gefunden. Passend zu ihm ist es zugleich ein extrem hartes Thema. Denn es geht um einen erbitterten und seit Jahrzehnten versteinerten außenpolitischen Konflikt.

Koch hält den Kontakt. Der Dalai Lama kommt mehrfach nach Hessen. Einmal, im Februar 2005, besucht der Politiker aus Deutschland auch »Seine Heiligkeit« im indischen Exil in den Bergen von Dharamsala. Dort hat die Exilregierung der von China verfolgten Tibeter seit Jahrzehnten ihren Sitz. Im gleichen Jahr würdigt der Wiesbadener Landtag den Mann, der schon den Friedensnobelpreis erhalten hat, mit dem Hessischen Friedenspreis. Für den Dalai Lama ist es »echte Freundschaft«, die ihn mit »chief minister« Koch verbindet. Für den oft auf Angriff gebürsteten Koch ist es ein bisschen Frieden.

Doch ach, auch die Dalai-Lama-Besuche bleiben nicht ohne Skandal. Als der Tibeter im Jahr 2005 als Staatsgast in der hessischen Landeshauptstadt weilt, absolviert er große Auftritte im Kurhaus und im benachbarten Kurpark. Rund 25 000 Menschen strömen alleine in den Kurpark, um den fröhlichen Weisen zu hören. Aber niemand hat für die städtischen Veranstaltungsorte bezahlt. Der Kurdirektor hat sie auf Anweisung des zuständigen Dezernenten, eines CDU-Politikers, kostenlos zur Verfügung gestellt für den Verein »Freunde für einen Freund«, der die Sache organisiert hat. Einen Beschluss der städtischen Gremien, den Besuch zu sponsern, gab es aber nie. Die Staatsanwaltschaft nimmt Untreueermittlungen gegen Dezernent und Kurdirektor auf.

Besonders pikant sind die Umstände, durch die die Wiesbadener Staatsanwaltschaft auf das Versäumnis der städtischen Würdenträger stößt. Es sind die Ermittlungen gegen den Werbemanager Aleksander Ruzicka, in deren Verlauf der Verdacht auftaucht. Ruzicka steht wegen der Veruntreuung von Millionenbeträgen vor Gericht, er wird zu einer drastischen Haftstrafe verurteilt – und ist ein Geschäftspartner von Koch-Kumpel Volker Hoff.

Mit Hilfe von Hoffs Firmen soll Ruzicka das veruntreute Geld beiseitegeschafft haben. Ruzicka also tritt bei dem Ereignis mit dem Dalai Lama als Sponsor in Erscheinung. Auch hier soll er einen Teil des veruntreuten Geldes gewaschen haben. So führt die Spur vom friedlichen Roland mitten ins hässliche System Koch.

Die Untreueermittlungen gegen die Vertreter der Stadt werden übrigens eingestellt. Die Staatsanwaltschaft bestätigt zwar, dass Wiesbaden Einnahmen aus der Vermietung entgangen seien. Dies sei aber durch den Imagegewinn für die Stadt durch den Besuch des Dalai Lama wieder wettgemacht worden, so die Argumentation der Juristen.

Koch und Kohl – eine Liebesgeschichte

So wie manche Sinnsucher den Dalai Lama verehren, so schwärmt der junge Roland Koch von Helmut Kohl. Der Kanzler ist sein leuchtendes Vorbild und wird bereits früh zum freundlichen Förderer. Für keinen anderen Politiker empfindet Koch so viel Bewunderung. Mit Kohls Ansichten, seinem Leben und seinen Kämpfen kann Koch sich identifizieren. Beide sind sie in bürgerlichen Verhältnissen groß geworden, geprägt in der geborgen-provinziellen Umgebung von Eschborn und Oggersheim, flüchten früh, noch als halbe Kinder, in die CDU, in der sie sich als Außenseiter aufgehoben, geschützt und verstanden fühlen. »Beide scharten früh einen verschworenen Männerbund um sich, gehüllt in verklemmten, leicht homoerotischen Zeltlagerdampf, und führten ihn nach sizilianischem Vorbild«, schreibt Koch-Biograf Hajo Schumacher.[24] Diese Gemeinsamkeiten lassen trotz des Altersunterschiedes eine stabile Männerfreundschaft entstehen, die selbst über die CDU-Spendenaffäre hinweg Bestand haben wird.

Der uneinsichtige Altpolitiker, der die Geber schwarzer Parteispenden an die Schwarzen nie nennt, hat deshalb im hohen Alter nur noch wenige Freunde in der Politik. Roland Koch ist einer der wenigen. Er hält zu den Schwarzgeldsündern, im Bund und in Hessen, wo er Manfred Kanther nie aus der CDU ausschließen lässt. So kommt es, dass Koch im Namen des Altkanzlers 2010 den mit einer Million Euro dotierten Roland Berger Preis für Menschenwürde entgegennimmt, weil der kranke Kohl nicht selbst kommen kann. Das Preisgeld geht an wohltätige Zwecke.

Roland Koch hat die Welt des Alt-Bundeskanzlers Helmut Kohl in die Zeit von Angela Merkel gerettet. Wer ihn begleitet, macht sich auf den Weg in eine altbackene, durch und durch patriarchale CDU. Nicht überall ist Merkel drin, wo CDU draufsteht. Wo die Bundespartei sich für ein modernes Familienbild geöffnet hat, für erneuerbare Energien und für Weltoffenheit, ist die Hessen-CDU zurück geblieben. Dafür steht Roland Koch, der selbst ernannte »konservative Reformer«.

Bereits 1980 fällt der junge Koch dem alten Kohl mit einer frechen Rede beim CDU-Bundesparteitag in Mannheim auf. Daraufhin will der Alte sofort den Jungspund kennen lernen. »Das waren lange Abende im Kanzlerbungalow damals«, schwärmt Koch noch 2010. »Er hat zugehört und sich vor allem auch für Diskussionen mit jungen Menschen Zeit genommen.«[25] Wenn Koch über sein Idol redet, dann spricht er immer auch über sich selbst. Was dem Jungen am Alten besonders imponiert, ist das Aushalten von Demütigungen, das Unterschätztwerden – um dann am Ende doch als Sieger dazustehen. »Als Helmut Kohl am Ende der 70er Jahre nach Jahren als Oppositionsführer nach Bonn kommt, wurde er von einigen Zeitgenossen als Provinzling aus der Pfalz ein bisschen belächelt«, weiß Koch. »Diese Beobachter mussten im Laufe der Zeit den Rückzug in ihrer Bewertung antreten.«

So hätte Koch es auch gerne für sich selbst: derjenige sein, der es am Ende allen gezeigt hat. »In einigen Jahren, da bin ich mir sicher, werden mit großer Selbstverständlichkeit Straßen und Plätze nach Helmut Kohl benannt sein«, prophezeit Koch. Doch er ist im Nacheifern seines Vorbildes stecken geblieben in der Provinz.

Auch wenn er manche bundespolitische Entscheidung als Ministerpräsident vorbereitet hat: Der große Sprung auf die Bundesbühne, der erfolgreiche Griff nach dem Kanzleramt, den ihm manche zugetraut haben, hat nicht geklappt. Kohl wird als Kanzler der Einheit in die Geschichtsbücher eingehen, ist vom Oggersheimer Provinzling zum Weltpolitiker geworden. Koch ist – wenn sein selbst gewählter politischer Rückzug wirklich das Ende bleibt – nicht mehr als ein Wiesbadener Landesfürst geworden, von dem Skandale in Erinnerung bleiben werden. Für einen Politiker mit Kochs hohem Anspruch, seinem machtpolitischen Kalkül und seinen Ambitionen bis hin zur Kanzlerschaft ist das erstaunlich wenig.

Koch ist eben nicht so volksnah und menschelnd wie Kohl, nicht so pathetisch und wirkt auch nicht so authentisch wie der Schwarze Riese, der es 16 Jahre lang verstand, die Macht in Bonn zusammenzuhalten. Koch wirkt dagegen berechnend, unecht, hölzern wie Pinocchio. Man misstraut seinen Auftritten wegen dieser Kälte. Das bodenständige, saumagenvertilgende Körperungetüm Kohl konnte trotz aller Durchtriebenheit eben auch Lebendigkeit ausstrahlen. Vielleicht bewundert Koch ihn deshalb so sehr.

Umso furchtbarer muss es gewesen sein, als Kochs größtes Idol zu wanken beginnt, als die Enthüllungen über schwarze Kassen und die Spendenaffäre direkt auf Koch durchschlagen, seine junge Karriere zu beenden drohen, just als er 1999 Ministerpräsident geworden ist. Der Hesse versucht auf seine Weise dem Alten treu zu bleiben und die eigene Haut zu retten. Ein Unterfangen, für das Koch einen hohen Preis bezahlen muss: seine Glaubwürdigkeit.

2
Die Skandale im System Koch

Schwarzes Geld

Zaunkönig in Liechtenstein

Nitroglycerin ist ein hochexplosiver Sprengstoff, schon geringe
Mengen können eine verheerende Wirkung entfalten. Glaubt
man Roland Koch, dann war er im Jahr 1999 bildlich gesprochen das Opfer eines lebensgefährlichen Sprengstoffattentats
aus den eigenen Reihen. Der Sprengstoff: illegales Parteiver-
mögen. Die Attentäter: CDU-Altvordere wie Manfred Kanther.
»Ich wurde in den Dschungel der Spendenaffäre hineingezerrt
und habe etwas übernommen, was ich hinten und vorne nicht
übersehen konnte«, sagt Koch heute, aus der wohlkalkulierten
Rückschau. »Parteimitglieder hatten mir Nitroglycerin übergeben, ohne Gebrauchsanweisung.«[26]

Koch als Opfer finsterer Machenschaften, als Unwissender,
dem etwas Gefährliches übergeben wird, was er nicht kennt. Es
ist eine hübsche Geschichte, Kochs reines Bild von sich selbst.
Das Unschuldslamm und die Übeltäter. Doch stimmt die Er-
zählung vom Sprengstoffopfer im dunklen Dschungel wirklich?
Hier arbeitet einer fleißig an der eigenen Weißwaschung. Noch
dazu einer, der den Dschungel hätte kennen müssen.

Ein Jahrzehnt nach der Schwarzgeldaffäre der Hessen-CDU
erinnern sich viele nicht mehr so genau an die Einzelheiten.
Damit spekuliert Koch, darauf setzt er mit seiner heutigen Er-
zählung vom Nitroglycerin. Dabei stand er selbst mitten im
Zentrum des Skandals. Sagte die Unwahrheit. Ließ Bilanzen fri-

sieren, ja sogar Dokumente fälschen, um die angeblichen »Vermächtnisse« der Hessen-CDU irgendwie glaubhaft erscheinen zu lassen. Die Geldquellen, die auch Kochs Wahlkampf, Kochs Aufstieg zum Ministerpräsidenten ermöglicht hatten, sollten um jeden Preis als legal erscheinen – bis das Lügengebäude zusammenbrach und Koch politisch und körperlich ebenfalls dem Zusammenbruch nahe war.

Dass er den Tsunami der öffentlichen Empörung überstand, grenzt an ein politisches Wunder und ist bei genauerer Betrachtung doch wenig wunderbar. Es hat viel mit Aussitzen, Durchhalten, Verschleiern zu tun. Und mit Lügen. Nur zugeben, was nicht geleugnet werden kann.

Der Politiker Koch hat den Skandal mit dieser Taktik überlebt – eine Leistung des Machterhalts. Aber haften geblieben ist die Geschichte an der Person Koch für immer. Er wurde in weiten Teilen der Öffentlichkeit damit zum Dunkelmann, zum eiskalten Lügner, zum Inbegriff des Politikers, der die Macht um der Macht willen anstrebt und ausübt. Wenn es sein muss, eben auch mit illegalen Mitteln.

Schwarzgeld. Ein unschönes Wort. Es stört den Expolitiker Koch nun auf dem Weg in die Wirtschaft. Es soll verschwinden. Scharfsinniger Analytiker, kluger Stratege – das liest Koch gerne über sich. Nur nicht immer wieder dieses Schwarzgeld-Wort, seit zehn Jahren. Es verfolgt ihn. Aus heutiger Sicht hätte Koch gerne nichts mehr damit zu tun, es war Nitroglycerin, das ihm Parteimitglieder in die Hand gedrückt haben – wieso glaubt das kaum einer, außer Koch selbst?

Hier lohnt sich ein Blick zurück. Auf die Fakten. Auf den jungen aufstrebenden Politiker Koch, der im Jahr 1999 kurz nach der gewonnenen Landtagswahl ein politisches Desaster erlebt, Abgründe an illegalem Handeln der CDU einräumen muss, selbst mehrfach der Lüge überführt wird. Ein junger Politiker, der damit eigentlich am Ende seiner Karriere ist. Eigentlich. Denn wenn eine Leistung von Roland Koch als herausragend bezeichnet werden muss, dann ist es sicher die dreiste Mischung aus vorgegaukelter Aufklärung und brutalst-möglicher Vertuschung, die ab Bekanntwerden der Vorwürfe zu seiner Königsdisziplin wird. Der unbedingte Wille zum Machterhalt und die im Brustton der Überzeugung verbreitete Lüge werden Kochs Markenzeichen. Letztlich rettet er damit seine politische Existenz, doch die Öffentlichkeit traut ihm an finsteren Machenschaften seitdem fast alles zu.

Mit seiner Kampagne gegen die doppelte Staatsbürgerschaft und seinen Appellen an ausländerfeindliche Ressentiments hatte Koch in Hessen gerade erst die Macht errungen. Nun wurde er zum Gejagten. Zum angezählten Politiker. Zum überführten Trickser und Täuscher, auf dessen Fall die Öffentlichkeit nur noch wartete. Jetzt gab es Zeiten, »da war vom Machtwillen nicht mehr viel übrig, da wusste ich nicht, ob ich diesen Tag überlebe«[27], sagte Koch damals. Was damals herauskam, hätte wohl jeden Politiker mit Anstand zum sofortigen Rücktritt gezwungen – nicht so Roland Koch.

Fest steht, dass die Hessen-CDU ab 1983 insgesamt 20,8 Millionen Mark illegal in einer Schweizer Treuhandgesellschaft und später in einer liechtensteinischen Stiftung (»Zaunkönig«) deponiert und in den Rechenschaftsberichten der Partei vorsätzlich verschleiert hat. Woher das Geld stammt, ist bis heute nicht vollends geklärt. Vieles spricht dafür, dass es Reste von Schwarzgeldsummen waren, die aus der »Staatsbürgerlichen Vereinigung«, einer früheren Geldwaschanlage der Bundes-CDU, stammten. Hinzu kamen illegale geheime Parteispenden der Süßwarenfirma Ferrero – jährlich bis zu 100 000 Mark, die jeweils diskret in einem Umschlag übergeben wurden.

Immer wenn in den Folgejahren Geld gebraucht wurde, holte der Finanzberater der Hessen-CDU, Horst Weyrauch, persönlich große Summen Bargeld aus der Schweiz. Es sind Kurierfahrten mit Geldkoffern wie im Schattengewerbe. CDU-Generalsekretär Manfred Kanther und Schatzmeister Casimir Prinz zu Sayn-Wittgenstein-Berleburg wissen Bescheid und dirigieren das illegale Treiben von Seiten der Hessen-CDU. Das Geld fließt in Strömen. Rund 15 Jahre lang wirft der »Honigtopf im Süden« immer neuen Nektar ab. Immer ist genug da. Woher das viele Geld kommt, will später keiner so genau gewusst haben. Erstaunlich, bei den Summen, um die es geht: Mal fließen 1986 rund 845 000 Mark für die hessische Landtagswahl, dann ein Jahr später 278 000 Mark an den Landesverband, wiederum ein Jahr später noch einmal 173 000 Mark. Im Jahr 1989 werden rund vier Millionen Mark unter dem Punkt »sonstige Einnahmen« verbucht und eine teure Immobilie als CDU-Geschäftsstelle bezahlt – das erste angebliche »Vermächtnis«. Ein Jahr später fließen wieder 240 000 Mark an den hessischen Landesverband, auch mal 15 000 Mark an den Kreisverband Wetterau. Und 1991 folgt das zweite angebliche »Vermächtnis«: 5,5 Millionen Mark erhalten der Landesverband Hessen (2 Millionen) und der Kreisverband Frankfurt (3,5 Millionen).

Seit dieser Zeit ist Roland Koch Chef der CDU-Landtagsfraktion. Einer seiner engsten Freunde, Franz Josef Jung, ist da schon vier Jahre lang Generalsekretär der Partei. Vier Jahre, in denen rund zehn Millionen Mark illegal aus der Schweiz in die Kassen der CDU strömen. Der Finanzfachmann und Kontrollfreak Koch will davon nichts gewusst haben.

So viel Geld fließt der Hessen-CDU zu, dass sie nicht einmal bemerkt, dass Buchhalter Franz-Josef Reischmann rund 2,2 Millionen Mark für eigene Zwecke einsteckt. Die Unterschlagung fällt wegen des beständigen Bargeldregens aus der Schweiz erst sehr spät auf – und wieder treffen 1992 pünktlich 700 000 Mark von einem Treuhandkonto ein, um den Schaden teilweise auszugleichen. Immer im Hintergrund aktiv: CDU-Schatzmeister Sayn-Wittgenstein, der Mann mit besten Kontakten zum Frankfurter Geldadel, der verschwiegene Geldverwalter und passionierte Jäger. »Die Sayn-Wittgensteins sind es seit Jahrhunderten gewohnt, Recht zu setzen, und nicht, Recht zu befolgen«, weiß Koch-Biograph Hajo Schumacher über den »charmanten Schurken« zu berichten, der mit einem Keilerkopf auf seiner Mercedes-Kühlerhaube auf der Autobahn schon aus Prinzip immer auf der Überholspur fuhr.[28] Er wird aus gesundheitlichen Gründen für die illegalen Transaktionen nie zur Rechenschaft gezogen und verstirbt 2010.

Im Jahr 1993 werden 18 Millionen Schweizer Franken des illegalen CDU-Geldverstecks in die Liechtensteiner Stiftung »Zaunkönig« eingezahlt. Einzige Begünstigte dieser noch undurchsichtigeren Finanzkonstruktion: die CDU Hessen. 9 848 750 Mark fließen von Liechtenstein bis zum Jahr 2000 auf geheimem Weg zur CDU nach Wiesbaden – alles gegen das Parteiengesetz. Oft geht es um die Finanzierung von Wahlkämpfen: 874 000 Mark sind 1995 für Kanthers Landtagswahlkampf fällig, und Petra Roth profitiert mit 345 000 Mark für ihren Oberbürgermeisterwahlkampf in Frankfurt, den sie überraschend gegen den sozialdemokratischen Amtsinhaber Andreas von Schoeler gewinnt. Roth kann sich 1996 dann auch über das angeblich »dritte Vermächtnis« freuen: 3,5 Millionen Mark für die Kasse des Frankfurter Kreisverbands.

Es ist ein nie versiegender Geldquell, das hocheinträgliche Geheimnis der CDU. Mal flattern die Hunderttausender aus Liechtenstein für eine neue EDV-Anlage, dann für eine bauliche Sanierung der Geschäftsstelle, und wenn der junge, aufstrebende Politiker Roland Koch bekannter gemacht werden soll, dann darf es auch mal ein Hochglanzprospekt in den Fernsehzeitschriften sein, beigelegt mit 1,3 Millionen Exemplaren, Kosten 158 000 Mark, Bezahlung wie immer: aus dem Honigtopf im Süden. Ab 1998 ist Roland Koch Vorsitzender der Hessen-CDU – doch das illegale Geld fließt munter weiter. Schwer vorstellbar, dass der gelernte Wirtschaftsanwalt nicht weiß, woher weitere 557 000 Mark für Computer der CDU herkommen, dass seine Partei in dieser Zeit finanziell hauptsächlich von geheimen Finanztransaktionen aus der Schweiz und illegalen Geldspenden von Ferrero lebt. Oder dass zusätzlich eine weitere geheime Einnahmequelle aufgebaut wird, an die konservative Unternehmer und Koch-Unterstützer überweisen sollen: eine CDU-eigene Akademie mit Sitz in der hessischen

Landesgeschäftsstelle. Rund zwei Millionen Mark spendet etwa der hessische Verband der Metall- und Elektro-Unternehmen dorthin. Der Haftpflichtverband der Deutschen Industrie transferiert geheime 450 000 Mark und erhofft sich von Koch im Bundesrat dafür Widerstand gegen Gesetze der rot-grünen Bundesregierung. Die Versicherungswirtschaft sei über die Pläne des damaligen Bundesfinanzministers Oskar Lafontaine beunruhigt gewesen und habe gehofft, über Hessen die Mehrheitsverhältnisse im Bundesrat zu ändern, gibt HDI-Vorstand Erwin Möller später im Schwarzgeld-Untersuchungsausschuss des Hessischen Landtags zu. Auch Ferrero spendet weiterhin illegal und freut sich, dass der CDU-Bürgermeister in Stadtallendorf die Vorauszahlung der Gewerbesteuer zu niedrig ansetzt, so dass das Unternehmen Millionen an Steuern sparen kann. So sprießt eine beiderseitig gedeihliche Zusammenarbeit jenseits der Gesetze: Finanziell habe in der Zentrale der Hessen-CDU jedenfalls kein Mangel geherrscht, recherchierte der *Spiegel*, alle möglichen Kosten seien mit »Bargeld-Orgien« beglichen worden.[29]

Nur zugeben, was nicht zu leugnen ist

Roland Koch steht im Jahr 1998 vor seinem großen Ziel: Ministerpräsident des Landes Hessen zu werden. Finanzberater Weyrauch legt schon mal eine geheime Wahlkampfkasse an, die er mit dem Geld aus Liechtenstein befüllt: Insgesamt sind es 1 386 000 Mark an illegalen Mitteln, die Weyrauch 1998 und 1999 aus dem Fürstentum holt. Geld, mit dem Koch seinen Wahlkampf finanziert. Ein bewährtes System, ein sehr effizientes und hoch diskretes System: die anonyme Stiftung im Ausland, die Legende von den Vermächtnissen, die Bargeldtransfers, die Cash-Zahlungen der Kosten. Wenig Spuren, wenig Eingeweihte, sehr viel Geld. Reibungslose Abläufe, verschwiegene Partner. Ein erfolgreiches polit-mafiöses Finanzierungssystem, von dem die Öffentlichkeit niemals erfahren sollte.

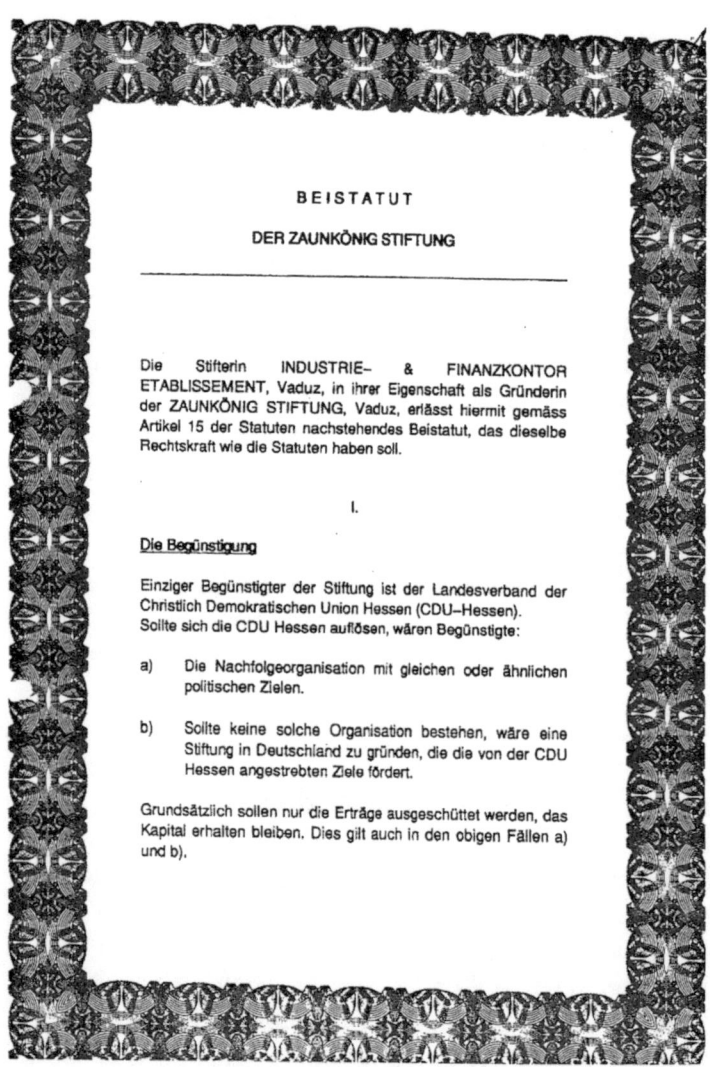

BEISTATUT

DER ZAUNKÖNIG STIFTUNG

Die Stifterin INDUSTRIE- & FINANZKONTOR ETABLISSEMENT, Vaduz, in ihrer Eigenschaft als Gründerin der ZAUNKÖNIG STIFTUNG, Vaduz, erlässt hiermit gemäss Artikel 15 der Statuten nachstehendes Beistatut, das dieselbe Rechtskraft wie die Statuten haben soll.

I.

Die Begünstigung

Einziger Begünstigter der Stiftung ist der Landesverband der Christlich Demokratischen Union Hessen (CDU–Hessen). Sollte sich die CDU Hessen auflösen, wären Begünstigte:

a) Die Nachfolgeorganisation mit gleichen oder ähnlichen politischen Zielen.

b) Sollte keine solche Organisation bestehen, wäre eine Stiftung in Deutschland zu gründen, die die von der CDU Hessen angestrebten Ziele fördert.

Grundsätzlich sollen nur die Erträge ausgeschüttet werden, das Kapital erhalten bleiben. Dies gilt auch in den obigen Fällen a) und b).

Beistatut der »Zaunkönig«-Stiftung, in Kraft getreten am 13. Mai 1993 in Vaduz.

2. Die Skandale im System Koch

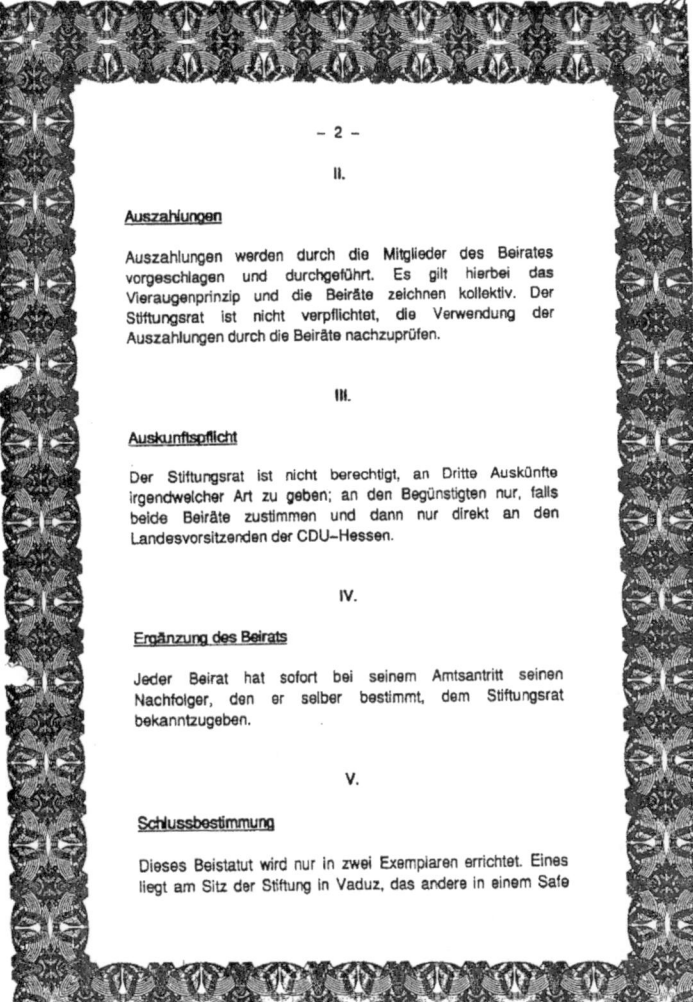

– 2 –

II.

Auszahlungen

Auszahlungen werden durch die Mitglieder des Beirates vorgeschlagen und durchgeführt. Es gilt hierbei das Vieraugenprinzip und die Beiräte zeichnen kollektiv. Der Stiftungsrat ist nicht verpflichtet, die Verwendung der Auszahlungen durch die Beiräte nachzuprüfen.

III.

Auskunftspflicht

Der Stiftungsrat ist nicht berechtigt, an Dritte Auskünfte irgendwelcher Art zu geben; an den Begünstigten nur, falls beide Beiräte zustimmen und dann nur direkt an den Landesvorsitzenden der CDU-Hessen.

IV.

Ergänzung des Beirats

Jeder Beirat hat sofort bei seinem Amtsantritt seinen Nachfolger, den er selber bestimmt, dem Stiftungsrat bekanntzugeben.

V.

Schlussbestimmung

Dieses Beistatut wird nur in zwei Exemplaren errichtet. Eines liegt am Sitz der Stiftung in Vaduz, das andere in einem Safe

Doch als Helmut Kohls schwarze Kassen auffliegen, als die Bundes-CDU in den Strudel der Spendenaffäre gerät und gegen ihren Schatzmeister Walther Leisler Kiep im November 1999 Haftbefehl erlassen wird, gerät auch das hessische System ins Wanken, fällt Licht auf das Schattenreich der Konten, gerät Koch unter starken Erklärungsdruck. Wirtschaftsprüfer entdecken Weyrauchs Geldverstecke, die Presse berichtet von merkwürdigen Vermerken zugunsten der Hessen-CDU. Nun beginnt Kochs Zickzackkurs. Eine Mischung aus Lüge, Vertuschungsaktionen und Einräumen des Unbestreitbaren.

Am 29. November 1999 erklärt die CDU in Hessen den starken Anstieg ihrer »sonstigen Einnahmen« in den Jahren 1989 und 1991 mit zwei anonymen Erbschaften. Landesschatzmeister Casimir Prinz zu Wittgenstein behauptet später, diese angeblichen »Vermächtnisse« stammten vermutlich von jüdischen Emigranten – eine dreiste Lüge, wie sich bald herausstellen wird. Noch im Dezember 1999 erklärt Koch im Landtag, alle Finanzangelegenheiten der Hessen-CDU seien einwandfrei abgewickelt worden. Schriftlich antwortet die CDU der Opposition zudem, man habe keinerlei Hinweise auf Zahlungen außerhalb der Buchführung. Der Frankfurter CDU-Geschäftsführer Heinz Daum wiederholt weiter die Lüge von den jüdischen Vermächtnissen. Und Koch behauptet am 16. Dezember 1999 im Landtag wahrheitswidrig, die CDU-Rechenschaftsberichte seien unabhängig überprüft worden, nicht nur von Finanzberater Weyrauch, der sich im Strudel der Affäre hektisch selbst wegen Steuerhinterziehung anzeigt. Noch im Dezember 1999 erklärt Koch öffentlich, dass mit den Vermächtnissen an die CDU alles korrekt sei[30] – einen Monat nach dem Bekanntwerden der Vorwürfe in der Presse. Mit einem fingierten Brief versucht die Hessen-CDU, die Verantwortung für die Geldflüsse auf einen Treuhänder abzuschieben. Dann will man die Zahlungen mit rückdatierten Dokumenten plötzlich zu Darlehen von Wittgenstein an die CDU umdeklarieren. Koch billigt die Erfindung dieser Darlehen, die es niemals gab. Später, als diese

Aktion auffliegt, wird Koch behaupten, das Wittgenstein-Darlehen sei bereits 1998 erfunden worden, vor seiner eigenen Amtszeit. An dieser Lüge hält Koch lange fest, obwohl der Versuch, die Zahlungen zum Darlehen umzuerfinden, erst im Dezember 1999 und mit seinem Wissen stattfand. Als die Lüge nicht mehr zu halten ist, gesteht Koch ein, dass er »schweren Herzens« der Aktion zugestimmt habe, die aus einem Geheimkonto an die Hessen-CDU gezahlten Beträge nachträglich zu einem Darlehen umzufälschen, indem ein im Dezember 1999 geschriebener Brief mit seiner Billigung auf den 6. Februar 1998 zurückdatiert wurde.

Koch trickst und täuscht, lügt und windet sich in der Affäre. Es ist mittlerweile Januar 2000. Kein Mensch glaubt mehr an die Lüge von den Vermächtnissen. Aber er kämpft weiter an der Front der Verschleierung – und begeht einen schweren Fehler.

Es sind die Sternsinger, die Roland Koch am 10. Januar 2000 aus seinem Büro in der Staatskanzlei in Wiesbaden locken. Unschuldige Kinder, ein Empfang beim Landesvater. Schöner Gesang – eigentlich ein Routinetermin für den Ministerpräsidenten. Doch der damalige Landtagskorrespondent der *Frankfurter Rundschau*, Matthias Bartsch, fragt gut informiert nach den Vermächtnissen. Und Koch sagt: »Ich kenne bis zum heutigen Tage keinen einzigen Vorgang außerhalb der offiziellen Buchführung der CDU.« Dieser Satz wird als »Sternsinger-Lüge« in die Landesgeschichte eingehen. Denn der frühere Bundesinnenminister und ehemalige CDU-Landesvorsitzende Manfred Kanther muss am 14. Januar 2000 zugeben, dass die Landespartei seit 1983 über ein getarntes Millionenvermögen in der Schweiz verfügt. Bei den vermeintlichen Vermächtnissen habe es sich um getarnte Rücktransfers des im Ausland versteckten Geldes gehandelt. Die Staatsanwaltschaft Wiesbaden leitet daraufhin Ermittlungen gegen Kanther, Wittgenstein und CDU-Finanzberater Horst Weyrauch ein. Auch die Steuerfahndung Frankfurt ermittelt in der Sache, doch die Beamten werden von ihren Vorgesetzten zurückgepfiffen. Später werden exakt diese

Fahnder in Hessen merkwürdige Dinge erleben, werden versetzt, gemobbt, zwangspensioniert und mit falschen Gutachten sogar für verrückt erklärt.

Koch prägt in diesem hessischen Schwarzgeld-Januar einen Begriff, den er nicht mehr los wird, weil er so perfekt zu seiner kaltschnäuzigen Art der Machtpolitik passt. Der Ministerpräsident verspricht »brutalstmögliche Aufklärung«. Und verstrickt sich in Widersprüche, die eher das Gegenteil nahelegen. Zehn Jahre später erklärt er in einem Interview, er habe den Begriff nur ein einziges Mal benutzt, im Heute-Journal des ZDF. »Ich habe auch nichts gegen das Copyright auf dieses Wort«, fügt er hinzu, »wobei einem dadurch natürlich viele Klischees verpasst werden.«[31]

Was er nicht sagt: In dem Klischee steckt viel Wahres. Am 8. Februar 2000 gibt Ministerpräsident Roland Koch auf einer eigens einberufenen Pressekonferenz selbst zu, dass er in der Finanzaffäre gelogen hat. Über das angebliche Darlehen und bei den Sternsingern habe er die Unwahrheit gesagt, räumt er ein und entschuldigt sich. Kein Wunder: Finanzberater Weyrauch waren vorher die Nerven durchgegangen. Er hatte den Ermittlern gestanden, dass die Darlehenslüge mit Kochs Wissen im Dezember 1999 konstruiert worden sei, dass die Geschäftsstelle der Hessen-CDU schon immer von den versteckten Millionen wusste und viele Personen aktiv damit beschäftigt waren, die illegalen Finanzen zu verbuchen und zu verteilen.

Roland Koch spricht nun öffentlich darüber, dass er geweint habe, als er von dem Millionenschatz im Süden erfuhr, dass er unter der Belastung stark abgenommen und trotzdem alles im Griff habe. Die hessische CDU hält weiter zu ihm, und auch die hessische FDP weicht nicht von der Seite des Koalitionspartners, obwohl die Bundes-FDP den Rücktritt des hessischen Ministerpräsidenten fordert. Nicht aufgeben, sondern durchhalten, auch gegen die Medien, lautet Kochs Parole.

Doch während die Mitglieder zu ihm stehen, wird es nun finanziell ungemütlich für ihn und seinen Landesverband: Bundestagspräsident Wolfgang Thierse (SPD) fordert von der CDU die stattliche Summe von 41 347 887,42 Mark (rund 21,1 Millionen Euro) aus der staatlichen Parteienfinanzierung zurück. Begründung: Das Auslandsvermögen des hessischen Landesverbands von 18,2 Millionen Mark war nicht im CDU-Rechenschaftsbericht für das Jahr 1998 aufgeführt.

Im September 2000 erwischt die Affäre dann Roland Kochs engen Freund, den damaligen Chef der hessischen Staatskanzlei, Franz Josef Jung. Er muss wegen seiner Verwicklung in den Finanzskandal zurücktreten. Im Untersuchungsausschuss waren Briefe von Weyrauch an Jung aufgetaucht, die zumindest dessen Mitwisserschaft nahe legen. Der Rücktritt von Koch-Freund Jung ist das Zugeständnis an den Koalitionspartner FDP und dessen Landesvorsitzende, die stellvertretende Ministerpräsidentin Ruth Wagner. Sie ist es, die gegen den Willen der Bundes-FDP am Bündnis mit Kochs CDU festhält und ihre Landespartei darauf einschwört. Noch zehn Jahre später, bei seinem Abschied vom Landesvorsitz der CDU, dankt Roland Koch der FDP für diese Treue. Er weiß: Ohne sie hätte er die Schwarzgeldaffäre nicht im Amt überstanden.

Jung wird später auf die politische Bühne zurückgeholt, als Bundestagsabgeordneter und Bundesminister. Doch zunächst muss er gehen. Und Koch: weint. Nicht über den illegalen Abgrund an politischem Handeln, nicht über die ruinöse politische Kultur, sondern darüber, dass er den Freund nicht halten konnte. Dass er den Kumpel opfern musste, um selbst zu bleiben. Ein Mitglied der Seilschaft lässt man niemals fallen – dieses Prinzip muss Koch an diesem Tag für kurze Zeit außer Acht lassen, um nicht selbst zermahlen zu werden. Zehn Jahre später, bei Kochs Rückzug aus der Politik, wird es Jung sein, der seinem alten Freund Roland emotional beisteht. Man hat sich eben doch nicht wirklich fallen lassen, die Treueschwüre der Männer im System Koch, sie halten.

Im Jahr 2001 erhebt die Staatsanwaltschaft Wiesbaden Anklage gegen Kanther, Wittgenstein und Weyrauch wegen Untreue und Beihilfe zur Untreue. Doch das Landgericht Wiesbaden lehnt 2002 einen Prozess ab. Die Richter argumentieren, wesentliche Vorwürfe seien verjährt. Zudem sei der CDU kein materieller Schaden entstanden. Erst 2004 gibt das Oberlandesgericht Frankfurt am Main einer Beschwerde der Staatsanwaltschaft gegen die Entscheidung des Landgerichts statt und ordnet den Prozess gegen Kanther, Wittgenstein und Weyrauch an.

Im August 2004 beginnt die Hauptverhandlung vor der Wirtschaftsstrafkammer des Landgerichts Wiesbaden. Das Verfahren gegen Wittgenstein wird abgetrennt. Der 88-Jährige kann aus gesundheitlichen Gründen nicht mehr am Prozess teilnehmen. Roland Koch sagt vor Gericht, sowohl der wirtschaftliche als auch der politische Schaden seien dramatisch. Bis an den Rand ihrer Handlungsfähigkeit habe der Schlamassel die CDU gebracht. Bis heute leide die Partei daran, dass Kanther, Weyrauch & Co nicht wenigstens kurz vor Aufdeckung des Skandals, im Dezember 1999, zu dem Schritt bereit gewesen seien, um den sie später doch nicht mehr herumkamen: die Wahrheit über die schwarzen Parteikassen zu offenbaren und die Verantwortung dafür zu übernehmen. Über seine eigene Rolle schweigt Koch lieber. Wenn er spricht, dann als Opfer. Alleinige Täter sollen diejenigen gewesen sein, die keinerlei Funktion mehr in der Partei haben.

Am 18. April 2005 wird Manfred Kanther zu eineinhalb Jahren Haft auf Bewährung und einer Geldbuße von 25 000 Euro verurteilt. Das Landgericht befindet ihn der gemeinschaftlich begangenen Untreue für schuldig. Finanzberater Weyrauch erhält wegen Beihilfe eine Geldstrafe von 61 200 Euro. Kanther geht gegen das Urteil in Revision vor den Bundesgerichtshof. Dieser erklärt die Verurteilung Kanthers in Teilen für ungültig. Am 25. September 2007 wird das Verfahren vor dem Landgericht Wiesbaden erneut eröffnet. Das Gericht hebt die im ersten Prozess verhängte Haftstrafe von eineinhalb Jahren auf Bewährung auf und verurteilt Kanther wegen Untreue zu einer Geldstrafe in Höhe von 300 Tagessätzen. Das sind bei ihm 54 000 Euro. Manfred Kanther ist somit vorbestraft – ausgerechnet der streng gescheitelte Kanther, der einstige Law-and-Order-Innenminister von Bundeskanzler Helmut Kohl.

Kanther, das war der Mann, der 1995 mit dem Slogan »Schutz vor Verbrechen« in den hessischen Landtagswahlkampf zog. Der schneidige CDU-Politiker, der politische Gegner stets angriff, weil sie den Kampf gegen Straftäter nicht ernst genug nehmen würden. Der Bundesinnenminister, der Deutschland mit seinen Gesetzen zum Weltmeister im staatlichen Abhören von Telefonen machte. Schnellere Verurteilungen, schärfere Strafen, das war Manfred Kanthers Welt. Nun war er selbst verurteilt. Und seine Partei musste dafür bluten.

Seit die Millionen-Strafzahlungen an die Bundestagsverwaltung gehen, müssen alle hessischen Christdemokraten buchstäblich für das Schwarzgeldsystem bluten. Viele Jahre lang zahlt jedes hessische CDU-Mitglied jeden Monat eine Mark, später 51 Cent an die Bundespartei, um den Schaden zu begleichen. Die Bußzahlung wird erst im Sommer 2011 enden.

Trotzdem duldet die hessische CDU Manfred Kanther auch nach seiner Verurteilung in ihren Reihen. Es gibt niemanden, der einen Parteiausschluss anstrebt. Die Opposition hat dafür eine plausible Erklärung. Sie spricht von einem »Schweigekartell« zwischen Koch und Kanther. Der Alte dürfe bleiben, damit er nichts über die Mitwisserschaft des Jüngeren ausplaudere.

Als Kanther keine zwei Jahre nach dem Urteil seinen 70. Geburtstag feiert, gratulieren Koch und CDU-Fraktionschef Christean Wagner dem Jubilar. Man könne »große Erfolge und sehr schwere Zeiten« nicht voneinander trennen, behaupten sie. »Der falsche Umgang mit dem Vermögen der Union hat sowohl das Ansehen als auch die wirtschaftliche Existenzfähigkeit der Union schwer belastet«, stellen Koch und Wagner fest. Doch sogleich lassen sie den hoffnungsfrohen Satz folgen: »Dieses Kapitel ist jetzt abgeschlossen.«

So versucht sich Roland Koch aus der Verantwortung zu stehlen. Angela Merkel hat deutliche Worte gefunden, als Helmut Kohl seine heimlichen Spender nicht nennen wollte. Sie hat versucht, reinen Tisch zu machen. Von Roland Koch kann man das nicht behaupten – trotz seiner legendären Ankündigung, er wolle die Vorgänge »brutalstmöglich« aufklären. Er hat verschleiert, vertuscht und gelogen. Doch in der Schwarzgeldaffäre wird nie gegen Koch ermittelt – so wie gegen eine andere Figur auch nie ermittelt werden wird: Die Rede ist von der Richterin Karin Wolski.

Der späte Rücktritt einer hohen Richterin

Die Aufklärung des Schwarzgeldskandals wird zur vielleicht härtesten Probe für den aufstrebenden Roland Koch. Erst fördert die Presse unangenehme Einzelheiten an die Oberfläche, dann arbeiten auch noch Untersuchungsausschüsse in Berlin und Wiesbaden die Affäre auf. In Zeiten wie diesen braucht Roland Kochs CDU Leute mit juristischen Fähigkeiten, die sich mit juristischen Winkelzügen auskennen, um auf diesem Wege dräuende Gefahren abzuwehren.

Als Mitte Februar 2000 der Schwarzgeld-Untersuchungsausschuss des Landtags eingesetzt wird, holt sich der Ausschussvorsitzende Klaus Peter Möller die Verwaltungsjuristin Karin Wolski zur Unterstützung an seine Seite. Sie gehört der CDU an wie Möller und der angegriffene Ministerpräsident. Koch übersteht den Ausschuss im Amt, und die Parteigranden lernen Karin Wolskis Arbeit im Ausschuss schätzen. So sehr, dass die Juristin 2003 vom Landtag mit seiner CDU-Mehrheit an den Staatsgerichtshof, das hessische Verfassungsgericht, entsandt wird. Ein Jahr später ergibt sich die Gelegenheit, ihr eine längere Amtszeit zu sichern, indem sie von einem Posten als »nicht-richterliches Mitglied« auf einen Posten als »richterliches Mitglied« wechseln kann. Die Amtszeit läuft bis 2011. Hauptberuflich arbeitet sie inzwischen als Vizepräsidentin am Verwaltungsgericht Darmstadt.

Der Leiter von Kochs Staatskanzlei, Stefan Grüttner, hat

aber noch eine andere Idee. Er will die bisher in der Partei kaum aufgefallene Frau 2005 zur Oberbürgermeisterin von Offenbach machen. Im Januar nominiert der CDU-Kreisvorstand die in der Großstadt wenig bekannte Juristin, die in einer Nachbargemeinde lebt. Koch-Intimus Grüttner verspricht: »Sie wird Offenbach neuen Schwung geben.« Doch daraus wird nichts. Grüttner hat auf die falsche Kandidatin gesetzt. In den nächsten Tagen wird bekannt, dass gegen ihren Ehemann Michael Wolski wegen Untreue und Steuerhinterziehung ermittelt wird. Es geht um große Zuwendungen einer betagten Immobilienunternehmerin, für die der Rechtsanwalt Wolski arbeitet. Ein Detail der Affäre droht bei den Offenbacher Wählern besonders schlecht anzukommen: Die Wolskis haben ihre zeitweise sechs Autos in Frankfurt angemeldet, obwohl sie im Kreis Offenbach wohnen. Sie müssen nicht mit dem in Frankfurt ungeliebten Autokennzeichen OF durch die Gegend fahren. Die CDU wechselt schnell die Kandidatin aus und verliert wenige Monate danach die Oberbürgermeisterwahl im traditionell roten Offenbach.

Die Erinnerungen an die Verbindung der Karin Wolski in die höchsten Kreise der hessischen Politik kommen fünf Jahre später hoch. Da verhandelt das Landgericht Darmstadt wegen Steuerhinterziehung gegen Michael Wolski. Er wird im März 2010 zu zwei Jahren und acht Monaten Haft verurteilt. Die Wirtschaftsstrafkammer sieht es als erwiesen an, dass Wolski von 1999 bis 2003 Gaben der Immobilienunternehmerin Margit C. in Höhe von 2,4 Millionen Euro nicht beim Finanzamt angemeldet hat. Karin Wolski wird weder bei den Ermittlungen noch während des Prozesses vernommen. Die Staatsanwaltschaft ermittelt auch nicht gegen sie. Prozessbeobachter sind verwundert.

Denn die Richterin hat Steuererklärungen mit unterschrieben, in denen die Zuwendungen von Immobilien, Autos und Geld nicht erwähnt worden sind. Sofern die Wolskis überhaupt Steuererklärungen abgegeben haben. Jahrelang haben die hessischen Finanzbehörden das Ehepaar auf eine kaum glaubliche

Weise gewähren lassen und sind großzügig damit umgegangen, dass fünf Jahre lang gar keine Erklärungen eingingen. Finanzminister Karlheinz Weimar muss sich rechtfertigen, doch er kann keine schlüssige Begründung abliefern außer der, hier sei »Murphy's Law« am Werk gewesen. Also die Regel, dass alles schiefläuft, was nur schieflaufen kann. Ein Politikum? Keineswegs, meint der Minister.

Der Fall bietet alles, was eine gute Kriminalgeschichte braucht. Die Hauptfigur Michael Wolski ist ein Rechtsanwalt, der sich über Jahre hinweg das Vertrauen der 26 Jahre älteren, sehr begüterten Immobilienunternehmerin erwirbt, die sich in ihn verliebt und mit ihm nach Überzeugung des Gerichts ein »intimes Verhältnis« beginnt. Er lässt sich von der alten Dame mal einen Ferrari oder ein Häuschen bezahlen, mal eine Reparatur- oder Finanzamtsrechnung begleichen. Auf der Gegenseite kämpfen ebenfalls schillernde Gestalten um die Rettung ihres Erbes vor dem Zugriff der Wolskis. Einer der beiden Söhne von Margit C. und ihr Schwiegersohn, ein Arzt, nehmen diesen Kampf auf.

Von den Zuwendungen der alten Dame kommt auch der Ehefrau Karin Wolski mal ein Mercedes, mal der Anteil an einer Ferienwohnung auf Mallorca oder an einem Wohnhaus in Neu-Isenburg bei Frankfurt zugute. All dies wird im Prozess dokumentiert. Die Staatsanwaltschaft bewertet diese Zuwendungen als Gaben an Michael Wolski. Der Vorsitzende Richter Rainer Buss findet dafür allerdings in seiner Urteilsbegründung klare Worte: Die Weitergabe an Gattin Karin und einen ihrer Söhne seien Versuche von Michael Wolski gewesen, »die Schenkungen ins Trockene zu bringen«.

Filmreif sind aber nicht nur die Geschichten über Sex and Crime, die da vor Gericht ausgebreitet werden. Mindestens genau so schockierend sind die Berichte aus den hessischen Steuerbehörden. Ausnahmsweise sind sich Richter, Staatsanwalt und Verteidiger einmal einig, nämlich darin, dass die Finanzämter im Steuerfall Wolski versagt haben. Kaum etwas macht den Vorsitzenden Richter Rainer Buss so fassungslos wie der Auftritt von Finanzbeamtinnen, die bei den Wolskis nicht einmal nachfragten, was es denn nun mit den ausstehenden Steuererklärungen auf sich habe. Zwar erließ die Behörde Schätzungen, setzte Zwangsgelder fest und kassierte sie auch. Aber niemand kam auf die Idee, die Justiz auf den Steuersünder aufmerksam zu machen. Michael Wolskis Verteidiger Josef Hillenbrand nennt das Verhalten der Finanzbehörden den eigentlichen Skandal im Fall Wolski.

Als die Fakten offenliegen, tritt Finanzminister Karlheinz Weimar im zuständigen Landtagsausschuss auf. »Der Fall ist halt nicht gut gelaufen«, meint der Minister in gewohnt schnoddriger Art. Er verwahrt sich aber gegen die Unterstellung, »wir, die Steuerverwaltung oder irgendwelche dunklen Mächte hätten irgendwas gemacht, um Herrn Wolski zu schonen«. Alles nur eine Verkettung unglücklicher Zufälle?

Unglaublich nachlässiges Finanzamt

Es klingt unglaublich. Da sagt etwa ein aufklärungswilliger Finanzbeamter vor Gericht aus, der selbst schockiert ist über die Tatenlosigkeit seiner Kollegen. Er berichtet, das Finanzamt Offenbach-Land habe der Steuerfahndung im Fall Wolski wichtige Akten vorenthalten. Nach Ende seiner Ermittlungen gegen Wolski im Jahr 2007 habe er Grund zur Annahme gehabt, dass er nicht die vollständigen Akten bekommen habe. Richter Rainer Buss fragt ihn entgeistert: »Das heißt Aktenmanipulation? Verstehe ich das richtig?« Der Zeuge zuckt mit den Schultern. Er hat keine andere Erklärung für diese Vorgänge.

Auch das Gericht erhält die Akten aus den Finanzbehörden nur unvollständig und erfährt manchmal erst aus den Zeitungen, dass es da noch mehr geben muss. Der Richter stellt in seinem Urteilsspruch ausdrücklich fest: »Ohne den Druck der Presse wären wichtige Aktenteile wohl nie zum Gericht gekommen.« Trotzdem weist Buss am Ende den Verdacht zurück, Wolski sei geschont worden, weil von oben eine Weisung erteilt worden wäre. Als Grund für das Versagen des Finanzamts nennt er vielmehr organisatorische Unzulänglichkeiten, unzureichende Ausbildung und zu wenig Personal. »Diese Missstände schlagen sich immer wieder auch in der Arbeit dieser Kammer nieder.« Es ist ein vernichtendes Urteil für den Minister, der seit mehr als zehn Jahren für genau diese Zustände die Verantwortung trägt.

Selten fiel eine Behördenschelte aus berufenem Munde so drastisch aus. Die Finanzämter seien »in die Nähe der Strafvereitelung« gekommen, urteilt Richter Buss. Doch Finanzminister Weimar hält keine größeren Konsequenzen für erforderlich. Der Eingang von Steuererklärungen werde heutzutage besser überwacht als in den Jahren 1999 bis 2003, die vor dem Gericht in Darmstadt verhandelt worden waren, berichtet er im Haushaltsausschuss des Landtags. Außerdem würden jetzt einige Finanzämter überprüft, darunter die in Offenbach. Fragen dazu beantwortet Weimar lieber hinter verschlossenen Türen. Den Antrag der SPD, Öffentlichkeit herzustellen, lehnen die Regierungsfraktionen von CDU und FDP ab.

Neben den Finanz- entfalten auch die Justizbehörden des Landes im Fall Wolski erkennbar wenig Lust, einem unbequemen Straftäter mit dem nötigen Nachdruck zu Leibe zu rücken. Bevor wenigstens die steuerliche Seite des Falles in die Hände des tatkräftigen Darmstädter Richters Buss gelangt, vergehen Jahre. Die Frankfurter Staatsanwaltschaft hat in der Frage der Steuerhinterziehung früher schon ermittelt, ohne allerdings Anklage zu erheben – um dann doch festzustellen, dass eigentlich die Darmstädter Kollegen zuständig seien. In den anderen Komplexen, insbesondere beim Untreueverdacht, geht es noch langsamer voran. Mehrmals sorgen erst Beschwerden beim Generalstaatsanwalt dafür, dass weiter ermittelt wird.

Hilfreicher Staatsgerichtshof

Der Staatsgerichtshof erweist Koch derweil gute Dienste. So etwas sagt man eigentlich nicht in der Politik, denn das Verfassungsgericht entscheidet selbstverständlich nur nach streng juristischen Kriterien. Doch scheint es nicht ganz unpraktisch für eine Regierung zu sein, die Mehrheit der Richter an dem Gericht auswählen zu dürfen, das die Verfassungsmäßigkeit der eigenen Gesetze überprüft. Dass ein Gesetz gekippt wird, kommt jedenfalls so gut wie nie vor. Das bedeutet nicht, dass alle vom Landtag verabschiedeten Gesetze juristisch über jeden Zweifel erhaben gewesen wären. Doch die Bedenken teilt, welch ein Zufall, häufig nur eine Minderheit der elf Richterinnen und Richter. Und zwar in aller Regel nicht diejenigen, die von den Regierungsparteien bestimmt worden sind.

Im Dezember 2005 verliest Karin Wolski ein Urteil, das Finanzminister Weimar vom Vorwurf befreit, ein notorischer Verfassungsbrecher zu sein. Die Landesverfassung sieht nämlich Grenzen für die Neuverschuldung vor, die er in vielen Jahren nicht eingehalten hat. Sie darf die Höhe der Investitionen eigentlich nicht überschreiten, aber Weimar nimmt oft deutlich mehr Schulden auf. Im Jahr 2002, auf das sich die Klage bezieht, sind es satte 1,2 Milliarden Euro mehr. Die Mehrheit der Verfassungsrichter findet das zulässig. Es heiße in der Verfassung, die Schulden dürften »in der Regel« nicht höher ausfallen, argumentieren sie zugunsten Weimars. Damit stelle die Vorgabe »keine absolute Grenze« dar. Vier der zehn am Urteil beteiligten Richter halten den Haushalt 2002 hingegen für verfassungswidrig. Folge man der Argumentation von Wolski & Co, würde man »die Verfassungsnorm bis zur Wirkungslosigkeit schwächen«, befinden sie. Zudem könne von einer »einmaligen Last« keine Rede sein. In den Jahren vor dem Urteilsspruch hat Weimar die Grenze stets überschritten.

So oder ähnlich geht es auch bei anderen Entscheidungen. Im Sommer 2008 urteilen die Verfassungsrichter, dass die umstrittenen Studiengebühren der Koch-Regierung zulässig sind.

Der Spruch ergeht mit sechs zu fünf Richterstimmen. Karin Wolski und die anderen Richter der Mehrheit weisen damit eine Klage ab, die von mehr als 70 000 Bürgern eingereicht wurde. Eigentlich schien die Klage aussichtsreich zu sein. Anders als in anderen Bundesländern schreibt die hessische Verfassung einen entgeltfreien Unterricht ausdrücklich vor. Die Richtermehrheit findet aber einen rechtlichen Ausweg. Zwar müssten Studentinnen und Studenten ein Entgelt zahlen, aber weil das Land ihnen Darlehen gewähre, könnten alle den Beitrag entrichten. Niemandem werde daher der Zugang zum Studium verwehrt, behauptet das Gericht. Dagegen sehen die fünf Richter des abweichenden Votums einen klaren Verstoß gegen die hessische Verfassung. Sie können sich gegen die Mehrheit nicht durchsetzen. Allerdings werden die Studiengebühren kurz nach dem Urteilsspruch trotzdem gekippt. Das hat jedoch keine juristischen Gründe, sondern politische – denn durch Ypsilantis Wahlerfolg verfügen CDU und FDP für einige Monate über keine Mehrheit im Landtag.

Karin Wolski bleibt Mitglied des Staatsgerichtshofs, auch als immer mehr peinliche Einzelheiten über ihren Umgang mit den Steuerpflichten bekannt werden. Noch wenige Wochen vor dem Urteil gegen ihren Mann verschickt sie eine Presseerklärung, in der sie »mit Nachdruck« Forderungen nach ihrem Rücktritt zurückweist. Erst am Abend nach der Verurteilung von Michael Wolski gibt die Richterin nach und legt ihr Amt am Staatsgerichtshof nieder. Sie wolle damit weiteren Schaden von dem Gericht abwenden, erklärt Karin Wolski. Sie gehe jedoch »mit erhobenem Haupt«, betont die Juristin. Vom Frankfurter Verwaltungsgericht muss die CDU-Frau offenbar keinen Schaden abwenden. Dort spricht Karin Wolski als Vizepräsidentin weiter Recht. Dass sie jahrelang keine Steuererklärungen abgegeben hat, scheint niemanden zu stören.

In der hessischen Finanzverwaltung geht nicht nur die Besteuerung der Wolskis schief. Es kommen weitere Dinge ans Licht, die manche Beobachter an ihrem Demokratieverständnis zweifeln lassen.

Krieg gegen unbequeme Beamte

Dies ist die Geschichte der vier Frankfurter Steuerfahnder Rudolf Schmenger, Marco Wehner, Heiko Feser und Tina Feser, die unter Roland Koch aus der Verwaltung gedrängt werden und mundtot gemacht werden sollen. Deren Glaubwürdigkeit und Menschenwürde steht plötzlich auf dem Spiel, nachdem sie den schwarzen Kassen der Hessen-CDU und den illegalen Machenschaften großer Banken zu nahe kommen. Eigentlich ist es die Pflicht der Fahnder, genau dort zu ermitteln. Aber sie müssen dafür bitter bezahlen. Heute berichten sie von dem Abgrund an Machtmissbrauch, der in Hessen Realität geworden ist und für den bis heute noch niemand in der Verwaltung und der Landesregierung zur Verantwortung gezogen wurde. Hessische Verhältnisse nach elf Jahren Koch-Herrschaft.

Die Steuerfahnder ermitteln in den 90er Jahren als Beamte des Finanzamts Frankfurt am Main erfolgreich gegen große Steuerhinterzieher in der Finanzmetropole. Sie sind den dicken Fischen beim Steuerbetrug auf der Spur, finden Unternehmen und Millionäre, die ihr Geld im Ausland verstecken, durchsuchen Großbanken, die bei der Hinterziehung helfen. Insgesamt beschert die Arbeit der Fahnder dem Land Hessen im Jahr 2001 rund 250 Millionen Mark und dem Bund rund eine Milliarde Mark an Steuereinnahmen. Die Frankfurter Steuerfahnder ermitteln auch gegen die Hessen-CDU, die ab 1999 im Schwarzgeldskandal steckt. Auch hier geht es um illegal deponiertes Geld im Ausland. Die Fahnder sind auf der richtigen Spur, dürfen aber plötzlich auf Anweisung von Vorgesetzten nicht mehr weitermachen.

Bald nach Kochs Amtsübernahme dreht sich der Wind. Die Fahnder werden versetzt, kaltgestellt, zwangspensioniert, am Ende sogar von einem Psychiater fälschlicherweise für verrückt erklärt. Vier geistig kerngesunde Fahnder – im Auftrag des Landes Hessen damit als unheilbar kranke, paranoide Beamte abgestempelt. Es geht darum, ihnen die Glaubwürdigkeit abzuerkennen, wenn sie von den haarsträubenden Vorgängen in der hessischen Finanzverwaltung seit dem Machtantritt der Koch-Clique erzählen, wo reiche Steuerbetrüger geschont und Fahnder zurückgepfiffen werden, wenn sie illegale CDU-Transaktionen entdecken. Doch die Beamten wenden sich an die Öffentlichkeit – ein Skandal kommt ins Rollen, der bis heute einen Untersuchungsausschuss im Landtag beschäftigt.

Die Lebensläufe der vier Steuerfahnder und ihre merkwürdigen Erlebnisse in der Finanzverwaltung zeigen, wie das System Koch mit Kritikern umgeht, die für den Machtapparat unangenehme Dinge wissen könnten. In den Akten kann man lesen, wie die Landesregierung erst die Arbeit der Fahnder stoppen lässt und dann nichts gegen ihre Drangsalierung unternimmt. Bis heute sind die Beamten nicht rehabilitiert, obwohl das Lügengebäude der Landesverwaltung längst entlarvt ist. Das Berufsgericht für Heilberufe in Gießen stellt 2009 rechtskräftig fest, dass die Gutachten über die Fahnder vorsätzlich falsch erstellt wurden.[32] Der vom Land Hessen beauftragte Psychiater wird verurteilt. Doch offiziell gelten die geschassten Beamten weiter als schwerstkranke Paranoiker. Wer die Fahnder persönlich trifft, erlebt dagegen aufgeweckte, intelligente und beruflich aktive Menschen, die schlüssig und belegbar die unfassbare Geschichte ihrer Drangsalierung erzählen.

Rudolf Schmenger

Für Betrüger wird es unangenehm, wenn Steuerfahnder Rudolf Schmenger auftaucht. Er sieht in seinen Jahren bei der Fahndung große und kleine Fische, hört Geständnisse und auch Drohungen. Er erlebt Festnahmen von Drogendealern, die in Frankfurt mit 400 000 Mark Bargeld im Auto geschnappt werden, bringt einen kriminellen Ring von Ärzten vor Gericht, der mit Zahnprothesen handelt. Und er lernt auch die Reichen kennen, die eloquent bis zuletzt alles leugnen. Die mit ihren renommierten Anwälten drohen, bis Schmenger bei der Durchsuchung der Luxusvillen fündig wird: etwa in einem Schließfach hinter einer magnethaftenden Holzvertäfelung die Schwarzgeldkontopapiere entdeckt oder in der Gefriertruhe in Tupperschüsseln aufbewahrte und tiefgekühlte Sparbücher, Depotschlüssel im stillgelegten Schornsteinrohr, Stiftungsunterlagen in ausgehöhlten Tischbeinen. Oft geht es um Schwarzgeld in Millionenhöhe, immer um Dinge, die er niemals finden sollte.

Wie alle guten Fahnder braucht Schmenger in solchen Situationen Eigenschaften, die in einer Verwaltung ansonsten eher selten vorkommen: Fantasie, Improvisationstalent und Eigeninitiative. Er lässt sich nicht beirren – auch nicht, als er 1996 einen viel brisanteren Fall bearbeitet und die mächtige Commerzbank wegen Tausender Fälle von Steuerhinterziehung durchsuchen soll. Das Einmarschieren der Fahnder finde man höchst unangebracht, teilt der Vorstand der Bank, Martin Kohlhaussen, damals persönlich seinen Angestellten mit. Er werde sich an höchster Stelle in der Politik beschweren, sagt er auch den Fahndern bei der Durchsuchung. »Dann sagen Sie dort schöne Grüße von der Steuerfahndung Frankfurt«, rufen Schmenger und seine Kollegen selbstbewusst. Schließlich sind sie im Auftrag des Staates unterwegs. Schmenger wird sich bald wundern, wie Vorgesetzte ihn abservieren.

Er arbeitet damals schon mehr als zehn Jahre in der Fahndung. Er ist verheiratet, hat einen Sohn. Seine beruflichen Beurteilungen sind sehr gut. Doch der Finanzverwaltung ist das plötzlich egal. Er wird versetzt, mit Disziplinarmaßnahmen überzogen und schließlich mit Mitte Vierzig zwangspensioniert – obwohl in der Steuerfahndung großer Personalmangel herrscht. Schmenger klagt gegen ein Disziplinarverfahren, studiert mehrfach seine Personalakte und erlebt schließlich im Gerichtsverfahren etwas höchst Merkwürdiges: Es taucht plötzlich eine geheime Nebenakte auf, die uns vorliegt. Dutzende von Seiten mit diffamierenden Schriftsätzen seiner Vorgesetzten. Erst geht es darum, dass er angeblich »zu viele offene Fälle« habe, dann wird Schmenger unterstellt, er habe seinen »Wochendienstplan« unvollständig ausgefüllt, schließlich wird behauptet, er vertrete die Meinung, man müsse alle Steuerhinterzieher in den Tageszeitungen namentlich nennen. »Das habe ich nie gesagt, das wäre rechtswidrig«, sagt Schmenger dazu. Er findet in dieser Geheimakte auch ein Fax des Finanzamtsvorstehers Jürgen Schneider-Ludorff an die Oberfinanzdirektion, in dem der Vorsteher eine »Lösung« in der »Personalangelegenheit Schmenger« fordert. »Außerdem sollten die von einer zu findenden Lösung ausgehenden Signale in den Bereich der Fahnder/innen nicht unterschätzt werden«, schreibt der Amtsvorsteher. Nie hat jemand mit Schmenger über diese Geheimakte gesprochen.

Auch die Richter wundern sich sehr. Schmenger gewinnt seine Klage gegen das Land Hessen im April 2004 auf ganzer Linie.[33] Trotzdem argumentiert die Finanzverwaltung bis heute mit den Vorwürfen gegen ihn, die vor Gericht keinen Bestand hatten. Schmenger wird in ein anderes Finanzamt und einen anderen Arbeitsbereich abgeordnet. Ihm werden nur noch Fälle zugeteilt, bei denen das Ergebnis bereits von Anfang an feststeht, weil keine Mehrsteuern zu realisieren sind – so genannte Nullfälle. In seinem alten Büro wird das Namensschild entfernt, der Netzzugang zu seinen elektronisch gespeicherten Daten gekappt, und er darf auch seine bisherigen Ermittlungsverfahren nicht mehr weiter bearbeiten.

Die Auseinandersetzungen beeinträchtigen Schmengers Gesundheit. Die permanente Stresssituation am Arbeitsplatz hat Folgen. Während der Jahre der Gängelung erkrankt Schmenger an den Nieren. Im Juli 2006 wird er von der Finanzverwaltung eilig zu einem Arzt geschickt. Schmenger wundert sich sehr, als der Mediziner Thomas H. sich als Psychiater vorstellt. Der unterhält sich mit Schmenger und schreibt danach ein Gutachten, in dem steht, Schmenger sei paranoid, er sei arbeitsunfähig, das gelte lebenslang.

Rudolf Schmenger arbeitet heute erfolgreich als selbstständiger Steuerberater und unterrichtet zudem Studenten in Heidelberg und Darmstadt im komplizierten Steuerrecht. Wenn er mal wieder seinen Kunden fristgerecht die Steuererklärung gemacht oder eine Klausur seiner Studenten korrigiert hat, kann Schmenger nur den Kopf schütteln über eine Landesregierung, die ihn bis heute als dienstunfähig betrachtet und lieber lebenslang Pension bezahlt, als ihn in der Fahndung arbeiten zu lassen. Vermögende Bürger suchen seinen steuerlichen Rat. Fachärzte der Uniklinik Frankfurt haben ihm bescheinigt, dass er psychisch kerngesund ist, leistungsfähig, arbeitsfähig. Schmenger hat Finanzminister Weimar und Roland Koch auf dem Dienstweg immer wieder schriftlich über die skandalösen Mobbing-Vorgänge informiert. Dass er laut Fachärzten gesund ist, weiß die Landesverwaltung auch, weil die Steuerberaterkammer dies der Finanzverwaltung mitgeteilt hat. Doch nichts geschieht. Schmenger darf nicht mehr als Fahnder arbeiten und wird auf Kosten des Landes weiter bezahlt. Er fragt sich seitdem öfter, ob manche Entscheidungsträger in der hessischen Landesregierung und Verwaltung, die ihn gerne zum Verrückten abgestempelt hätten, sich selbst einmal untersuchen lassen sollten.

Marco Wehner

Marco Wehner ist 37 Jahre alt, als der Bannstrahl der Finanzverwaltung ihn trifft. Als Steuerfahnder im Finanzamt Frankfurt V hat er bereits an politisch brisanten Fällen mitgearbeitet. Er ist dabei, als Frankfurter Steuerfahnder gegen den ehemaligen Schatzmeister der Bundes-CDU, Walther Leisler Kiep, ermitteln. Und er ist 1999 bei den Ermittlungen zum dunkelsten Kapitel der Hessen-CDU dabei. Es geht um illegale Parteispenden, getarnt als »jüdische Vermächtnisse«, und um Steuerhinterziehung im großen Stil, um Millionen von Schwarzgeld, das die CDU in einer Stiftung in Liechtenstein versteckt hat. Marco Wehner ist ebenfalls involviert, als Frankfurter Fahnder die

Daten von Hunderten deutschen Anlegern auf einer CD-ROM erhalten. Auch hier geht es um Schwarzgeldkonten in Liechtenstein. Rund 80 Fälle aus Frankfurt sind darunter, doch Wehners Chef und seine Fahnder werden von hohen Vorgesetzten des Finanzamtes zurückgepfiffen.

Der junge Finanzbeamte wird plötzlich ohne Begründung in den Innendienst versetzt und zur Hilfskraft degradiert. Wie die anderen Fahnder muss auch er beobachten, wie seine ursprüngliche Stelle, die angeblich gestrichen werden sollte, plötzlich wieder ausgeschrieben wird. »Alles, was ich ab dann gemacht habe, wurde kritisiert«, erzählt Wehner. Prüft er gründlich, geht es seinen Vorgesetzten zu langsam. Prüft er zügig, geht es ihnen zu flüchtig. Jede Kleinigkeit wird beobachtet. Täglich und monatelang Zurechtweisungen, Intrigen, Demütigungen. Mobbing wie aus dem Lehrbuch. »Das schlägt unheimlich auf die Gesundheit«, erinnert sich Wehner. Sein Körper reagiert auf den Psychostress durch seine Vorgesetzten. Er kann nicht mehr richtig schlafen, bekommt Kopfschmerzen, Bauchschmerzen, Gliederschmerzen, Angst. »Früher war ich nie krank, aber jetzt war ich am Ende«, sagt Wehner. »Warum lachst du nicht mehr, Papa?«, fragt sein Sohn. Seine Frau erlebt ihn als dünnhäutig und verzweifelt. Wehner, der engagierte Fahnder mit Erfahrung in brisanten Fällen und besten dienstlichen Beurteilungen, versucht sich zu retten, steigt aus für zwei Jahre, nimmt Elternzeit.

Als er 2006 zurückkehrt, geht es genauso weiter. »Es gab kein Gespräch, keine Perspektive, ich wurde nicht begrüßt.« In dem Raum, der ihm zugewiesen wird, steht nicht einmal ein Computer. Er leidet unter dem Druck und erkrankt, kann mehrere Monate lang nicht mehr arbeiten. Das ist es, woraus ihm die CDU heute einen Strick drehen will, indem sie behauptet, dass die Finanzverwaltung Wehner und seine Kollegen wegen langer Krankheitszeiten aus dem Dienst entfernen musste. Was die CDU verschweigt: Dass Beamte länger krank sind, kommt natürlich öfter vor. Pensioniert werden sie deswegen noch lange nicht. Normalerweise achtet die Verwaltung schon aus Kostengründen penibel darauf, dass sie auch nach langen Krankheitszeiten weiterarbeiten. Selbst schwerkranke Beamte müssen sich normalerweise alle zwei Jahre nachuntersuchen lassen. Bessert sich ihr Zustand, bestellt der Staat sie zur Arbeit zurück. Nur bei Wehner spielt all dies plötzlich keine Rolle.

Nach längerer ärztlicher Behandlung erfährt er von der Finanzverwaltung, er solle untersucht werden. Wehner muss zu einem Termin bei Psychiater Thomas H. im Hessischen Versorgungsamt. Am 1. Oktober 2007 tritt Wehner in das karge Behandlungszimmer, will dem Arzt die Dokumente zeigen, über die merkwürdigen Versetzungen, Unregelmäßigkeiten und Strafvereitelung in der Verwaltung. Doch der Psychiater sagt: »Das brauchen wir alles nicht.« Wehner betont, dass er arbeiten kann und will, dass ihm Unrecht geschieht. Der Arzt scheint nach einstündigem Gespräch verstanden zu haben und sagt: »Machen Sie sich keine Gedanken, es wird sich alles lösen.« In seinem Gutachten, das Wehner erst viel später zu sehen bekommt, wird stehen, dass der Beamte Marco Wehner unheilbar psychisch krank sei, unter Anpassungsstörungen leide und deshalb dauerhaft dienstunfähig sei – ein berufliches Todesurteil für einen 37-jährigen Familienvater. Eine Nachuntersuchung sei nicht erforderlich, schreibt der Arzt. Am 1. April 2009 wird Wehner vom Land Hessen zwangsweise pensioniert, mit 39 Jahren. Zu dem Zeitpunkt ermittelt bereits die Ärztekammer gegen den Psychiater wegen Gefälligkeitsbegutachtung. Doch das Mahlwerk der Finanzverwaltung lässt sich davon nicht aufhalten. Wehner wird als psychisch kranker Staatsdiener nach Hause geschickt.

Im November 2009 wird der Arzt wegen genau dieser Falschbegutachtung verurteilt. Für Wehner ändert das aber nichts mehr. Finanzminister Weimar lehnt eine Rehabilitierung der Fahnder ab. Wehner ist heute Fahrlehrer in Fulda. Schon öfter kamen Fernsehteams zur Fahrschule. Die Journalisten können es kaum fassen: Wehner war einer der talentiertesten

Beamten der Steuerfahndung Frankfurt, wurde jahrelang teuer ausgebildet, um Steuerbetrüger und illegale Finanztransaktionen zu finden, hatte beste Beurteilungen – und bringt heute Fahranfängern das Schalten und Blinken bei. Seine Fahnderfähigkeiten nutzen niemandem mehr. Aber er kann seine Geschichte erzählen.

Heiko Feser & Tina Feser

Sie sind jung, gesund, gut ausgebildet – und dürfen seit Jahren nicht mehr arbeiten. Obwohl sie wollen. Die ehemaligen Steuerfahnder Heiko Feser und Tina Feser sind ebenfalls zwangspensioniert. Sie verfolgen in den Medien, wie der Untersuchungsausschuss des Hessischen Landtages, der auch ihren Fall aufklären soll, seit Monaten nicht vorankommt, weil die Regierungsparteien mit ihrer Mehrheit die Aufklärung verzögern. Sie wundern sich: Das Land Hessen bezahlt lieber lebenslange Pensionen für zwei junge Beamte, als sie wieder in den Beruf zu lassen. Für das Fahnderehepaar Feser ist das unglaublich. Sie waren ihr ganzes Berufsleben dafür zuständig, Geld für das Land einzunehmen. Heute ist es andersherum. Heiko und Tina Feser kosten den Staat Geld, weil sie angeblich kranke Beamte, verrückte Querulanten sind.

Zum Januar 2004 werden die Fesers mit anderen in Ungnade gefallenen Fahndern in den Innendienst versetzt. Frau Feser landet in einer neu geschaffenen »Servicestelle«. Was sie dort tun soll, bleibt ihr bis heute unklar. »Es gab keine Fälle zu bearbeiten, keine Sachgebietsleiter, nichts«, erinnert sich Tina Feser. »Wir saßen dort mit acht hochbezahlten Beamten und hatten nichts zu tun.« Monatelang geht das so, obwohl die Fahnder oft nach Arbeit fragen. »Wir haben überall im Haus händeringend nach Fällen gesucht, damit wir etwas tun können«, berichtet Feser. Doch es geschieht nichts. Sie sollen nicht mehr arbeiten. »Irgendwann haben wir Urlaubsfotos sortiert, ich habe einen Pulli gestrickt«, so Feser. Acht Stunden Nichtstun. Jeden Tag. Seit 15 Jahren sind sie da bereits im Dienst, nun wendet sich die Verwaltung gegen sie, auch gegen Heiko Feser. »Ich hatte kein Stellenzeichen, keinen Dienstposten und kein Zeichnungsrecht mehr«, erinnert der sich. Im internen Verzeichnis steht er plötzlich als anonymer N.N., sitzt alleine in einem Raum. »Ab und zu hat jemand eine Akte reingeworfen, ohne Gespräch.«

Die Fesers müssen zusehen, wie ihre ursprünglichen Stellen, die angeblich eingespart werden sollen, wieder ausgeschrieben werden. Sie wollen weg, bewerben sich auf 15 Stellen, auch bei anderen Behörden, landesweit. Ohne Erfolg. Sie leiden unter der Situation täglich mehr. Beide werden schließlich krank, lassen sich in einer Fachklinik für Mobbing-Opfer behandeln. Die Klinik bestätigt ihnen, dass sie unter klassischen Mobbing-Auswirkungen leiden. Sie können mehrere Monate lang nicht mehr arbeiten. Mit Verweis auf diese Krankheitszeit versucht die Hessen-CDU bis heute, auch die Fesers als arbeitsunwillige Beamte zu diffamieren.

Als das Ehepaar in deutlich besserem Gesundheitszustand aus der Klinik für Mobbing-Opfer zurückkehrt, erfolgt der nächste Schlag der Finanzverwaltung: Wie die anderen Fahnder werden auch sie 2006 zu dem Psychiater Thomas H. geschickt, der den Beamten im Auftrag des Landes Hessen unheilbare psychische Erkrankungen wie »paranoide« Störungen und »querulatorische« Entwicklungen sowie »Dienstunfähigkeit« bescheinigt. Die entgegengesetzten Befunde der Fachklinik, wonach die Fesers bei völlig klarer Wahrnehmung seien, aber unter Mobbing gelitten hätten, ignoriert der Arzt und setzt sich darüber hinweg.

»Man wollte uns bis zum Lebensende die Glaubwürdigkeit absprechen«, sagt Tina Feser heute, »uns sollte die Stimme genommen werden.« Sie habe nie geglaubt, dass es in einem Rechtsstaat möglich sei, gesunde Menschen für verrückt zu erklären. Doch genau so war es. »Als ich das Gutachten gelesen habe, fiel mir nur noch das Dritte Reich ein«, sagt Tina Feser.

Mittlerweile ist auch in Fesers Fall gerichtlich festgestellt: Die Gutachten sind falsch und ungültig. Doch für die Fesers geht der erzwungene Ruhestand weiter – auf Kosten der Steuerzahler. In ihrem Beruf arbeiten dürfen sie nicht mehr. Improvisation und Lebenskunst sind gefragt. Heiko Feser macht jetzt einen Traum wahr und schreibt ein Kinderbuch. Gereizt hat ihn das schon lange. Tina Feser malt Bilder und stellt sie aus. Verwirklicht ihr kreatives Potenzial. Die beiden Beamten haben unter dem Mobbing gelitten, jetzt haben sie den Horror abgestreift. Wer das eloquente und gut aussehende Paar im Café trifft und ihren humorvollen Schilderungen zuhört, würde nicht im Traum auf die Idee kommen, dass die zwei Exfahnder schwerstkranke, arbeitsunfähige Paranoiker sein sollen. Sie waren und sind nicht paranoid. Nur die Hessen-CDU sieht das so. Und nicht nur Fesers stellen sich deshalb die Frage, ob diese Sichtweise der Regierungspartei eventuell wahnhafte Züge haben könnte. Oder ob das Vorgehen gegen sie von langer Hand geplant war.

Dem Schwarzgeld auf der Spur

Alle Fahnder sind vor ihrer Zwangspensionierung mit Dingen beschäftigt, die der regierenden Freundesclique um Koch gefährlich werden können. Die zeitliche Nähe des Fahnder-Mobbings zum Schwarzgeldskandal der Hessen-CDU 1999 muss stutzig machen. Es geht um geheime Auslandskonten, um schwarzes Geld, das die CDU in Liechtenstein in illegalen Stiftungen versteckt hat. Es geht um Gesetzesbrüche einer Regierungspartei, um drohende Strafen bis zu Gefängnis, um gefährdete politische Karrieren – allen voran um die Karriere des jungen aufstrebenden Roland Koch. Dem Hoffnungsträger seiner Partei, dem gerade inthronisierten Ministerpräsidenten und konservativen Siegbringer im hessischen »Sozenland« – und damit seiner ganzen Clique – droht der jähe Absturz. Die Luft brennt, es steht sehr viel auf dem Spiel für die CDU.

Die Steuerfahnder mit ihrem Ermittlungsdrang und ihrem

Fachwissen über Auslandskonten könnten die Partei stören, könnten die Hessen-CDU noch weiter in Gefahr bringen. Es ist nicht einfach, in einem Rechtsstaat Beamte abzusägen, deren Aufgabe laut Gesetz genau das ist, was nun als störend empfunden wird: illegale Finanzdepots aufspüren und Steuerhinterziehungen verfolgen. Eine demokratische Landesregierung kann unliebsame Beamte nicht einfach verschwinden lassen, Hessen ist nicht Sizilien.

Die Koch-Clique besteht mehrheitlich aus befreundeten Juristen. Man kennt die Rechtsvorschriften – aber auch ihre höchst kreative Anwendung. Deshalb benutzt das System Koch eine Reihe von Verwaltungsakten im Graubereich des Rechts, um die Fahnder loszuwerden. Ausgeschaltet werden die in Ungnade gefallenen Beamten mit deutscher Gründlichkeit: arbeitsteilig, aktenkundig und auf dem Dienstweg. Zahlreiche Indizien deuten darauf hin, dass dieses Vorgehen politisch geplant und von Koch und Finanzminister Weimar gewollt ist. Denn die Politiker und obersten Dienstherren der Beamten sind laut Akten über jeden Schritt in dem langen Zermürbungsprozess gegen die Fahnder bestens informiert und unternehmen zehn Jahre lang nichts dagegen.

Außer Zweifel steht, dass die Politiker für den Beginn der Auseinandersetzung verantwortlich sind. Sie zerschlagen die Steuerfahndung am größten deutschen Bankenstandort Frankfurt. Bis dahin bestand das für Bankenfälle zuständige Steuerfahndungsteam im Finanzamt Frankfurt aus rund 100 spezialisierten Beamten. Danach ist es zerstört. Die Fahndungsarbeit sollen ab dann angeblich die einfachen Finanzämter an den Wohnorten der Steuersünder machen – ohne ausreichend dafür ausgebildetes Personal.

Roland Koch und Karlheinz Weimar lösen gegen viele Proteste von Fahndern, Staatsanwälten und Richtern die einzige Stelle in der hessischen Finanzverwaltung auf, die qua Auftrag und mit Sonderkompetenzen für die Verfolgung von Großbanken und Superreichen zuständig ist. Vorgesetzte der Fahnder, die intern protestieren, werden tags darauf zwangsversetzt. Finanzminister Weimar macht öffentlich keinen Hehl daraus, dass dies als Strafe für aufmüpfiges Verhalten gegen die Maßnahmen zu verstehen ist.

Die Motive der Politik liegen für einen profunden Kenner der Finanzverwaltung klar auf der Hand: Wilhelm Schlötterer war 30 Jahre lang in hohen Positionen im bayerischen Finanzministerium tätig, ist seit Jahrzehnten CSU-Mitglied und hat über den dortigen Machtmissbrauch ein spannendes Enthüllungsbuch geschrieben.[34] Doch was in Hessen unter Roland Koch mit den Steuerfahndern passiert ist, sprengt selbst für den Insider Schlötterer alle Grenzen. Er sagt uns im Gespräch zu diesem Fall Folgendes:

»Banken und vermögende Steuerpflichtige sind sicher an Ministerpräsident Roland Koch und Finanzminister Karlheinz Weimar herangetreten und haben gesagt: Schafft uns diese Steuerfahnder vom Hals! Wenn man solche Positionen erlangt wie Koch und Weimar, hat man viele Unterstützer – und die wenden sich an ihre Politiker, wenn sie ein Problem haben. Aber Koch und Weimar haben sich verraten, indem sie vier Steuerfahnder einer Gruppe praktisch im Quartett für verrückt erklären ließen – was für eine Ungeheuerlichkeit! Ich habe in 30 Jahren im bayerischen Finanzministerium einiges erlebt und bin nicht leicht zu erschüttern. Aber dieser Fall ist unfassbar. Gleich vier Steuerfahnder einer Gruppe wurden für verrückt erklärt. Das kann niemals mit rechten Dingen zugegangen sein. Es ist evident, dass hier kriminelle Methoden angewandt wurden. Ich bin entsetzt, dass so etwas in einem Rechtsstaat möglich ist. Da läuft es einem kalt den Rücken herunter. Den Beamten wurde Paranoia bescheinigt – als ob das eine ansteckende Krankheit wäre.
Man kann den Fall gar nicht dramatisch genug sehen:

Da sollten vier Menschen den bürgerlichen Tod sterben, persönlich vernichtet werden. Weimar und Koch können nicht so tun, als ob ihnen das nicht glasklar gewesen wäre. Dieser Gutachter hatte ein Gefälligkeitsgutachten zu erstellen. Selbst wenn Weimar und Koch das leugnen, trifft sie die Schuld dafür. Politikern, die in einem Rechtsstaat vor aller Augen vier Steuerfahnder mit falschen Gutachten für verrückt erklären lassen, darf man kein einziges Wort mehr glauben. Das ist kriminell.«

Soweit Wilhelm Schlötterer, der in Bayern als Spitzenbeamter ebenfalls auf vielfältige Weise drangsaliert wurde, mit seinen Enthüllungen Skandale und Untersuchungen im Landesparlament auslöste. Doch selbst ein rücksichtsloser Machtpolitiker wie Franz Josef Strauß wäre laut Schlötterer nie so weit gegangen, den unbequemen bayerischen Beamten für verrückt erklären zu lassen.

In Hessen unter Roland Koch und seiner 1999 frisch an die Macht gekommenen Freundesgruppe nehmen die Dinge ein Jahr später eine ganz eigene fatale Dynamik an. Der Ministerpräsident und sein Finanzminister Weimar nennen ihren Plan in Hessen »Verwaltungsreform« und proklamieren eine Neuordnung der Finanzverwaltung. In Wahrheit wird es ein Krieg gegen die eigenen Beamten, die den kriminellen Machenschaften der Regierenden dicht auf der Spur waren.

Der Fall der vier Steuerfahnder eignet sich gut, um das Räderwerk der Machtausübung im System Koch genauer zu betrachten. Es ist keine laute, polternde Machtdemonstration, die hier sichtbar wird, sondern die kalte, maschinelle Erledigung, die schleichende Effizienz des Systems. Schaut man sich dieses Mahlwerk der Verwaltung unter Koch genauer an, dann begreift man auch die Raffinesse, mit der höchst fragwürdige politische Vorhaben so lange gedreht werden, bis sie formaljuristisch scheinbar korrekt und vermeintlich rechtsstaatlich wirken, obwohl in Wahrheit gerade die Entrechtung und der Rechtsbruch mit großem Aufwand ins Werk gesetzt werden.

Die Aktenberge, die uns vorliegen, zeigen diese Mechanik, die zur Kaltstellung der Beamten führte. Die falschen psychiatrischen Gutachten, angefertigt im Auftrag der Landesregierung, waren das Mittel, um die Fahnder für verrückt zu erklären. Bleibt die Frage nach dem Zweck: Sollten die unbequemen Beamten aus der Gemeinschaft der vernünftigen Bürger ausgestoßen werden, damit ihre Ermittlungen zu tausendfacher Steuerhinterziehung in Großbanken und zu schwarzen Konten der Hessen-CDU von Amts wegen als Wahn deklariert werden konnte, ihre Berichte über die Behinderung der Ermittlungen als Paranoia erscheinen sollten? Es gibt viele Hinweise darauf, dass in Hessen kein Zufall am Werk war, als ausgerechnet diese Beamten der Bannstrahl traf.

Die Amtsverfügung 2001/18

Wer die Vorgeschichte verstehen will, muss den ehemaligen Sachgebietsleiter der Fahnder, Frank Wehrheim, besuchen. Dass er einmal in Bad Homburg als Steuerberater zwischen lauter Einkommensmillionären sitzen würde, das hätte Wehrheim nicht gedacht. Er hat im Laufe seiner 30-jährigen Karriere beim Finanzamt Frankfurt viele Steuerbetrüger zu einem Geständnis bewegt, hat viele Ausreden gehört und Tränen gesehen, wenn er bei Hausdurchsuchungen die teils skurrilen Verstecke für Wertpapiere, Depotschlüssel und ausländische Kontoauszüge entdeckte, die der deutsche Fiskus niemals finden sollte. Doch was dem Chef der Steuerfahndung Mitte der 90er Jahre in die Hände fällt, spielt in einer viel höheren Liga, sprengt die bisherigen Dimensionen seiner Arbeit. Die Steuerfahndung Frankfurt bekommt Zehntausende Fälle von Steuerhinterziehern, allesamt Kunden der Commerzbank. Ein Bankmitarbeiter hat die Staatsanwaltschaft informiert. Es geht um Hunderte Millionen Mark. Der Angestellte der Commerzbank hat erst intern

Alarm geschlagen, als er bemerkt, dass wohlhabende Kunden ihr Geld anonym nach Luxemburg, Gibraltar, in die Schweiz und nach Liechtenstein transferierten, um die neu eingeführte Zinsabschlagsteuer zu umgehen – die Bank gewährte dabei tatkräftige Unterstützung. Weil die Bank das Thema Steuerhinterziehung nicht problematisieren will, geht der Angestellte zur Staatsanwaltschaft, die ihrerseits die Steuerfahndung alarmiert. Wehrheim, seine Fahnder und Staatsanwälte durchsuchen im Februar 1996 die Bank, inklusive der Vorstandsetage. Solch eine Großdurchsuchung mit 250 Fahndern in einer Bank – das hatte es am Finanzplatz Frankfurt, in ganz Deutschland noch nicht gegeben. Rund 60 000 Verfahren wegen Steuerhinterziehung werden danach bundesweit eingeleitet, darunter Tausende Fälle in Hessen. Die Fahnder werden in ihrer Branche als Stars gefeiert. Hohe Manager der Bank beschweren sich aber bei Politikern, die Fahnder hätten dem Finanzstandort geschadet. Sogar der Vorstandssprecher der Commerzbank ist empört.

Aber die Empörung der Manager ändert zunächst nichts. Die Bank muss später, nachdem die Verfahren abgeschlossen sind, 200 Millionen Euro Steuern und 60 Millionen Euro Verzugszinsen nachzahlen. Drei Spitzenmanager der Bank überweisen zudem rund 600 000 Euro an gemeinnützige Einrichtungen und drei Millionen an den Staat, damit staatsanwaltliche Ermittlungen gegen sie eingestellt werden. Hessens SPD-Finanzminister Karl Starzacher nimmt die Fahnder öffentlich in Schutz und verspricht mehr Personal. Die Steuerfahndung wird aufgestockt: Rund 100 Mitarbeiter ermitteln nun dort. Viele davon im so genannten Bankenteam. Bundesweit spült die Arbeit der Fahnder am Finanzplatz Frankfurt damals mehr als eine Milliarde Mark an Steuernachzahlungen in die bundesdeutsche Staatskasse. Die Fahnder bringen damit ein Vielfaches dessen ein, was sie den Staat kosten, werden befördert und gelobt.

Doch bald ändern sich die politischen Verhältnisse in Hessen. Als 1999 die CDU die Landtagswahl gewinnt, wird Roland Koch Ministerpräsident und Karlheinz Weimar Finanzminister.

Martin Kohlhaussen
SPRECHER DES VORSTANDES
COMMERZBANK
AKTIENGESELLSCHAFT

Neue Mainzer Str. 32-36
FRANKFURT AM MAIN
Telefon (0 69) 13 62 0
Telefax (0 69) 13 62 25 07
Postanschrift:
Postfach 10 05 05
60005 FRANKFURT AM MAIN

5. März 1996

Liebe Mitarbeiterinnen und Mitarbeiter,

in einer spektakulären Aktion sind in der vorigen Woche ca. 250 Steuerfahnder in die Commerzbank "einmarschiert". Spontane Reaktionen aus dem In- und Ausland zeigen, daß diese Maßnahmen als gezielte Aktion gegen unsere Bank, unsere Kunden und uns, Mitarbeiterinnen und Mitarbeiter, empfunden werden. Wir alle werden so in ungerechtfertigter Weise kriminalisiert.

Wozu soll diese Aktion dienen? Unsere Bank hat sich entgegen allen Anschuldigungen nichts vorzuwerfen. Bis zur Stunde ist mir kein Fall bekannt, daß ein Mitarbeiter oder ein Vorstandsmitglied gegen bestehende Gesetze verstoßen hätte.

Offenbar handelt es sich um ein Ablenkungsmanöver, das die Banken - und zwar gezielt die privaten - angesichts einer unglücklichen Steuerpolitik zum Sündenbock machen soll. Ich bin über die Unverhältnismäßigkeit des Vorgehens in großer Sorge - Sorge um den Finanzplatz Deutschland und unsere gesamte Gesellschaft. Die Bundesregierung und die hessische Landesregierung habe ich meine tiefen Bedenken schriftlich wissen lassen.

Ich appelliere an Sie, mit Selbstbewußtsein auf die Angriffe zu antworten. Die Aufbruchstimmung, unser Zusammengehörigkeitsgefühl, wie es am 10. Juni letzten Jahres im Frankfurter Waldstadion sichtbar geworden ist, wird uns auch durch diese Anfeindungen führen und uns letztlich noch stärker machen. Wir haben allen Grund, selbstbewußt nach vorne zu schauen.

Mit freundlichen Grüßen

Martin Kohlhaussen

Brief des Vorstandssprechers der Commerzbank nach der Durchsuchung.

2. Die Skandale im System Koch

Die Steuerfahnder stehen kurz vor ihrem nächsten spektakulären Fall: Eine CD-Rom mit Daten vieler Steuerhinterzieher, die ihr Geld in Liechtenstein versteckt hatten, ist aufgetaucht. Die Staatsanwaltschaft Bochum ermittelt. Wehrheim holt sich die Daten, die Frankfurt betreffen, siebzig bis achtzig Fälle sind das. Sein junger Kollege Marco Wehner ermittelt mit. Wieder hätte der Staat Millionen zurückbekommen können, doch diesmal sollen Wehrheim und Wehner die Fälle nicht weiter bearbeiten, auf Anweisung von hohen Vorgesetzten. Ohne Begründung. Die Fälle werden danach nie steuerrechtlich verfolgt werden.

Ende 1999 beginnt die Schwarzgeldaffäre der CDU. Auch hier geht es um Konten in Liechtenstein. Dreißig Millionen Mark hat die hessische CDU dort illegal in eine Stiftung mit dem Namen »Zaunkönig« geleitet. Staatsanwälte durchsuchen Büros der hessischen CDU und ihres Beraters Horst Weyrauch. Steuerfahnder Wehrheim erhält eine Selbstanzeige Weyrauchs wegen Steuerhinterziehung. Wehrheim will loslegen, darf aber wieder nicht. Er muss den Fall abgeben, nach Wiesbaden, in die Landeshauptstadt, Sitz der CDU-FDP-Regierung. Ohne Begründung.

Die Journalisten Hans Leyendecker und Christoph Maria Fröhder haben im Jahr 2002 mit ihren Recherchen deutlich gezeigt, was der neue Ministerpräsident Koch von einer unabhängigen Justiz hält. *Maulkorb für den Staatsanwalt* heißt der immer noch sehenswerte Film, der zeigt, wie die Politik die Justiz beeinflusst und an die Kandare nimmt, wie Staatsanwälte eingeschüchtert und Ermittler ausgebremst werden, wie Roland Koch im Justizministerium politisch aufräumt, sein Personal installiert. Wo solch ein Aufwand betrieben wird, liegt die Vermutung nahe, dass so geschaffene Abhängigkeitsstrukturen in der Verwaltung und in der Justiz bei Gelegenheit auch benutzt werden sollen.

Die Finanzverwaltung ist dem politischen Willen noch stärker ausgeliefert als die laut Verfassung unabhängige Justiz. Im Jahr 2001 beginnen unter Koch die Umgestaltung der Finanzverwaltung und die Gängelung der weisungsgebundenen Fahnder. Den Steuerfahndern des Bankenteams, die immer noch an der Abarbeitung der Commerzbank-Fälle sitzen, wird persönlich eine »Amtsverfügung 2001/18« überreicht: in einem geschlossenen Umschlag, für jeden Einzelnen aktenkundig in der Personalakte vermerkt, nicht in die offizielle Amtsregistratur aufgenommen und schon gar nicht ins behördeninterne Intranet gestellt. Tenor der neuen politischen Anweisung: Ein Anfangsverdacht darf nur noch bei einem Transfervolumen von mehr als 250 000 Euro, alternativ bei einem Einzeltransfervolumen von 150 000 Euro angenommen werden. Statistiken über Mehrsteuern sind nicht mehr zu führen. Die Steuerfahnder, die an der Front arbeiten, wissen genau, was das bedeutet: Das Sieb wird gröber, immer mehr Steuerhinterzieher fallen durch, werden von den Ermittlungen nicht mehr erfasst. Noch schlimmer: Die Amtsverfügung schützt aus Sicht der Fahnder insbesondere jene Großbetrüger, die ihre Transfers – ähnlich wie bei den illegalen Parteispenden – in kleine Beträge stückeln. Bisher konnte selbst eine Depotgebühr von nur 15 Euro zu einem Anfangsverdacht gegen große Steuerhinterzieher führen. Nun sollen die Fahnder unterhalb der Summe von 150 000 Euro gar nicht mehr ermitteln.

Viele Steuerfahnder betrachten die neue Finanzpolitik als eine Art von Amnestie für Steuersünder. Sie tragen ihre Bedenken dem Amtsvorsteher vor, mehrfach. Die Beamten beharren darauf, dass kleinere Beträge wie etwa Depotgebühren auf einem inländischen Konto die Ermittler oft erst zu den großen Geldverstecken im Ausland führten. Sie halten die Anweisung für Strafvereitelung und erheben Einwände dagegen. Doch die Finanzverwaltung bleibt hart. Die Steuerfahnder des Bankenteams seien mit der Amtsverfügung »zum Nichtstun verdonnert« worden, schreibt bald darauf der *Spiegel*. »Auf jeden Fall stoppte die Order die Fahnder auf der Stelle, zu Gunsten jener Anleger, deren Verfahren von der Steuerfahndung noch nicht abgearbeitet waren.«[35] So seien diverse Konten nicht mehr oder

2. Die Skandale im System Koch

nur zu einem kleinen Teil ausgewertet worden, obwohl sie beschlagnahmt worden waren. Die Finanzverwaltung weigerte sich schlicht, die Daten aufzuarbeiten. Auch drei Konten einer Privatbank in Liechtenstein, über die nach Angaben von Fahndern prominente Personen Transfers abgewickelt haben sollen, werden nicht mehr erfasst und ausgewertet. Sowohl die Frankfurter Staatsanwaltschaft als auch der damals zuständige Bankenkoordinator bei der Steuerfahndung, Eckhard Pisch, laufen Sturm gegen die Verfügung. In einem Protestbrief zerpflückt Jurist Pisch die Amtsverfügung als rechtlich nicht haltbar. Der beim Landgericht Frankfurt für die Bankenfälle zuständige Staatsanwalt Markus Weimann protestiert schriftlich bei der Finanzverwaltung. Andere Staatsanwälte sprechen sogar von einem »Strafvereitelungspapier«.

Alle Proteste der Fahnder helfen nichts, im Gegenteil. Nun werden sie selbst zur Zielscheibe der Verwaltung. Der Erste, den die volle Wucht der hessischen Staatsbürokratie trifft, ist der Koordinator des Bankenteams, Eckhard Pisch. Er übergibt seine dezidierten Vorbehalte in einer elfseitigen Stellungnahme dem Amtsvorsteher. Tags drauf wird er zum Oberfinanzpräsidenten zitiert. Einen weiteren Tag später muss er seinen bisherigen Arbeitsplatz verlassen. Man hat ihm eine Stelle in einem anderen Finanzamt zugewiesen. Bernd Abeln, der damalige Staatssekretär des Finanzministers Karlheinz Weimar, gibt offen zu, dass diese Versetzung »gute Gründe« hatte: »Die Art und Weise, in der sich« der Sachgebietsleiter »in die Sache eingebracht hat, war dazu geeignet, das beiderseitige Vertrauensverhältnis nachhaltig zu beeinträchtigen«, lautet die offizielle Formulierung.

Die dienstlichen Beurteilungen all jener Steuerfahnder im Bankenteam, die Kritik vorgebracht haben, fallen ab nun deutlich schlechter aus. Dann trennen sich die Biografien der aufmüpfigen Beamten. Gegen einen von ihnen werden disziplinarische Ermittlungen eingeleitet. Andere werden umgesetzt, mit sinnlosen Aufgaben betraut. Sie können ihr jahrelang erworbenes Expertenwissen nicht mehr dem Gemeinwohl zur

Verfügung stellen, müssen plötzlich »Nullfälle« lösen. Einst holten sie viele Millionen aus den Banken, jetzt brüten sie über Akten, bei denen geübte Fahnder sofort erkennen, dass für den Staat nichts zu holen ist: Strafarbeiten für die einstigen Spitzenbeamten.

Aber es regt sich weiterer Protest. 48 Fahnder setzen ein Schreiben an ihren höchsten Dienstherrn auf: Ministerpräsident Roland Koch. Der Brief wird durch eine Indiskretion der Behördenleitung bekannt, bevor er abgeschickt werden kann. Die meisten Kollegen ziehen ihre Unterschrift zurück. Die Sanktionsmaßnahmen verfehlen ihre Wirkung nicht. Am Ende bleiben sechs Fahnder übrig, darunter auch die vier Fahnder Schmenger, Wehner und das Ehepaar Feser, die im November 2004 eine Sammelpetition an den Hessischen Landtag abschicken. Alle, die diesen Schritt wagen, werden in der Folgezeit versetzt, herabgestuft, auf vielfältige Weise gemobbt und zwangspensioniert. Nicht einer der Kritiker kommt ungestraft davon.

Derweil zeigt die Amtsverfügung erste Auswirkungen zugunsten reicher Steuerhinterzieher. Der *Spiegel* recherchiert zwei Fälle und findet haarsträubende Ungereimtheiten.[36] So wird der Fall einer Frau aus dem Taunus, die einen Rücktransfer von 400 000 Mark per Scheck von der Genfer Filiale der Dresdner Bank der Steuer verschwieg, von Hessens Steuerfahndung überraschend geräuschlos erledigt. Unter Bezugnahme auf die Amtsverfügung werde ein Anfangsverdacht verneint, legt die Finanzverwaltung fest. Man solle die Frau nur zur Nacherklärung ihrer Auslands-Kapitaleinkünfte auffordern. Doch die Frau bestreitet, überhaupt Geld in der Schweiz gehabt zu haben. Damit sind die Ermittlungen beendet.

In einem weiteren Fall fliegt ein Mitarbeiter der Dresdner Bank auf. Er hat Wertpapiere für 175 000 Mark auf ein Konto der Schweizer Filiale transferiert. Die Finanzverwaltung stoppt auch hier die Fahnder, obwohl diese einen Anfangsverdacht aktenkundig gemacht haben. Kochs neues Steuersystem beginnt zu greifen. Aber Teile der Öffentlichkeit sperren sich noch gegen die offenkundige Schonung von Superreichen und großen Steuerhinterziehern. Es gibt Unruhe bis ins Parlament hinein. Ein Problem für Koch. Die Lösung lässt nicht lange auf sich warten.

Der Untersuchungsausschuss

Davor gibt es politischen Ärger: Die Opposition erzwingt einen ersten parlamentarischen Untersuchungsausschuss. Der tagt von 2003 bis 2006 fast drei ganze Jahre lang und endet zur stillen Freude der Hessen-CDU nach insgesamt 17 Sitzungen, von denen sechs teilweise öffentlich sind, wie das Hornberger Schießen. Mit ihrer Mehrheit im Ausschuss lässt die CDU feststellen, die Amtsverfügung habe keine Steuerhinterzieher geschont und keine Unregelmäßigkeiten zutage gebracht – was die Partei seitdem gebetsmühlenhaft betont. Eine schlichte Unwahrheit, wie die Akten zeigen. Zwar schreiben CDU und FDP mit ihrer Mehrheit im Ausschuss 2006 fest, alles sei korrekt abgelaufen. Doch die SPD hält schon damals in einem abweichenden Abschlussbericht mit einer Vielzahl von Beispielen fest, die Regierung habe den Fahndern die Bearbeitung der Steuerhinterziehungsverfahren gegen Banken mit Versetzungen und Verfügungen unmöglich gemacht. Bedenken von Staatsanwälten und Fahndern seien bewusst nicht aufgegriffen worden. Man habe sich Kritikern durch faktische Strafversetzung entledigt.

Im Ausschuss erlebt die Opposition zudem höchst merkwürdige Dinge, wenn es um die Wahrheitsfindung geht: Als eine Art Kronzeuge soll Oberamtsrat Wolfgang Schad aussagen. Der Steuerfahnder hat sogar Petitionen geschrieben und wollte die Vorgänge beim Namen nennen. Doch am Tag der geplanten Anhörung vor dem Ausschuss wird Schad plötzlich vorher ins Finanzministerium geladen und trifft dort den Abteilungsleiter 1, Mario Vittoria, den heutigen Oberfinanzpräsidenten. Als der Zeuge Schad nach diesem Gespräch vor dem Untersuchungsausschuss erscheint, gibt er zu Protokoll, dass er nicht mehr öffentlich aussagen wolle. In der darauf folgenden nicht öffentlichen Sitzung erleidet er einen »Blackout«, kann sich an einfachste Dinge nicht mehr erinnern und weiß nicht einmal mehr, was in der Petition stand, die er eigenhändig unterschrieben hatte. Das Finanzministerium bestätigt später, dass dem Oberamtsrat zuvor ein hoher Posten im Ministerium angeboten worden ist. Er kann nun zum Regierungsoberrat im hessischen Innenministerium aufsteigen. Schad nimmt die Stelle an, ist seitdem für Sportförderung zuständig und kann sich an Unregelmäßigkeiten in der Finanzverwaltung nicht mehr erinnern. Eine Begründung für seinen Gedächtnisverlust gibt es nicht. Zum Psychiater muss dieser Beamte nie. Dafür arbeitet er in der Folgezeit im Einflussbereich des früheren Innenministers und Koch-Nachfolgers Volker Bouffier. Nach diesem Totalausfall ihres Kronzeugens geben die Abgeordneten der Opposition bald auf – es folgt nur noch eine Sitzung des Untersuchungsausschusses. Die Steuerfahnder Schmenger, Wehner und die beiden Fesers dürfen vor dem Gremium nicht aussagen – das Finanzministerium verweigert die Aussagegenehmigung, die Beamte benötigen.

Doch einige andere Zeugen können Erhellendes beitragen. Der Fahnder Detlef Michaelis bestätigt, dass zahlreiche bereits beschlagnahmte Akten der Deutschen Bank, bei denen es um große Steuerhinterziehungen via Liechtenstein ging, »nicht ausgewertet wurden«. Die Bedenken, Beschwerden und Warnungen aus der Steuerfahndung Frankfurt seien von der Landesregierung nicht beachtet worden, schreibt die SPD. Die Untersuchung habe eindeutig ergeben, dass die Landesregierung die Schonung von Steuerstraftätern in Hessen und einen Schaden für den Landeshaushalt billigend in Kauf genommen habe.

Das Minderheitsvotum der SPD bringt den geschassten Beamten jedoch nicht viel. In der Zwischenzeit haben sechs der ehemaligen Steuerfahnder, die längst nicht mehr ihren ursprünglichen Job ausüben dürfen, ihre Sammelpetition an den Hessischen Landtag abgeschickt. Zwei Fahnder reichen zusätzlich einzelne Petitionen ein. Die CDU im Hessischen Landtag lehnt am 25. Januar 2006 mit ihrer damals absoluten Mehrheit und nur einer Stimme Überzahl im Parlament alle Petitionsbegehren ab – alle anderen Parteien im Landtag unterstützen das Anliegen der Fahnder.

Im März 2006 liegt der abschließende Bericht des Untersuchungsausschusses vor. CDU und FDP stärken mit ihrer Stimmenmehrheit der Landesregierung den Rücken. In der Finanzverwaltung habe alles seine Richtigkeit gehabt. Vier Monate danach schaltet die Politik einen Gang höher. Es beginnt eine Phase, die man sonst nur aus totalitären Staaten im Umgang mit ihren Kritikern kennt: die Phase der Psychiatrisierung der unbotmäßigen Steuerfahnder.

Briefwechsel zwischen der Oberfinanzdirektion, dem Versorgungsamt und dem Psychiater dokumentieren, wie die Psychiatrisierung der Fahnder von der Finanzverwaltung ins Werk gesetzt wurde. So schreibt beispielsweise der Sachbearbeiter M. von der Oberfinanzdirektion Frankfurt am 17. Juli 2006 an das Versorgungsamt, er wolle »baldmöglichst« eine Untersuchung des Steuerfahnders Rudolf Schmenger. Was untersucht werden muss, weiß der Sachbearbeiter in der Oberfinanzdirektion merkwürdigerweise schon vorher: »Meiner Auffassung nach ist eine fachpsychologische Begutachtung erforderlich.« Noch am selben Tag, dem 17. Juli, schreibt der leitende Arzt F. vom Versorgungsamt den Psychiater Thomas H. an und bittet »um Erstellung eines nervenärztlichen Gutachtens« – die Fragestellung ergebe sich aus den beigefügten Akten der Oberfinanzdirektion. Ebenfalls noch am selben Tag, dem 17. Juli, erhält Schmenger schon die Aufforderung, sich am 31. Juli 2006 der Untersuchung zu unterziehen. Auf dem Schreiben ist in Maschinenschrift zunächst der Name eines anderen Arztes zu lesen. Per Hand ist das Schreiben abgeändert: Nun soll Psychiater Thomas H. untersuchen. Warum die Eile, warum die hastigen Änderungen der Briefe? Bereits am 17. August steht für Medizinaldirektor S. vom Versorgungsamt dann fest, dass Schmenger

In der entsprechenden aktuellen Untersuchungssituation bietet Herr Schmenger nun ein klinisches Bild, welches eindeutig einer paranoid-querulatorischen Entwicklung entspricht, was keine psychotische Erkrankung darstellt, aber insofern mit einem Realitätsverlust einher geht, daß auf dem Boden eines primärpersönlich ausgeprägten Gerechtigkeitsempfindens und dem zusätzlichen Nährboden einer narzißtischen Kränkung ein unbeirrbarer Weg beschritten wurde, der aus Sicht von Herrn Schmenger nur beendet werden kann, wenn er rehabilitiert wird, wenn also all seine Vorwürfe als wahr anerkannt uns strafrechtlich geahndet worden sind, die Verantwortlichen aus ihren Stellungen entfernt worden sind und wieder in den Bereich der Steuerfahndung zurückkehren kann, woraus dann auch eine weitere Verbesserung seines körperlichen Gesundheitszustandes resultieren würde. Verwirklichung dieser Version ist jedoch objektiv unrealistisch.

Da es sich bei der psychischen Erkrankung Herrn Schmengers um eine chronische und verfestigte Entwicklung ohne Krankheitseinsicht handelt, ist seine Rückkehr an seine Arbeitsstätte unter den obwaltenden Umständen nicht denkbar und Herr Schmenger als dienst- und auch teildienstunfähig anzusehen, an diesen Gegebenheiten wird sich aller Voraussicht nach auch nichts mehr ändern lassern, so daß eine Nachuntersuchung nicht als indiziert angesehen werden kann.

Dr. med. Thomas H
Arzt für Neurologie und Psychiatrie
- Psychotherapie -

Falsches psychiatrisches Gutachten über Rudolf Schmenger.

»aufgrund der bestehenden Gesundheitsstörung dienstunfähig ist«. Eine »leidensgerechte Umgestaltung des Arbeitsplatzes« sei nicht möglich, beschließt der Medizinaldirektor. »Nach Art, Schwere und Prognose der vorliegenden Störung« könne eine Nachuntersuchung »nicht als indiziert angesehen werden«. Damit wird auch Schmenger von der Verwaltung als paranoider Querulant gebrandmarkt und zwangspensioniert. Später lässt er sich in der Universitätsklinik untersuchen und gilt den dortigen Fachärzten bis heute als kerngesund.

Die Fahnder haben es mittlerweile alle schriftlich: Der Versuch, sie für verrückt zu erklären, war rechtswidrig. Das Gericht für Heilberufe in Gießen stellt 2009 fest, der Arzt Thomas H. habe bei allen vier Gutachten über die Steuerfahnder die Standards für die psychiatrische Begutachtung nicht eingehalten. Weshalb der Psychiater die von den Steuerfahndern geschilderten Ereignisse als wahnhaft bewertete, sei an keiner Stelle des Gutachtens dargelegt und erschließe sich auch nicht aus dem Gesamtzusammenhang, urteilen die Richter. Der Arzt habe sich bei seinen Diagnosen nicht an die Klassifikationssysteme der Fachwelt gehalten, und es fehle in allen vier Gutachten an einer differenzierten Befunderhebung. Zudem habe der Mediziner seine Neutralitätspflicht verletzt. Ein schwerer Mangel der Begutachtungen bestehe zudem darin, dass der Psychiater sich nicht mit den Befunden der vorbehandelnden Ärzte auseinandergesetzt habe, so das Berufsgericht. Drei Fahnder seien noch kurz vor ihrem Termin bei Thomas H. in Fachkliniken gewesen, die den Beamten wesentliche Verbesserungen ihres Gesundheitszustandes bescheinigt hätten. Die Befunde seien Thomas H. bei der Untersuchung vorgelegt worden, doch er habe sie nicht berücksichtigt. In keinem Arztbericht der Kliniken werde der Fachbegriff »paranoid« verwendet. Aber bei Psychiater H. kommt das vernichtende und rufschädigende Fehlurteil über die Fahnder in drei Gutachten vor, im vierten diagnostiziert er fälschlich eine »irreversible Anpassungsstörung«. Es sei nicht erkennbar, dass der Arzt sein Fehlverhalten einsehe, so das Berufsgericht für Heilberufe. Man wolle das Ansehen des Berufsstands wahren und habe aus diesem Grund gegen H. eine Buße von 12 000 Euro verhängt.

Das Urteil ist ein Paukenschlag, eine Ohrfeige für Kochs Politik. Das Manöver ist aufgeflogen. Die Fahnder sprechen danach offen über die Gründe ihrer Kaltstellung. Andere Geschasste melden sich zu Wort. So treten Stück für Stück Fakten zu Tage, die aus Sicht der Finanzverwaltung lieber im Verborgenen hätten bleiben sollen: Hinweise auf Strafvereitelung im Amt,

Hessisches Amt für
Versorgung und Soziales Frankfurt

Kopie

Hessisches Amt für Versorgung und Soziales Frankfurt
Postfach 50 06 61, 60396 Frankfurt

Ärztlicher Dienst

Oberfinanzdirektion Frankfurt am Main
z.H. Herrn M█
Postfach 11 14 31

60049 Frankfurt am Main

Geschäftszeichen 123/06-DF

Bearbeiter/in   Fr.D█
Durchwahl   069/█
Fax   069/█
E-Mail   D█
Ihr Zeichen   Pers. Lz 420
Ihre Nachricht   17.07.2006
Datum   ab 17.08.2006

Ärztliche Untersuchung des Amtsrats Rudolf Schmenger, geb. 05.05.1961, wh. █
█ in 64584 Biebesheim zur Überprüfung der Dienstfähigkeit nach §§ 51
Abs. 1 Satz 3, 51 a Abs. 1, 4 Satz 1 HBG

Im Rahmen der Untersuchung wurde ein Auftrag zur facharztlichen Untersuchung erteilt.

Dem jetzt vorliegenden facharztlichen Gutachten vom 31.07.2006 ist zu entnehmen, dass
Herr Schmenger aufgrund der bestehenden Gesundheitsstörungen dienstunfähig ist.

Dienstunfähigkeit gemäß § 51 Abs. 1 HBG liegt somit vor, eine begrenzte Dienstfähigkeit
i.S. des § 51 a Abs. 1 ist nicht gegeben.

Eine leidensgerechte Umgestaltung des Arbeitsplatzes ist nach Art der Gesundheitsstörung
nicht möglich, auch kann keine volle Dienstfähigkeit durch die Übertragung einer anderen,
gegenüber seiner bisherigen Tätigkeit gleich- oder unterwertigen Tätigkeit erreicht werden.

Nach Art, Schwere und Prognose der vorliegenden Störungen kann eine Nachuntersuchung
aus facharztlicher nicht als indiziert angesehen werden.

W.S█

Schreiben des hessischen Versorgungsamtes an die Oberfinanzdirektion Frankfurt.

Dokumente über die Schonung von einflussreichen Steuerhinterziehern. Hessen, so zeigt die Affäre, gleicht in vielen Aspekten einer Bananenrepublik, wenn es um die Verfolgung von reichen Steuerflüchtlingen und großen Banken geht. Rechtsstaatliche Mittel wie Verwaltungsakte in Behörden oder die Zurruhesetzung von Beamten werden unter dem Juristen Roland Koch in Hessen zum politischen Instrument umfunktioniert. Der gesetzlich vorgeschriebene Strafverfolgungszwang bleibt Theorie, solange politisch etwas anderes gewollt ist. Gefälligkeitspolitik auf hessisch heißt Schonung für die konservative Finanzklientel der CDU. Finanzwirtschaft und Großunternehmertum werden hoch erfreut gewesen sein über die plötzlich machtlosen Steuerfahnder vor ihrer Haustür, die vorher mit ihren Durchsuchungen der Banken solchen Ärger gemacht hatten.

Die Hessen-CDU verteidigt bis heute das Vorgehen gegen die Beamten. Man halte die ehemaligen Fahnder weiter für Querulanten, sagt noch Anfang 2010 der Generalsekretär der Hessen-CDU, Peter Beuth. Alle gegenteiligen Fakten seien nur eine »Verschwörung« der Fahnder mit finsteren Oppositionskräften und bösen Medien.

Ein Deutungsmuster, das öfter aufscheint. Wenn die Machtclique um Koch, Bouffier und Weimar sich ernsthaft bedroht sieht, bleibt ihr nur die Schwarzweißmalerei. Das äußere Feindbild stärkt den inneren Zusammenhalt, auch wenn man die politische Realität dann kaum noch wahrnehmen kann. Die ursprünglich von der CDU-geführten Finanzverwaltung geplante und umgesetzte Intrige gegen unbequeme Beamte wird umgedeutet zur Verschwörung der Außenwelt gegen die CDU. Eine Realitätsverweigerung, ein Mechanismus der Projektion, der auch in Sekten häufig zu beobachten ist. Der Verschwörungsvorwurf, der den vermeintlichen Feinden, der Opposition und den Medien entgegengehalten wird, sagt in Wahrheit viel mehr über die Taten und Absichten derjenigen aus, die ihn entrüstet erheben.

Wenn etwas schiefgeht, sind auch im System Koch immer die

anderen schuld. In der Affäre um die vier Steuerfahnder hat Finanzminister Weimar Vorwürfe stets zurückgewiesen, seine Finanzverwaltung habe seit dem Jahr 2005 insgesamt 22 Finanzbeamte von dem mittlerweile verurteilten Psychiater Thomas H. untersuchen lassen. Man sei dafür nicht zuständig. »Das ist Aufgabe des Hessischen Amts für Versorgung und Soziales, das dem Ministerium für Arbeit und Gesundheit unterstellt ist«, betont ein Sprecher des Ministers. Aber in einer internen Liste des Finanzministeriums, die uns vorliegt, heißt es eindeutig, dass die Gutachten des Psychiaters Thomas H. im Auftrag der Oberfinanzdirektion bzw. von Finanzämtern erstellt worden sind. Das Ministerium hat in jedem Fall sogar die »Auftraggeber« aufgelistet – es handelt sich ausschließlich um die Oberfinanzdirektion und verschiedene hessische Finanzämter. Aus der Liste ist weiter ersichtlich, dass die vier Steuerfahnder im Gegensatz zu anderen Fällen unwiederbringlich aus dem Dienst entfernt werden, indem bei ihnen »keine Nachuntersuchung« angeordnet wurde. Alles nur ein Zufall?

Der Amtsleiter

Betrachtet man die Kette der handelnden Personen, stößt man zunächst auf den damaligen Leiter des Finanzamts Frankfurt, Jürgen Schneider-Ludorff. Der Name des Amtsvorstehers taucht im Zusammenhang mit der Steuerfahnderaffäre immer wieder auf. Schneider-Ludorff zeichnet auch für die mittlerweile berüchtigte Amtsverfügung verantwortlich, die es allen Topsteuerfahndern des Bankenteams im Finanzamt Frankfurt ab 2001 nahezu unmöglich macht, Großsteuerbetrug weiter zu verfolgen. Der Amtsleiter macht aktenkundig, wer die Verfügung gelesen hat. Tatsache ist: Alle Beamten, die es gewagt haben, gegen diese Dienstanweisung mit Widerspruch zu reagieren, wurden auf vielfältige Weise gemobbt, versetzt, gedemütigt, am Ende für psychisch krank erklärt und aus dem Dienst entfernt. Die ganze Abteilung wurde zerschlagen. Als Vorgesetzter zuständig

Datum	Auftraggeber	Aktenzeichen	Ergebnis	Bemerkungen
17.10.2005	OFD Ffm.	163/05	Dienstunfähigkeit, Nachuntersuchung in 2 Jahren	
24.10.2005	FA Ffm. III	166/05	Teildienstfähigkeit mit 60 %	
08.05.2006	OFD Ffm.	191/05	Dienstunfähigkeit, keine Nachuntersuchung	
10.07.2006	OFD Ffm.	272/04	Dienstunfähigkeit, Nachuntersuchung in 2 Jahren	nur Nachuntersuchung
31.07.2006	FA Hofheim	83/06	Dienstunfähigkeit, Nachuntersuchung in 2 Jahren	
X 31.07.2006	OFD Ffm.	123/06	Dienstunfähigkeit, keine Nachuntersuchung	
X 05.09.2006	OFD Ffm.	54/05	Dienstunfähigkeit, keine Nachuntersuchung	
X 05.09.2006	OFD Ffm.	55/05	Dienstunfähigkeit, keine Nachuntersuchung	
08.01.2007	FA Ffm. III	192/06	Stufenweise Wiedereingliederung bis zur vollen Dienstfähigkeit	
14.05.2007	OFD Ffm.	59/03	Weiterhin Dienstfähigkeit	nur Nachuntersuchung
30.07.2007	OFD Ffm.	111/07	Weiterhin Dienstunfähigkeit	nur Nachuntersuchung
03.09.2007	FA Offenbach	132/07	Volle Dienstfähigkeit	
17.09.2007	OFD Ffm.	478/02	Weiterhin Dienstfähigkeit	nur Nachuntersuchung
X 01.10.2007	OFD Ffm.	156/07	Dienstfähigkeit, keine Nachuntersuchung	
07.01.2008	FA Offenbach	192/07	Stufenweise Wiedereingliederung bis zur vollen Dienstfähigkeit	
07.01.2008	OFD Ffm.	163/05	Weiterhin Dienstunfähigkeit	
14.01.2008	FA Langen	199/07	Volle Dienstfähigkeit	
03.11.2008	OFD Ffm.	272/04	Weiterhin Dienstunfähigkeit	
25.02.2008	FA Ffm. III	166/05	Begrenzte Dienstfähigkeit auf 60 % in einer 3-Tagewoche	nur Nachuntersuchung
12.01.2009	FA Offenbach	137/08	Stufenweise Wiedereingliederung bis zur vollen Dienstfähigkeit	
20.04.2009	OFD Ffm.	83/06	Weiterhin Dienstfähigkeit	
02.06.2009	OFD Ffm.	192/07	Dienstunfähigkeit nur an jetzigem Arbeitsplatz, Versetzung empfohlen.	

*Bei Schmenger, Wehner und Fesers soll »keine Nachuntersuchung«
stattfinden*

für diese Vorgänge: Schneider-Ludorff. Der forsche Amtsleiter
lässt geheime Personalakten über angebliche Verfehlungen des
Fahnders Rudolf Schmenger anlegen, die sich später vor Gericht
sämtlich als unhaltbar erweisen. Doch solch einschneidende
Dinge wie die Zwangspensionierung von vier Fahndern kann
Finanzamtschef Schneider-Ludorff in der verästelten Hierarchie
der Landesverwaltung nicht alleine erdacht und durchgesetzt
haben, sagen Insider. Die Planer sitzen andernorts.

Der Oberfinanzpräsident

Schaut man weiter nach oben, stößt man auf den Oberfinanzpräsidenten Mario Vittoria. Er gilt trotz seiner SPD-Affinität
als treuer Gehilfe des damaligen hessischen Finanzministers

Karlheinz Weimar. Unter ihm machte der Beamte Karriere. Zur Zeit der Versetzungen und Zwangspensionierungen der Steuerfahnder ist Vittoria im Ministerium für Personal zuständig. Manche halten ihn für eine zentrale Figur des Ministeriums bei der Zerschlagung des Frankfurter Bankenteams.

Heute ist Vittoria als Präsident der Oberfinanzdirektion für die Erklärungen zu den Vorgängen um die Steuerfahnder zuständig, die Finanzminister Weimar in Wiesbaden der Öffentlichkeit unterbreitet. Manche in der Verwaltung finden das praktisch, andere unglaublich. Mario Vittoria muss das nicht schrecken. Er ist ein Mann, den die breite Öffentlichkeit kaum kennt. Die Bürger haben es mit den Finanzbeamten zu tun, die großen Auftritte sind Finanzminister Karlheinz Weimar vorbehalten. Zwischen diesen Ebenen sitzt Mario Vittoria, ein Spitzenbeamter, ein stilles, aber machtvolles Scharnier in der hessischen Verwaltung. Rund 12 000 Mitarbeiter sind Vittoria unterstellt.

Als früherer Leiter der Zentralabteilung I im Finanzministerium und ständiger Vertreter des Finanzstaatssekretärs ist Vittoria über die Versetzungen der unliebsamen Beamten, über die Mobbing-Aktionen gegen die Steuerfahnder und die Zerschlagung des kompletten Fahnderteams für Großbanken bestens informiert. Fragt man den OFD-Präsidenten, ob er auch Kontakt zu dem für die falschen Gutachten verurteilten Psychiater Thomas H. hatte, ob er die Vorgänge bedauere und eine Wiedergutmachung plane, dann macht Vittoria nur eines: Er antwortet nicht auf diese Fragen.

Vielleicht auch, weil es Akten gibt, die eine mögliche Verbindung des Oberfinanzpräsidenten zu dem verurteilten Psychiater aufzeigen. Vittorias Ehefrau Inge war früher für die SPD Kämmerin in Offenbach und Wiesbaden, jetzt ist sie Vorsteherin des Finanzamts Gelnhausen. Dort ereignet sich 2005 unter ihrer Leitung ein ganz spezieller Fall: Ein Betriebsprüfer, der durch seine Arbeit pro Jahr nachweislich viele Millionen Euro für das Land holte, soll plötzlich nicht mehr weiter prüfen. Es

2. Die Skandale im System Koch

geht um einen großen, öffentlich bekannten Steuerpflichtigen.
Der erwartete Steuerbetrag: rund 25 Millionen Euro.

Amtsleiterin Vittoria entzieht dem Beamten den Fall. Der Beamte wird in den Innendienst versetzt und erhält im Dezember 2005, drei Tage vor Heiligabend, eine förmliche Anweisung – merkwürdigerweise nicht wie bei den anderen Fällen üblich vom Versorgungsamt, sondern direkt von der Oberfinanzdirektion Frankfurt am Main, wo Inge Vittorias Mann heute an der Spitze der Hierarchie steht und wo er schon 2005 großen Einfluss hat. Er müsse sich bei dem Psychiater Thomas H. »im Hinblick auf eine mögliche Dienstunfähigkeit« untersuchen lassen, heißt es in dem Schreiben.

Es ist der einzige Fall in der Affäre, in dem die Oberfinanzdirektion einen Beamten direkt zu dem Psychiater Thomas H. schickt, ohne das Hessische Versorgungsamt dazwischenzuschalten. Ausgerechnet einen Beamten, der der Ehefrau des damaligen Abteilungsleiters im Finanzministerium und heutigen Oberfinanzpräsidenten unterstellt ist. Doch es kommt noch besser: Als der Beamte, den man gerade noch zum Psychiater schicken will, eine Versetzung akzeptiert, widerruft die Oberfinanzdirektion am 23. Dezember 2005 ihre Weisung zur Vorstellung beim Arzt. Aufgrund seines Gesprächs mit Inge Vittoria werde der Verwaltungsakt widerrufen, heißt es in dem Schreiben. Der Beamte gilt über Nacht wieder als gesund. Doch die Drohung folgt sogleich: »Die Oberfinanzdirektion Frankfurt am Main behält sich vor, eine entsprechende Weisung erneut zu erlassen«, schreibt die Behörde, der Mario Vittoria heute vorsteht.

Der Minister

Karlheinz Weimar (CDU) gehen die gebrochenen Lebensläufe seiner ehemaligen Topsteuerfahnder nicht sonderlich zu Herzen. Für deren lange Krankheiten könne man nichts, antwortete der im August 2010 abgelöste Minister einmal. Auch mit den

Gutachten des Psychiaters H. will Minister Weimar nichts zu tun haben. Die Gutachter suche nicht das Ministerium, sondern das Hessische Versorgungsamt aus. Doch auch der Minister muss den Fall aus Gelnhausen einräumen, bei dem ein Beamter direkt von der Finanzverwaltung zum Psychiater geschickt werden sollte – ebenfalls zu Psychiater H. Für Weimar kein Grund zu Nachforschungen.

Es gab in der Affäre um die Steuerfahnder schon viele Fragen an den Finanzminister, auch nach der Bearbeitung der Liechtenstein-Fälle. Wurden die Steuerhinterzieher in Frankfurt wirklich verfolgt? Immerhin waren Hunderte Kisten und Ordner aus der Deutschen Bank beschlagnahmt worden. 191 Fälle wurden angelegt. Finanzminister Weimars offizielle Antwort lautet immer: Die Auswertung habe dem Staat im Schnitt 208 Euro pro Fall eingebracht. Manche fragen sich seitdem, ob der Minister gut beraten war, diesen erstaunlich niedrigen Betrag anzugeben. Doch Weimar beharrt darauf: Der Ertrag für den Staat bei diesen vielen entdeckten Steuerhinterziehungsfällen via Liechtenstein sei deshalb so niedrig, weil es sich dabei um »viele Rentner« gehandelt habe, die die Bank dazu gebracht habe, »kleine Beträge ins Ausland zu transferieren«. Fachleute halten das für blanken Unsinn. »Das ist Unfug«, sagt der renommierte Verdi-Experte für Steuerfahndung, Reinhard Kilmer, der in seinem Berufsleben als Angehöriger der berühmten Steuerfahndung Bochum an spektakulären Fällen mitgearbeitet hat. Er weiß, wie Großverdiener aus der Steuerhinterzieherliga des Expostchefs Klaus Zumwinkel ihr Geld verstecken und wie man ihnen auf die Schliche kommt. Rentner seien absolute Ausnahmefälle bei Geldtransfers nach Liechtenstein, sagt Kilmer. Bei vielen Banken in Liechtenstein etwa bekomme man unter einer halben Million Euro gar kein Konto. Deshalb sei Weimars Begründung für die kleinen Beträge schlicht Quatsch. Kilmer kennt bundesweit keinen Bankenfall, der mit nur 200 Euro abgeschlossen worden ist. Das Minimum an Steuermehreinnahmen liege bei solchen Bankenfällen bei 50 000 Euro pro Fall. Man müsse den

Finanzminister fragen, ob er am Ausschöpfen der Steuerquellen wirklich interessiert sei, meint der Experte.

Es gibt eine Aufstellung des Finanzministeriums, die uns vorliegt und die Weimar als Trickser entlarvt: Nur zwei der 192 Fälle wurden demnach als Steuerstrafverfahren mit entsprechenden Ermittlungen geführt – der Rest wurde als simples Besteuerungsverfahren abgehakt, ohne Konsequenzen und vor allem ohne Zahlungen der Steuerpflichtigen. Der einzige wirkliche Ertrag wurde auf alle Fälle umgelegt. So entsteht Weimars irritierend niedriger Durchschnittswert von 208 Euro pro Fall. »Hier hat die strafrechtliche Verfolgung der Steuerhinterzieher gar nicht stattgefunden«, so Kilmer. Die Ermittlungen gegen die größte deutsche Bank wurden von Hessens Finanzverwaltung mit ganz begrenzten Möglichkeiten im Innendienst erledigt. Solch eine Aufteilung bei einem derart großen Verfahren müsse durch das Ministerium angeordnet sein, sagt Experte Kilmer. »Ich kenne kein Bundesland, in dem das so gemacht wurde.« Für Kilmer ist das nicht nur ein politischer, sondern auch ein rechtlicher Skandal: Denn die Finanzverwaltung muss das Legalitätsprinzip beachten. »Es steht nicht im Ermessen der Behörde, wer verfolgt wird, sondern es herrscht Strafverfolgungszwang«, erinnert Kilmer an eine Selbstverständlichkeit, die in Hessen offenbar alles andere als selbstverständlich geworden ist.

Am Ende sitzt in Weimars Frankfurter Finanzverwaltung tatsächlich nur ein einziger Steuerfahnder an dem Großkomplex Deutsche Bank, ohne Helfer. Dieser Fahnder, der heute nichts mehr sagen darf, heißt Detlef Michaelis. Er berichtet 2005 im Untersuchungsausschuss des Landtages, es seien 357 Ordner nicht erfasst und Fälle von Auslandsbanken, die mit sehr vermögenden Steuerhinterziehern zusammenarbeiten, nicht in Gänze ausgewertet worden. Wer begreifen wolle, warum die Steuerfahndung behindert wurde durch Vorgesetzte und Weimars Ministerium, der solle sich zunächst einmal »vom eigenen Demokratieverständnis verabschieden«, so der Fahnder.

Ist Steuergerechtigkeit in Hessen unter Weimar nur eine Phrase? Der Minister wiegelt ein ums andere Mal ab. In Hessen seien alle großen Steuersünder immer verfolgt worden, so der damalige Minister: »Es gibt keinen Fall, bei dem der hessischen Finanzverwaltung nachgewiesen wurde, dass sie irgendjemanden geschont hätte.«

Eine sehr gewagte Behauptung. Untersuchungen des Bundesrechnungshofs belegen das glatte Gegenteil. Über das hessische Finanzamt Bensheim samt Außenstellen, das für die Besteuerung von mehr als 100 Einkommensmillionären zuständig ist, notiert der Rechnungshof im Jahr 2006, dass das Finanzamt »keinen davon prüfte«. Noch unbegreiflicher: »Die Prüfung unterblieb selbst in den Fällen, in denen die Notwendigkeit eindeutig erkennbar war«, kritisiert der Rechnungshof.[37] Die Steuern seien häufig gemäß den Erklärungen der Millionäre festgesetzt worden, und »selbst Flüchtigkeitsfehler und Rechenfehler, die zu Steuermindereinnahmen in sechsstelliger Höhe führten, korrigierten die Finanzämter nicht«. Im Einzelfall habe dies zu erheblichen Steuerausfällen geführt. Die hessischen Millionäre hätten keine Belege vorgelegt. Doch statt die Fälle zu untersuchen, hätte das Finanzamt beschlossen, »vorerst keine Prüfungen bei diesem Personenkreis mehr durchzuführen, weil diese die Prüfungsstatistik verschlechtern«, so der Rechnungshof.

Von Weimars Wahrheiten bleibt bei dieser Untersuchung des Rechnungshofs nicht mehr viel übrig. Und einige Fachleute haben durchaus den Eindruck, dass Länder wie Hessen an der Besteuerung von Reichen wenig interessiert sind, weil sie den Ertrag im Länderfinanzausgleich an den Bund abführen müssen. Es gibt viele Hinweise darauf, dass die Bundesländer sich sogar gegenseitig in der Laxheit der Prüfungen für Reiche unterbieten, um Vermögende und Unternehmer mit günstigen Bedingungen zur Ansiedlung zu locken. Durchwinkwochen in den Finanzämtern und merkwürdige Schlampigkeiten bei der Kontrolle von Millionären sind demnach keine Seltenheit.[38]

Den laufenden Untersuchungsausschuss des Hessischen Landtags wird der ehemalige Finanzminister nicht mehr fürchten müssen. Er verabschiedet sich im Sommer 2010 offensichtlich auch deshalb zusammen mit Roland Koch von seinem Ministeramt, um die Affäre nicht mehr verantworten zu müssen. Sein Nachfolger Thomas Schäfer wird nun in der Regierungslogik weiter bestreiten müssen, was offen zu Tage liegt.

Der Psychiater

Als Praxisschild genügt dem Facharzt für Neurologie und Psychiatrie, Thomas H., ein mit Tesafilm auf den Briefkasten geklebter Zettel. Auf Anrufe von Journalisten reagiert der Psychiater nicht. Seit die Staatsanwaltschaft seine Räume durchsuchte, seit die Ärztekammer gegen ihn ermittelt, ist es schwierig geworden, Psychiater H. überhaupt zu Gesicht zu bekommen. Mit uns will er trotz mehrfacher Anrufe nicht sprechen. Kein Hinweis auf eine Arztpraxis findet sich im Treppenhaus des Frankfurter Altbaus, nur sein Name steht auf einem Klingelschild im zweiten Stock. Niemand öffnet.

Mittlerweile ist bekannt: Psychiater H. arbeitet seit Jahren fast ausschließlich für das Land Hessen, für das Versorgungsamt und für Gerichte. Bislang habe es nie Beschwerden über Gutachten des Mannes gegeben, heißt es bei Gericht. Warum also die krasse Falschbegutachtung bei den vier Fahndern? »Die Verletzung des fachlichen Standards bei der Erstellung der ›Nervenärztlichen Gutachten‹ erfolgte nach Überzeugung des Gerichts vorsätzlich.« Vorsatz, also absichtliches Handeln, sehe man deshalb, weil der Psychiater sich über die fachlichen Standards gut informiert zeigte, diese aber im Fall der vier Steuerfahndergutachten nicht beachtet habe. Auch sein Werdegang und sein Kenntnisstand über die psychiatrische Praxis und die entsprechende Fachliteratur sei deutlich zu Tage getreten, so das Berufsgericht. Rechtfertigungs- oder Entschuldigungsgründe lägen deshalb nicht vor. Die Frage, ob es im Rahmen seiner langjährigen gutachterlichen Tätigkeit für das Hessische Versorgungsamt zu Gepflogenheiten gekommen sein könnte, denen er meinte, nachkommen zu sollen, könne im berufsrechtlichen Verfahren nicht geklärt werden. Vorgaben oder Erwartungshaltungen eines Dritten müssten von Ärzten bei der Erstellung von Gutachten unberücksichtigt gelassen werden, mahnen die Richter.

Seit das Urteil des Berufsgerichts vorliegt, ermittelt die Staatsanwaltschaft Frankfurt mit neuen Akten weiter gegen den Arzt – bis zum Sommer 2010 ohne Ergebnis.

Was wussten Roland Koch und Jörg-Uwe Hahn?

Roland Koch erkennt keine der zahlreichen Merkwürdigkeiten der Steuerfahnderaffäre an. Alles sei legal, der Rest sei Zufall, so der Tenor des Regierungschefs während der letzten Monate seiner Amtszeit. »Es gibt keinen Skandal«, dröhnt Koch 2010 im Hessischen Landtag und verteidigt seinen Minister und engen Freund Weimar. In solchen Momenten kann der Machtpolitiker durchaus emotional werden. »Dieser Finanzminister hat es nicht verdient, von Ihnen auf diese Weise durch den Schmutz gezogen zu werden«, ruft Koch dann etwa und wirkt entrüstet. Er weist darauf hin, dass alle vier Fahnder vor ihrer Zwangspensionierung über einen langen Zeitraum krankgeschrieben waren. Ihre Versetzung in den Ruhestand wäre daher auch ohne jede weitere Prüfung möglich gewesen, also auch ohne die Gutachten, behauptet der Ministerpräsident. Warum es dann nicht so gemacht wurde, sondern der Psychiater hinzugezogen wurde, lässt Koch offen. Weiter argumentiert er, das Urteil gegen den Gutachter sei kein Beleg, dass seine Entscheidung inhaltlich falsch gewesen sei. Darüber habe das Verwaltungsgericht nicht geurteilt. Nur formale Kriterien habe der Arzt nicht eingehalten. Im Klartext: Man könne ja nicht wissen, ob die Fahnder damals tatsächlich verrückt waren, und da der Zeitpunkt der Untersuchung ja in der Vergangenheit liegt, lässt sich das auch niemals mehr überprüfen – eine typische Koch-Argumentation, zu vollen Lasten der Betroffenen. Dabei weiß Koch nur zu gut, was mit den Steuerfahndern geschehen ist. Er war laut Dokumenten von Beginn an bestens über die fragwürdigen Vorgänge im Bilde.

Eigentlich hätten bei Koch die Alarmglocken schrillen müssen, als er im September 2004 auf dem Dienstweg einen hoch brisanten Brief aus der Finanzverwaltung erhält. In dem Schreiben geht es nicht um Kleinigkeiten, sondern um Dienstvergehen und Straftatbestände. Beschuldigte sind Führungskräfte der hessischen Finanzverwaltung. Dem Ministerpräsidenten werden detailliert schwere Straftaten mitgeteilt: Fälle von Strafvereitelung im Amt, falsche Verdächtigung, Verletzungen des Steuergeheimnisses, Verletzung des Personaldatenschutzes, Mobbing und Verleumdung. Absender: Rudolf Schmenger, Steuerfahnder des Landes Hessen. Es geht in dem Schreiben an Koch um exakt die Vorgänge, die später zu dem Skandal führen. Die Steuerfahnder denken damals, dass der Landesvater seine Beamten schützen werde. Doch Koch antwortet nicht einmal. Noch vier weitere sachliche Briefe mit detaillierten Anzeigen von Straftaten erhält der Ministerpräsident in der Folgezeit. Doch es ist nicht bekannt, dass er etwas unternimmt. Im Gegenteil: Danach werden die vier Beamten zu Psychiater Thomas H. geschickt, der sie für paranoid und dienstunfähig erklärt.

Hatte der Arzt eine Absprache mit der Finanzverwaltung? Trotz aller Dementis der Landesregierung gebe es nur zwei Interpretationsmöglichkeiten des Urteils gegen den Arzt, sagt Ernst Girth, Menschenrechtsbeauftragter der hessischen Ärztekammer: »Entweder der Gutachter ist fachlich inkompetent oder er hat wissentlich falsch beurteilt und Gefälligkeitsgutachten erstellt. Da der Arzt jahrelang für das Land und für Gerichte tätig war, fällt beides auf den Auftraggeber zurück.«

Für die hessische FDP – Wahlkampfslogan: »Unser Wort gilt« – führt der Fall zu Peinlichkeiten: Im Jahr 2005 steht die damalige Oppositionspartei noch voll auf Seiten der geschassten

Steuerfahnder. Er glaube nicht an eine zufällige Verkettung, sagt der FDP-Abgeordnete Roland von Hunnius damals sogar in einer Landtagsrede und steht als Einziger in seiner Partei auch heute noch öffentlich zu dieser Einschätzung. Bewerbungen der Fahnder seien auf dem Dienstweg angeblich »verloren« gegangen und Akten des Finanzministeriums selbst dem Petitionsausschuss nicht bereitgestellt worden, beschreibt von Hunnius die bis ins Parlament hinein merkwürdigen Vorgänge. Als die CDU am 25. Januar 2006 im Landtag alle Petitionen zugunsten der Steuerfahnder abschmettert, unterstützten alle anderen Parteien die Fahnder – auch die FDP.

Deren Vorsitzender und heute regierender Justizminister Jörg-Uwe Hahn will jetzt davon nichts mehr wissen. Ihm seien keine Unregelmäßigkeiten bekannt, schreibt Hahn nach dem Regierungswechsel. Leif Blum, parlamentarischer Geschäftsführer der FDP, will sich kaum erinnern, dass er die Fahnder getroffen hat. »Ich führe mit vielen Menschen Gespräche und habe kein Bedürfnis, mich dazu zu äußern«, sagt Blum. Der Rechtsanwalt leitet heute den Ausschuss zur Untersuchung der Affäre.

Laut CDU-Generalsekretär Peter Beuth soll die Untersuchung zeigen, dass es sich bei den geschassten Steuerfahndern um »vier querulatorische, sich selbst überschätzende Durchschnittsbeamte« handele. Die Aufklärung der Vorgänge wird durch die Hessen-CDU mit allen Mitteln behindert. Die Regierungspartei nutzt ihre Macht im Untersuchungsgremium, kämpft um Abläufe, Beweisanträge, Zeugenvernehmungen. Es gibt viele formale Mittel, um die Aufklärung in solchen Untersuchungsausschüssen zu behindern. Akten können lange nicht bereitgestellt werden. Dann wird gestritten, wer welche Akten wie verwenden darf. Schließlich können die Regierungsparteien unzählige weitere Zeugen benennen, die zuerst gehört werden sollen. Schnell ist so ein Jahr vergangen, ohne dass etwas Brenzliges passiert. Die SPD klagt nun vor dem Staatsgerichtshof wegen der unzulässigen Erweiterungen und Verzögerungen der

Untersuchung. Ein Novum in der Landesgeschichte mit offenem Ausgang.

Auch das gehört zum System Koch: Der lange Atem, das Spielen auf Zeit, das Wissen um die Vergesslichkeit der Öffentlichkeit. Die Ignoranz der Macht, die selbst Korrekturen schwerster Fehler nicht zulässt, wird parteiintern als Durchhaltevermögen, »Steherqualität« und Geschlossenheit bejubelt. Was zählt, ist der Machterhalt. Ob Menschen wie Rudolf Schmenger, Marco Wehner, Heiko und Tina Feser, ob Beamten der eigenen Landesverwaltung Unrecht geschah, interessiert die Politiker nicht einmal dann, wenn es gerichtlich festgestellt wird. Wer zu aufmüpfig ist, wird fertiggemacht, lautet die unheilvolle Botschaft des politischen Handelns. Sie wirkt bis tief in die Verwaltung hinein und weit hinaus über die Geschichte der vier Fahnder, als Drohung gegen jeden, der in Zukunft in Ungnade fallen könnte.

Man muss nicht lange suchen, um Beispiele zu finden von Beamten, denen Ähnliches widerfahren ist, wenn sie ins Schussfeld der Politik gerieten. Einer von ihnen ist der ehemalige Spitzenbeamte Jürgen Rauh.

Intrigen gegen einen Musterbeamten

Jürgen Rauh war hoch oben in der Hierarchie der Landesverwaltung angekommen. Er kennt Finanzminister Karlheinz Weimar (CDU) persönlich, hatte oft dienstlich mit dem Minister und mit dem heutigen Oberfinanzpräsidenten Mario Vittoria zu tun. »Dass diese Personen sich einmal gegen mich wenden würden, geheime Akten über mich anlegen und falsche Anschuldigungen über mich in die Welt setzen würden, das habe ich nicht geahnt«, sagt Jürgen Rauh.

Wieso auch? Er hat hervorragende Beurteilungen und leitet viele Jahre die Finanzämter Offenbach-Land und Langen. Jürgen Rauh ist sogar CDU-Mitglied. Später tritt er aus Protest aus der Partei aus, »weil der Parteikollege Weimar mich menschlich vollständig zerstören wollte«, sagt Rauh heute. »Ich sehe es nicht ein, einer Partei anzugehören, die solche unmenschlichen Machenschaften zulässt.« Pflichterfüllung, Disziplin und Gehorsam sind für ihn eherne Tugenden. Gerade deshalb ist er heute erschüttert über das, was Weimars Finanzverwaltung mit ihm gemacht hat. Wie konnte es so weit kommen?

So zufrieden scheint man im Ministerium mit Parteifreund Rauh zu sein, dass er im Februar 2000 eine anspruchsvolle neue Aufgabe übernehmen soll: die Privatisierung der defizitären hessischen Staatsbäder. Er soll die Kur- und Heilanstalten, eine Rheumaklinik, eine Herz- und eine psychosomatische Klinik sowie Burgen gewinnbringend an Investoren verkaufen. Rauh sei als »kompetente und erfahrene Persönlichkeit für diese schwierige Arbeit« genau der richtige Mann, lobt der Finanzminister ihn öffentlich. Der damals 58-jährige Rauh, nun Direktor der hessischen Staatsbäder, geht ans Werk und findet bald zahlungskräftige Interessenten für seine Problembäder. Die Beschäftigten haben Angst um ihre Arbeitsplätze. »Ich hatte für die Rheumaklinik in Schlangenbad und die Klinik am Hainberg in Bad Hersfeld Interessenten gefunden, die alle Arbeitsplätze erhalten wollten. Aber das Finanzministerium hat hinter meinem Rücken mit anderen Interessenten verhandelt, die weniger zahlen und viele Arbeitsplätze abbauen wollten«, berichtet Rauh aus dem Innenleben der Verwaltung. »Ich wurde umgangen, vom Ministerium ausgebremst.« Bis heute wird er den Verdacht nicht los, dass er die Bäder gar nicht gewinnbringend veräußern sollte. Dass er zum Störfaktor wurde, weil er andere Interessen störte. »Es war vom Ministerium vieles bereits anders geplant – zu Lasten der Bediensteten und der hessischen Steuerzahler.«

Ein Beispiel: Beim Verkauf der Burg Stauffenberg verhandelt Rauh mit den Pächtern der Burg, die zuletzt 2,2 Millionen Mark für den Kauf anbieten. »In mehreren Besprechungen mit Finanzminister Weimar persönlich habe ich versucht, ihn zu überzeugen, dass der Verkauf an die Pächter für das Land

2. Die Skandale im System Koch

Hessen und die Steuerzahler weitaus besser wäre«, berichtet Rauh. Doch Weimars Ministerium bringt eineinhalb Jahre lang immer wieder andere Interessenten ins Spiel, obwohl sie weniger bieten. Völlig entnervt zieht sich das Pächterehepaar schließlich zurück. Am Ende verkauft das Land Hessen die Burg für nur 950 000 Mark an einen anderen Interessenten, der – so vermutet Rauh – »eine ganz besondere Verbindung ins hessische Finanzministerium hatte« und mehr als eine Million spart. Weiteres Pech für die Steuerzahler: Das Land muss zudem noch 240 000 Mark für die Instandhaltung draufzahlen. Für SPD und Grüne im Hessischen Landtag ist dies 2002 ein Skandal. Sie erzwingen eine parlamentarische Untersuchung des Vorgangs und kommen zu dem Ergebnis, Finanzminister Weimar habe es persönlich zu verantworten, dass dem Land Hessen ein Schaden von rund einer Million Euro entstanden sei.[39] Konsequenzen hat das für den Minister nicht. Wohl aber für Jürgen Rauh, den der Minister jetzt offenbar als Problem betrachtet. Noch während der Streit über den Burgverkauf brodelt, passiert etwas Merkwürdiges. Rauh erfährt ohne Vorwarnung des Dienstherrn aus der Presse, dass das Ministerium seit Wochen intern gegen ihn ermittelt, weil er angeblich Dienstliches mit Privatem verquickt haben soll: Er habe angeblich Untreue begangen beim Umbau des Jagdschlosses in Rüdesheim. Er habe angeblich einen Bauunternehmer bevorzugt und Vorteile angenommen.[40]

Merkwürdig daran ist nur, dass das Ministerium Rauh von den schweren Vorwürfen davor kein einziges Wort gesagt hat. Nun, im Jahr 2001, wird er von Weimars damaligem Ministerialdirektor Mario Vittoria sofort abgezogen und in die Oberfinanzdirektion Frankfurt versetzt. Dort soll er eine Broschüre über die Historie der Oberfinanzdirektion schreiben, während weiter gegen ihn ermittelt wird. Rauh sieht seinen Ruf, sein tadelloses Beamtenleben zerstört und wehrt sich. Klagt seinen obersten Dienstherren an, spricht über »Weimars ministeriales Mobbing-System«, über Geschäfte zu Lasten der Steuerzahler. Das Ministerium versucht, auch Rauh als krank, als verrückt darzustellen – wie die vier hessischen Steuerfahnder. Er soll als bestechlicher Querulant gelten. Niemand soll ihm glauben. Doch der leitende Regierungsdirektor gibt nicht auf. Fünf Jahre lang ist er der Gebrandmarkte. Dann erhält Rauh am 22. Mai 2006 vom Landgericht Wiesbaden das Urteil: ein Freispruch der Extraklasse, den selbst die Staatsanwaltschaft fordert. An den schweren Vorwürfen des Finanzministeriums ist nicht das Mindeste dran, das Land Hessen als Verlierer muss die Gerichtskosten des rufschädigenden Verfahrens bezahlen.

Seitdem fordert Rauh eine Entschuldigung von Finanzminister Weimar, eine Rehabilitierung durch das Land, dem er mehr als drei Jahrzehnte diente. Doch Rauh geht es wie den geschassten Steuerfahndern. Für das Ministerium ist er eine Nicht-Person. Finanzminister Weimar antwortet auf Rauhs Briefe nie. Gespräche mit Anwälten lehnt der Minister ab. Einsicht in seine Personalakte wird Rauh bis heute verwehrt. Nur eines will das Ministerium: Rauh soll unterschreiben, dass er niemals Schadenersatz vom Land Hessen verlangt. Was der Schaden sein könnte, benennt das Ministerium nicht. »Ich wollte das nie unterschreiben«, sagt Rauh. Aber als er sich nach seiner Pensionierung als Rechtsanwalt niederlassen möchte, braucht der Exstaatsdiener eine Unbedenklichkeitserklärung des Ministeriums. Diese bekomme Rauh nur, wenn er den Verzicht auf Schadenersatz unterschreibe, lässt ihn das Ministerium wissen. Rauh unterschreibt, um Anwalt werden zu können, und sagt bis heute: »Das hessische Finanzministerium hat mich genötigt – Karlheinz Weimar trägt dafür die Verantwortung.«

Sucht man nach Gegenkräften in diesem schmutzigen Spiel, stößt man auf ein merkwürdiges Phänomen. Wo Interessengegensätze bestehen könnten, herrscht seltsames Einvernehmen, wo naturgemäß Opposition vermutet werden könnte, entdeckt man Affirmation. Ein gutes Beispiel hierfür ist die Rolle der Deutschen Steuer-Gewerkschaft Hessen. Fordert sie die Rehabilitierung der Fahnder, eine Entschuldigung des Finanzministers bei Jürgen Rauh, dringt sie auf Schutz für ihre

Beamten? Mitnichten. In Gestalt ihres Landesvorsitzenden Michael Volz stellt sich die Gewerkschaft 2009 schützend vor Finanzminister Karlheinz Weimar und fordert in einer Pressemitteilung ein Ende der »Verunglimpfungen«. Die Finanzämter, weiß Volz angeblich, »weisen keine Mobbing-Strukturen auf«. Berufliche Karriere machte der Gewerkschaftsfunktionär im Finanzamt Gelnhausen, das von der bereits erwähnten Frau des OFD-Präsidenten, Inge Vittoria, geleitet wird. Die hessische Steuergewerkschaft tritt des öfteren mit obrigkeitshörigen Äußerungen in Erscheinung und zählt einige Amtsleiter zu ihren Funktionären. Aus Kreisen der Landespolitik ist zu hören, dass die Gewerkschaft sogar Oppositionsparteien angeht, die Affäre im Landtag nicht zu thematisieren. »Es ist auffällig«, sagt der ehemalige Chef der Steuerfahndung Frankfurt, Oberamtsrat Frank Wehrheim, »immer wenn Minister Weimar in Not gerät, gibt die Steuer-Gewerkschaft solidarische Erklärungen ab.« Er finde es äußerst merkwürdig, dass die Gewerkschaft sich nicht darüber empöre, was mit den vier Steuerfahndern gemacht wurde. Da die Gewerkschaft sich in der Affäre nicht um die Betroffenen kümmere, sondern immer wieder schützend vor die Verwaltung stelle, dränge sich ihm die Frage auf, ob das koordiniert werde, meint Wehrheim. Beamte aus der Finanzverwaltung haben uns berichtet, wie es in Wahrheit aussieht: Von Angst ist die Rede, von Rundschreiben der Verwaltung, sich zu der Affäre auf keinen Fall zu äußern. Einige Beamte tun es trotzdem. Intern hoffen viele, dass die Mobbing-Aktionen Konsequenzen für die Verantwortlichen haben werden.

Während der Landesvorsitzende der Steuergewerkschaft diese Mobbing-Aktionen bestreitet, muss ein anderer schweigen: Im betroffenen Finanzamt Frankfurt V gibt es den eigentlich zuständigen Personalratsvorsitzenden Torsten Kimpel, der das Unrecht in vielen Briefen an Minister Weimar angeprangert hat. Kimpel darf heute zu der Sache kein Wort mehr sagen, weil sein Amt ihn mit einem Maulkorbbeschluss daran hindert. Deshalb müssen hier seine Briefe für ihn sprechen. Kimpel beklagt darin

Versetzungen, Mobbing und Rechtsbrüche der Verwaltung. Niemand habe dem Personalrat den sachlichen Hintergrund dieser Maßnahmen erläutern können, schreibt er am 15. Oktober 2005 an Weimar. »Die Betroffenen leiden psychisch und physisch unter dieser für sie unerträglichen Situation«, warnt der Personalrat. In weiteren Briefen wird er deutlicher: Es gehe um Personalakten, die »nachträglich verfüllt« worden seien, um Bewerbungen, die auf dem Dienstweg verschwunden und nie mehr aufgetaucht seien. Die Steuergewerkschaft Hessen interessiert das offenbar nicht.

Juristische Bedenken

Einer der obersten Verwaltungsrichter der Bundesrepublik, Dieter Deiseroth, hält die Zwangspensionierungen der vier hessischen Steuerfahnder im Ganzen für grob rechtswidrig. Schadenersatzklagen der Fahnder seien möglich, analysiert der Richter am Bundesverwaltungsgericht Leipzig in einer Studie zu dem Fall. Für ihn steht außer Frage, dass das Finanzministerium die eindeutige Pflicht hat, die Legalität von Zwangspensionierungen eigenständig zu prüfen.

Die Art und Weise der Zwangspensionierungen der vier Steuerfahnder sieht er als illegal an: Die psychiatrischen Gutachten seien in der Darlegung der medizinischen Zustände und Zusammenhänge weder nachvollziehbar noch überzeugend, heißt es in seiner Studie. »Keine der zentralen vom Gutachter gezogenen Schlussfolgerungen ist in einer Weise begründet worden, dass die rechtsanwendende Behörde und ein Gericht diese prüfend nachvollziehen könnte.« Die Gutachten seien das Papier nicht wert, auf dem sie geschrieben sind, und letztlich eine Schande für den betroffenen Berufsstand, führt der Richter weiter aus. Fehle es an einer eigenständigen Prüfung der tatsächlichen und rechtlichen Voraussetzungen durch das Ministerium, sei die Zwangspensionierung insgesamt rechtsfehlerhaft. Das Finanzministerium könne seine rechtliche und

DER PERSONALRAT DES
FINANZAMTES
FRANKFURT/M. V – HÖCHST

Finanzamt Frankfurt/M. V-Höchst, Postfach 11 08 65, 60305 Frankfurt am Main

Herrn Staatsminister
Karlheinz Weimar
-persönlich-

Friedrich-Ebert-Allee 8
65185 Wiesbaden

Auskunft erteilt	Telefon (Durchwahl)	Datum
Herr Dr. Kimpel	(0 69) 25 45-■■■	15.09.2005

Personelle Probleme des hiesigen Finanzamts

Sehr geehrter Herr Weimar,

der Personalrat des Finanzamtes Frankfurt/M. V – Höchst trägt – unter Bezugnahme auf sein Schreiben vom 15.10.2004 – hiermit nochmals seine Bitte um ein persönliches Gespräch mit Ihnen als oberstem Dienstherrn der Finanzverwaltung vor.

Die insbesondere für den von der Umsetzung betroffenen Personenkreis mehr oder weniger unerträgliche Arbeitssituation dauert nunmehr seit beinahe zwei Jahren unverändert an.

Letztendlich sei noch auf die Fragwürdigkeit der derzeitigen Führung von Personalakten seitens der Verwaltung hingewiesen. So mußten einzelne Bedienstete bei wiederholter Einsicht in ihre Personalakten feststellen, dass ihnen keineswegs bei der ersten Akteneinsicht sämtliche Bestandteile dieser Personalakten vorgelegt wurden. In einem Fall tauchte ein Band „Befähigungsberichte" erst im Verwaltungsstreitverfahren vor Gericht auf. Ferner wurden Personalakten nachträglich verfült, als diese durch den Petitionsausschuß des Hessischen Landtages angefordert wurden. Diverse Bedienstete haben sich somit auf Stellen beworben, ohne dass die ausschreibende Behörde die Möglichkeit hatte, anhand vollständiger Personalakten eine fundierte Entscheidung treffen zu können. Mehrere Bewerbungen (von insgesamt drei Bediensteten) sind im übrigen auf von dem Bewerber ordnungsgemäß eingehaltenen Dienstwege verschwunden und nur in einem Fall und auch erst nach Beendigung des Auswahlverfahrens wieder aufgetaucht.

Nach alledem halten wir als Personalrat nach wie vor ein Gespräch mit Ihnen, Herr Weimar, für dringend geboten und wiederholen daher erneut unsere Bitte um einen – möglichst zeitnahen – Gesprächstermin.

Mit freundlichen Grüßen

Dr. Kimpel
(Personalratsvorsitzender)

Schreiben des Personalratsvorsitzenden an Finanzminister Karlheinz Weimar.

politische Verantwortung nicht auf die unterstellten Behörden wie die Oberfinanzdirektion abwälzen. Fehle es an einer hinreichenden eigenständigen Prüfung des Ministeriums, sei die ganze Pensionierung rechtlich fehlerhaft.[41]

Hessens Finanzminister Weimar erklärt daraufhin einfach, er habe von den falschen psychiatrischen Gutachten nichts gewusst. Die Zwangspensionierung der Steuerfahnder sei trotzdem rechtskonform, die Verwaltung habe korrekt gehandelt. Die hessische Affäre, ein Einzelfall? Wer die Geschichten anderer Beamter betrachtet, die politisch brisante Entdeckungen machten, sieht ein System der Gängelung und Ausgrenzung, das immer dann anspringt, wenn die Beamten lieber Recht und Gesetz folgen als dem Willen der jeweiligen politischen Eliten, egal welcher politischer Couleur.

Mitte der 70er Jahre stößt der Chef der Steuerfahndung von St. Augustin, Regierungsdirektor Klaus Förster, auf einen hochexplosiven Fund: Er entdeckt die Stiftung Europäische Unternehmensberatungsanstalt (EU) mit Sitz im liechtensteinischen Vaduz, die sich als Geldwaschanlage für die CDU herausstellt. Hier wurde Schwarzgeld für die Parteikasse gewaschen und versteckt, ein krasser Verstoß gegen das Parteiengesetz und Steuerhinterziehung in Reinform. Hilfe erhält Förster nicht, im Gegenteil: Die Oberfinanzdirektion Köln, das Finanzministerium Düsseldorf – alle versuchen, ihn zu stoppen. Er ermittelt weiter. Klaus Försters Fund löst die Flick-Affäre aus, einen der größten Skandale der Nachkriegszeit: Um eine Steuerbefreiung in hoher dreistelliger Millionenhöhe zu erreichen, hatte der Flick-Konzern Politiker und Parteien bezahlt. Steuerfahnder Förster, ein gefeierter Held des Rechtsstaates? Von wegen: Er erhält immer schlechtere dienstliche Beurteilungen, wird gemobbt und zwangsversetzt. Die Rache der Finanzverwaltung wirkt: Der Fahnder gibt schließlich auf und quittiert den Dienst.[42]

Bislang endet die Geschichte selten gut für Aufdecker von Verstößen: Werner Borcharding etwa ist in den 90er Jahren Steuerfahnder im Finanzamt Münster und entdeckt, dass hohe

2. Die Skandale im System Koch

Beamte in der Oberfinanzdirektion Münster die Steuerhinterziehung einer großen Farbenfirma deckten. Er informiert die Staatsanwaltschaft. Die Folgen: Er wird ausgegrenzt, versetzt, gemobbt und gibt nach elf Jahren entnervt auf. Die Firma kommt mit einem Bußgeld davon. Die hohen Finanzbeamten werden nie belangt.[43]

Bislang ist auch im Lande von Volker Bouffier und Roland Koch kein Verantwortlicher zur Rechenschaft gezogen worden für den Steuerfahnderskandal. Hessen ist nicht Hollywood, es gibt kein Happyend. Es scheint, als ob auch hier die Opfer am Ende den Schaden haben. Menschen mit Zivilcourage, die Missstände in Behörden oder Firmen anprangern, werden von ihrem Umfeld oft bitter bestraft. Dabei braucht die Gesellschaft solche Menschen dringend, um Fehlentwicklungen, Korruption und Amtsanmaßungen zu bekämpfen. Der Kampf der angegriffenen Eliten gegen Geheimnisverräter und die so genannten Whistleblower, die öffentlich auf Missstände hinweisen, ist immer auch ein Kampf für das Schweigen und Vertuschen. Er soll verhindern, dass der nächste Mutige es wagt, der Öffentlichkeit etwas über den Bruch von Rechtsnormen in seinem Bereich mitzuteilen. Wenn die Einschüchterung gelingt, wird es auch in einem demokratischen Rechtsstaat sehr finster, weil kein Beamter und kein Angestellter sich mehr trauen wird, offensichtliche Mauscheleien und von oben gedeckte oder gar erwünschte kriminelle Handlungen in Ämtern und Firmen auffliegen zu lassen.

»Es ist völlig absurd, dass Zeugen geschützt und Whistleblower verfolgt werden«, sagt der Hamburger Medienprofessor Johannes Ludwig, der sich auf der lesenswerten Internetseite *www. ansTageslicht.de* mit der Geschichte von Menschen beschäftigt, die auf Missstände hinweisen. »Die Frankfurter Fahnder haben die Commerzbank der vielfachen aktiven Beihilfe zur Steuerhinterziehung überführt«, sagt Ludwig. »Man darf nie vergessen, dass die Steuerfahnder genau dort ermittelten, wo für die CDU und die Banken große Risiken bestanden.« Es sei zeitlich sehr auffällig, dass erst die Zaunkönig-Stiftung der CDU in Liechtenstein auffliegt und danach begonnen wird, das Bankenteam der Steuerfahndung Frankfurt zu zerschlagen und die Fahnder zu versetzen. Ludwig wird nicht müde, mit seiner Internetseite daran zu erinnern, dass es noch um weit mehr als vier Fahnder geht, dass im Frankfurter Bankenteam ursprünglich 50 Fahnder protestierten, nachdem ihnen verboten worden war, große Steuerhinterziehungen wirksam weiter zu verfolgen. »Sie wurden alle zur Amtsleitung gerufen und kleingemacht, alle Fahnder, die danach ihre verfassungsrechtlich geschützten Rechte in Anspruch nahmen, wurden rausgemobbt«, sagt der Professor, der sich damit nicht abfinden will, weil es ihn in seinem Rechtsempfinden schockiert. »Das ist unfassbar, so etwas kennen wir eigentlich nur aus Ländern, wo Tyrannen herrschen.«

In solchen Ländern zeigen sich Korruption und Despotismus in der Vulgärform. Hierzulande ist es meist schwerer, Machtmissbrauch zu beobachten, zu beweisen und dingfest machen zu können. Wenn der Regierungschef eines verarmten Staates abkassiert, bevor er die Entwicklungshelfer ins Land lässt, wenn ein sizilianischer Beamter wegen Bestechlichkeit ins Gefängnis kommt, dann wird die Korruption anschaulich. Doch wenn in Deutschland hinter glatten Bankfassaden Gesetze gebrochen werden oder zwei Dutzend Volljuristen einer Partei unter sich etwas eigentlich Illegales hinbiegen wollen, fällt es uns ungleich schwerer, das Manöver zu durchschauen und die Verantwortlichen zu benennen. Das gilt erst recht, wenn ganze Organisationen den Pfad der Rechtmäßigkeit verlassen. Wirtschaftskriminalität, Korruption und Regierungskriminalität können sich verstecken im kunstvoll errichteten Gestrüpp von Firmenbeteiligungen, in schwer zu durchschauenden ellenlangen Vertragswerken – oder eben in jahrelangen Verwaltungsakten mehrerer Behörden gegen vier Fahnder.

Deshalb steht die Steuerfahnderaffäre auch für etwas Positives: für das Fehlschlagen der Vertuschung, die Entdeckung der illegalen Tat. Auch für das Scheitern des eigentlichen Plans:

Niemand hält diese Menschen für verrückt, weil jeder weiß, dass dies nicht stimmt. Außer denjenigen, die ein dubioses Interesse an der weiteren Diffamierung haben. Das ist schon mal ein Anfang.

Die Geschichte der Fahnder ist noch nicht zu Ende. Von ihrem Ausgang wird abhängen, ob sich in Hessen auch künftig Beamte noch trauen, den Mund aufzumachen, wenn Unrecht zum Recht erklärt werden soll. Versuche, die Grenzen zu überschreiten, wird es immer wieder geben. Wie vor ein paar Jahren an einem ganz anderen Ort, als Fraport unter der Aufsicht von Roland Koch trickreich versuchte, im Ausland das ganz große Geschäft zu machen.

Auf nach Manila

Die illegalen Geschäfte des Flughafenbetreibers Fraport

In Wirtschaftsdingen präsentiert sich Roland Koch gerne als Fachmann und kühler Stratege. In der freien Wirtschaft will er nun tätig werden, nach seinem politischen Rückzug. Da ist es wichtig, dass sein Image als kluger ökonomischer Denker, als Politiker mit Managerqualitäten erhalten bleibt. Doch ist er das wirklich? Wie sieht es in der Realität aus, wenn Koch die Unternehmensgeschicke mit steuert? Es gab Zeiten, in denen man die Auswirkungen Kochscher Betätigung schon einmal besichtigen konnte – die immensen Schäden reichen bis in die Gegenwart. Es geht um den Frankfurter Flughafenbetreiber Fraport, wo der frisch gewählte Ministerpräsident Koch ab 1999 Aufsichtsratsvorsitzender ist und dabei mitverantwortlich wird für das größte Finanzdesaster des Unternehmens.

Fraport will schnell wachsen in dieser Zeit, will weltweit mithalten mit den Großen der Branche. Im Büro von Fraport-Vorstandschef Wilhelm Bender hängt damals eine große Weltkarte mit aufgesteckten kleinen Fähnchen für jedes internationale Projekt. Heute ist Fraport weltweit an 13 Flughäfen auf vier Kontinenten aktiv und mischt über zahlreiche Tochtergesellschaften im globalen Flughafenbetreibergeschäft kräftig mit – unter anderem in Antalya, Lima, Neu-Delhi, St. Petersburg und Xi'an. Als Koch Aufsichtsratsvorsitzender wird, beginnt Fraport gerade seine internationale Expansion. Je mehr Fähnchen auf der Weltkarte, desto besser. Schneller, weiter, größer, lautet das Credo. Lange Zeit sind die alleinigen Anteilseigner an der Fraport AG das Land Hessen, die Stadt Frankfurt am Main und der Bund. Im Jahr 2001 wird das Unternehmen durch einen Börsengang teilweise privatisiert und in »Fraport AG Frankfurt Airport Services Worldwide« umbenannt. Bis heute halten das Land Hessen und die Stadt Frankfurt 51,6 Prozent der Aktien, gehört das Unternehmen damit mehrheitlich der öffentlichen Hand, kommen letztlich die Steuerzahler und Aktionäre für Verluste auf.

Im Jahr 1999 hat man bei Fraport eine vermeintlich grandiose Idee: Der deutsche Flughafenbetreiber will in Manila, auf den Philippinen, ein großes internationales Terminal errichten und betreiben – obwohl die philippinische Verfassung ausländischen Unternehmen das verbietet. Es ist eine abenteuerliche Wirtschaftsgeschichte, voller Korruption, undurchsichtigen Geschäften und Rechtsbrüchen. Rund 500 Millionen Euro sind bis heute dabei verbrannt – ein Großteil davon Mittel der hessischen Steuerzahler. Lange hat Fraport versucht, die Akten über diese Geschichte geheim zu halten. Hat Scharen von Anwälten losgeschickt und einen kritischen Aktionär jahrelang mit Klagen überzogen, der den Gründen für das Finanzdesaster nachforschte. Dieser Wirtschaftskrimi sollte niemals publik werden – wurde es nach Jahren nun aber doch, weil geheime Akten wieder aufgetaucht sind und jetzt gerichtlich freigegeben wurden.[44]

Diese Akten zeigen sehr detailliert, wie der Flughafenbetreiber Fraport unter Kochs Aufsichtsratsvorsitz ab 1999 allen Warnungen zum Trotz in das teure Abenteuer schlitterte und nicht von seinem illegalen und kostspieligen Versuch abzubringen war, auf den Philippinen ein großes internationales Terminal zu errichten und zu betreiben – gegen die geltende philippinische Verfassung.

Aufsichtsratsprotokolle und Berichte der Wirtschaftsprüfer KPMG zeigen, wie Fraport unter der Ägide von Vorstandschef Wilhelm Bender und Aufsichtsrat Koch alle Warnungen von Experten und auch von einzelnen Aufsichtsräten in den Wind schlug. Fraport konnte demnach früh wissen, dass große Probleme drohen: »Ausländischen Staatsangehörigen ist es untersagt, in Geschäftsführung, Betrieb oder Steuerung des Unternehmens einzugreifen«, hieß es seitens des Fughafenkonsortiums in Manila. Ausländer dürften nicht mehr als 40 Prozent an wichtigen Infrastrukturprojekten besitzen. Doch Fraport strebte mit ihrer Tochtergesellschaft Philippine International Air Terminals Corporation (Piatco) in Manila trotzdem die mehrheitliche Kontrolle des Airport-Projektes an und erreichte dies schließlich mit einem verschachtelten Gestrüpp von Firmenbeteiligungen. Die rechtlichen Warnungen nahm der Vorstand nicht weiter ernst – man vertraute voll und ganz auf gute Kontakte zum philippinischen Staatschef Joseph E. Estrada und seine blumigen Zusagen. Mit der bleibenden Gunst von Estrada, so glaubte Fraport, werde man das neue Terminal in Manila schon bauen und betreiben dürfen.

Laut den vorliegenden Dokumenten warnten die Wirtschaftsprüfer von KPMG, dass Fraport die Konzession für den Flughafen auch wieder verlieren könne, da solche Zusagen zum Betrieb wichtiger Infrastrukturprojekte für ausländische Firmen laut Verfassung »nicht exklusiver Natur sein dürfen«. Die Situation sei unübersichtlich, die Risikolage deutlich erhöht, der gesamte Businessplan von Fraport eventuell nicht haltbar, heißt es in einem geheimen Papier des Aufsichtsrats. Einzelne Mitglieder des Gremiums warnten Roland Koch sogar in persönlichen Gesprächen mehrfach eindringlich vor unüberschaubaren Risiken.

Kochs Absegnung des Finanzdesasters

Koch hat die Idee des Manila-Abenteuers bei seinem Antritt als Aufsichtsratsvorsitzender von Fraport im Jahr 1999 schon vorgefunden. Der Plan ist noch in den letzten Amtstagen des vormaligen Aufsichtsratsvorsitzenden Karl Starzacher (SPD) in Gang gebracht worden. Doch unter Koch wird das Projekt von 1999 an mit Hochdruck weiter vorangetrieben. Die Risiken der politischen Lage der für Unruhen und Putschversuche bekannten Philippinen stuft man unter seiner Ägide kurzerhand als »gering« ein. Auch hier vertrauen die Deutschen auf den philippinischen Staatschef Estrada.

Wie es gehen kann, wenn man blindes Vertrauen in den Regierungschef eines der korruptesten Staaten der Erde mit völlig instabilem politischen System setzt, zeigt sich für Fraport bald. Nach Korruptionsvorwürfen und Massenprotesten muss Estrada im Januar 2001 abdanken, und Vizepräsidentin Gloria Macapagal-Arroyo übernimmt mit Hilfe der Armee die Macht. Damit regieren auf den Philippinen nun Mitglieder eines anderen Clans mit anderen politischen Vorstellungen – zum großen Pech für Fraport, für die sich die Lage alsbald dramatisch zuspitzt. »Einzelne Kreditinstitute sehen die aktuelle Gesellschafterstruktur als kritisch an«, warnt KPMG nach dem Machtwechsel erneut vor den Risiken. Man stelle eine »verminderte Kooperationsbereitschaft« der Geschäftspartner in dem verschachtelten Firmenkonsortium in Manila fest. Eine interne Übersicht des Finanzierungsrisikos geht 2001 schon von 233 Millionen Euro aus – es wird jedoch viel teurer. Im Dezember 2001 schreibt KPMG laut Aufsichtsratsdokumenten schon von einem »überproportionalen Finanzierungsengagement im Manila-Projekt« und einer »deutlich geringeren Projektrentabi-

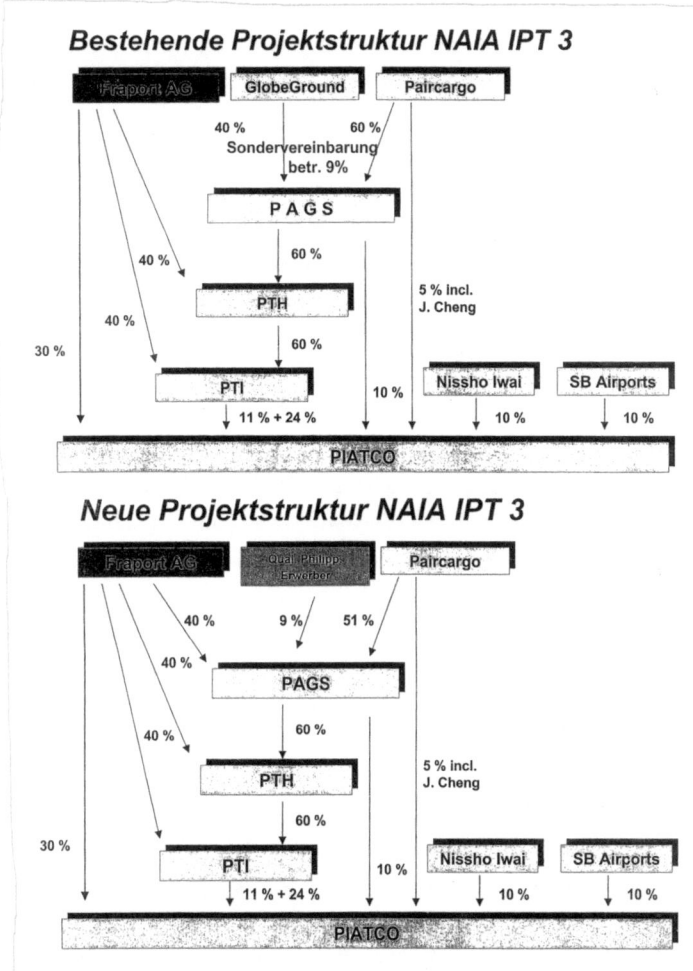

Bestehende Projektstruktur NAIA IPT 3

Neue Projektstruktur NAIA IPT 3

*Verschachtelte Fraport-Beteiligungen im Manila-Projekt: Am Ende
kontrollierte Fraport das Konstrukt mehrheitlich.*

lität« als ursprünglich berechnet. Die Wirtschaftsprüfer warnten weiter: »Obwohl ein Konzessionsvertrag mit der früheren philippinischen Regierung abgeschlossen wurde, versucht die derzeitige Regierung nachzuverhandeln.« Begleitet werde das ganze Durcheinander in Manila auch noch von Korruptionsvorwürfen gegen Geschäftspartner von Fraport, berichten die Prüfer.

Ende 2002 passiert das, was Fraport für unmöglich gehalten hatte, wovor die Kritiker des Projektes aber immer gewarnt hatten: Die philippinische Regierung erklärt die Verträge über das gesamte Terminal kurzerhand für nichtig und gesetzeswidrig. Fraport ist da bereits mit rund 400 Millionen Dollar in dem Projekt engagiert – und wird das Geld nicht wiedersehen. Und was macht der kluge Wirtschaftsanwalt Koch? In einem Sonderprotokoll des Aufsichtsrats, das uns vorliegt, hält Koch im Jahr 2003 fest, dass dem Fraport-Vorstand dennoch »keine Verletzung der Sorgfaltspflicht vorgeworfen werden könne«. Trotz der Verpulverung von Hunderten Millionen Euro in dem Manila-Geschäft sei »der unternehmerisch zulässige Handlungsrahmen nicht überschritten worden«, formuliert Wirtschaftsjurist Koch laut Protokoll. Eine Begründung so abenteuerlich wie das ganze Projekt.

Und Roland Koch geht noch einen Schritt weiter: Er bewilligt 2003 sogar eine Gehaltserhöhung des für das Desaster direkt verantwortlichen Fraport-Chefs von 550 000 auf 700 000 Euro jährlich und gibt 2004 dann schnell den Aufsichtsratsvorsitz ab. Er wolle beim geplanten Ausbau des Frankfurter Flughafens jeden Zweifel vermeiden, es könne eine Interessenkollision wegen seiner Doppelfunktion als Ministerpräsident und Aufsichtsratschef geben, führt Koch zur Begründung an. Sein Nachfolger im Kontrollgremium wird Hessens Finanzminister Karlheinz Weimar.

Vor dem Schiedsgericht der Weltbank, dem International Centre for Settlement of Investment Disputes (ICSID), klagt Fraport nach dem Manila-Desaster auf Schadenersatz gegen

Sonder-Protokoll *vertraulich*

aus der Aufsichtsratsitzung vom 18. Juni 2003 zu

TOP 2 Projekt Manila
hier: Information über die vertiefte Analyse

TOP 5 Vorstandsangelegenheiten

TOP 2: Projekt Manila (Information über die vertiefte Analyse)

Herr Minsterpräsident Koch weist darauf hin, dass vor dieser Sitzung eine Zusammenfassung des Ergebnisses der Untersuchung von ███████████ verteilt wurde. Er gehe davon aus, dass jedes Aufsichtsratsmitglied inzwischen Gelegenheit gehabt habe, diese Zusammenfassung, die alle wesentlichen Feststellungen und Handlungsempfehlungen enthalte, zu lesen.

Als wesentliches Ergebnis der anwaltlichen Untersuchung sei festzuhalten, dass dem Vorstand unter Berücksichtigung der seines Erachtens unstreitigen Tatsache, dass ein Vorstand unternehmerische Risiken eingehen könne bzw. müsse, keine Verletzung der Sorgfaltspflicht vorgeworfen werden könne. Auch wenn der Vorstand aus heutiger Sicht sehr weitgehende Risiken in Kauf genommen habe, sei der unternehmerisch zulässige Handlungsrahmen nicht

überschritten worden. Insofern bestehe keine hinreichende Aussicht, Schadenersatzansprüche erfolgreich geltend zu machen. Aus diesem Grund habe der Präsidialausschuss, der sich heute eingehend mit dem Abschlussbericht von ██████ ████████ befasst habe, einvernehmlich keine Veranlassung gesehen, dem Aufsichtsrat eine Änderung seiner am 28. April 2003 getroffenen Entscheidung vorzuschlagen, der Hauptversammlung die Entlastung des Vorstands zu empfehlen. Gleichwohl bestehe grundsätzlich Handlungsbedarf für die Zukunft, da der Aufsichtsrat zur Kenntnis nehmen müsse, dass die ihm vorgelegten Berichte vor allem in der Anfangsphase des Engagements durchweg an der oberen Grenze einer noch zulässigen optimistischen Darstellung lagen. Dabei könne dahin gestellt bleiben, ob der Vorstand selbst eine zu optimistische Einschätzung des Vorhabens gehabt habe, in jedem Fall aber habe sich der Vorstand weniger intensiv mit Risiken des Projekts beschäftigt, als es geraten gewesen wäre.

Da keine weiteren Wortmeldungen vorliegen, stellt Herr Minsterpräsident Koch fest, dass der Aufsichtsrat sich der von ihm vorgetragenen Empfehlung des Präsidialausschusses anschließt und damit keine Veranlassung sieht, die am 28. April 2003 beschlossene

Empfehlung an die Hauptversammlung, den Vorstand für das Geschäftsjahr 2002 zu entlasten, zu ändern.

(Roland Koch)	(███████████)
Aufsichtsratsvorsitzender	Protokollführer

Protokoll der Fraport-Aufsichtsratssitzung vom 18. Juni 2003.

die Philippinen und handelt sich 2007 eine unmissverständliche Niederlage ein. »Fraport hat bewusst und vorsätzlich geltendes Recht umgangen«, urteilen die obersten Handelsrichter der Weltbank. Schadenersatz komme gar nicht in Betracht, denn Schadenersatz gebe es nur für legale Geschäfte, heißt es im ICSID-Urteil. Konsequenzen für Fraport-Chef Bender und den Aufsichtsratsvorsitzenden Koch hat das vernichtende Urteil nicht, obwohl rund eine halbe Milliarde Euro verbrannt worden sind. Pünktlich zu Kochs neuerlicher Hinwendung zur freien Wirtschaft im August 2010 gibt es noch ein Urteil des Internationalen Schiedsgerichts in Singapur (ICC): Diesmal verliert die Fraport-Tochter Piatco mit einer ähnlichen Klage. Es bleibt dabei: Diese Geschäfte unter Kochs Aufsichtsratsvorsitz waren illegal, das Geld ist weg. Heute spricht er von »Lehrgeld«. Es war ein teurer Unterricht des Wirtschaftsfachmanns Koch auf öffentliche Kosten.

Kochs Wirtschaftskompetenz gilt dennoch bis heute in Umfragen als eine seiner großen Stärken. Es ist das Feld, auf dem ihm Sachverstand zugetraut wird. Trotzdem wird er nicht stutzig, als bekannt wird, dass in den Firmen seines Kumpels Volker Hoff Millionensummen über Jahre einfach spurlos verschwinden.

Geschäfte im Schattenreich

Die »gefühlten Größen« des Volker Hoff

Volker Hoff ist die wohl schillerndste Figur im System Koch, ein Chamäleon zwischen den Sphären der Politik und der Wirtschaft. Mit Ämtern bis zum Ministerrang einerseits und einem undurchschaubaren Dickicht aus Firmen und Beteiligungen mit dubiosen Finanztransaktionen andererseits. Mit politischen Kontakten weit über Hessen hinaus und zwielichtigen privatwirtschaftlichen Aktionen auch über die deutschen Landesgrenzen hinaus. Ein Mann mit demonstrativem Optimismus, ein Draufgänger, der als Zeichen seiner Besonderheit im Landtag stets bunte Fliegen trug. Ein enger Kumpel Roland Kochs seit Jugendtagen, bis heute viel mehr als nur ein Parteifreund. Auch Hoff gehört zur Tankstellen-Connection, die sich einst an der Autobahnraststätte Wetterau die Treue schwor und sich bis heute nicht im Stich lässt. Wenn Volker Hoff heiratet, wenn Hoff einen Notar braucht oder ein Anwalt vonnöten ist, helfen die politischen Freunde Jürgen Banzer, Franz Josef Jung und Volker Bouffier aus. Und wenn man privat und gegen Abend streng vertraulich ohne Ehefrauen zusammensitzt, nimmt auch Roland Koch oft an der Seite seines engen Freundes Volker Hoff Platz.

Hoff nützt der CDU auf vielfältige Weise. Bei ihm liefen Geschäfte zusammen, die bis heute ungeklärt sind. Mit seinem Partner Reinhard Zoffel betreibt er die Eventagentur Zoffel Hoff Partner, kurz ZHP. Es ist eine Art ausgelagerte Wahlkampfzentrale der Hessen-CDU. Ob Plakate benötigt, Veranstaltungen organisiert oder Fernsehspots gedreht werden müssen – Volker Hoff und seine Medienprofis von der ZHP wissen, was zu tun ist. Viele Jahre ist man prächtig miteinander im Geschäft, gründet Hoff immer weitere Gesellschaften mit den verschiedensten wohlklingenden Namen. Ins Handelsregister werden sie genauso schnell eingetragen wie sie wieder umbenannt werden oder verschwinden, nur um stets weiteren, neuen geschäftlichen Aktivitäten Platz zu machen.

Volker Hoff kommt trotz zahlreicher Ungereimtheiten immer davon – nur einmal hätte es ihn fast erwischt. Als der Werbemanager Aleksander Ruzicka wegen Untreue vor Gericht steht, wird es eng für Hoff und sein Schattenreich. Droht im Landgericht Wiesbaden auch Ungemach für das System Koch?

Es ist ein sonniger Tag im Oktober 2008. Manchmal blickt Manager Aleksander Ruzicka in den großen Schwurgerichtssaal, als sei er in einen falschen Film geraten. Als sei dieser Raum mit seinen Holzbänken und Kronleuchtern Teil einer vormittäglichen Gerichtsshow im Fernsehen, in der gleich die Werbung kommt. Mit TV-Werbung kennt Ruzicka sich aus. Der ehemalige Geschäftsführer der Mediaagentur Aegis aus Wiesbaden war einer der erfolgreichsten Manager der Branche. »Sonnenkönig« wurde er genannt. Mit Volker Hoff ist er sehr gut bekannt, mit ihm und der hessischen CDU machte er viele Geschäfte. Millionengeschäfte. Und jetzt das: Landgericht Wiesbaden, Anklagebank. Seit zwei Jahren sitzt Ruzicka in der Justizvollzugsanstalt Weiterstadt in Untersuchungshaft. Eine anonyme Anzeige hat ihn aus einem Leben in Saus und Braus gerissen. Der Staatsanwaltschaft sind elf Seiten detaillierter Anschuldigungen anonym zugespielt worden. Erst später stellt sich heraus, dass der Anwalt von Ruzickas Firma Aegis die Anzeige selbst verfasst hat. Die Staatsanwaltschaft ermittelt und wirft dem Manager schließlich 86 Fälle von Untreue vor. Mit Scheinrechnungen und einem Netz von Tarnfirmen soll er Aegis um 51,2 Millionen Euro geschädigt haben.

Damit wird es auch für Volker Hoff, damals CDU-Minister für Europaangelegenheiten in Kochs Kabinett, heute Opel-Spitzenlobbyist, richtig brenzlig. Denn die Staatsanwaltschaft hat herausgefunden, dass einige Millionen der veruntreuten Summe ausgerechnet in Hoffs Firmen geflossen sind. Noch merkwürdiger: dass diese Millionen danach spurlos verschwunden sind. Hoffs Werbeagentur ZHP ist aus Sicht der Staatsanwaltschaft die Zentralstelle zur Weiterleitung des von Ruzicka veruntreuten Geldes gewesen, eine große Geldwaschanlage. Und Hoff höchstpersönlich war während des gesamten Zeitraums der illegalen Zahlungen pikanterweise als Geschäftsführer für die Finanzen der ZHP zuständig.

Es gibt Hunderte von Dokumenten in dieser Geschichte, die ihn belasten: Ermittlungsergebnisse der Staatsanwaltschaft,

Handelsregisterauszüge, Transaktionslisten und von Hoff unterzeichnete Formulare. Die Staatsanwaltschaft Wiesbaden hat akribisch recherchiert und kommt zu dem Ergebnis, dass Hoffs ZHP das Werkzeug für kriminelle Aktivitäten gewesen sein soll, mit denen der Medienagentur Aegis in Wiesbaden rund neun Millionen Euro entwendet wurden. Ohne ersichtlichen Grund, ohne Gegenleistung floss die immense Summe durch Hoffs kleine Firma – und verschwand. Fraglich ist, ob er diesen wundersamen Geldsegen überhaupt geprüft und korrekt verbucht hat. Laut staatsanwaltschaftlicher Akten offenbar nicht immer. 38 Fälle dubioser Geldflüsse an Hoffs Firma listen die Ermittler auf. Meistens wurde per Scheck abgerechnet, immer ohne ersichtlichen Grund: Es geht um die stolze Summe von exakt 9 105 051,72 Euro.

Wir dokumentieren in diesem Buch eine Aufstellung der aus Sicht der Staatsanwälte illegalen Geldflüsse von der Werbeagentur Aegis zu Volker Hoffs Wiesbadener Firma ZHP in den Jahren 2003 bis 2006. Die Projektnamen der Gutschriften sind aus Sicht der Ermittler lediglich Tarnung – eine reale Leistung, die den großen Geldsummen entspricht, soll es laut Staatsanwaltschaft in Wahrheit von Hoffs Firma nie gegeben haben. Ein Einblick in Hoffs Schattenreich, in höchst fragwürdige geschäftliche Aktivitäten. Einige nackte, aber vielsagende Zahlen, die illegale Transaktionen in großer Menge und auf ungewöhnlichen Barscheck-Wegen zeigen.

Mit Spannung warten die Beobachter im Wiesbadener Landgericht auf den Tag, an dem diese Verstrickungen des damaligen Ministers zur Sprache kommen. Volker Hoff tritt im August 2008 vor Gericht jedoch nur als Zeuge auf und findet es normal, Zahlungen in Millionenhöhe mit Schecks abzuwickeln. Verträge habe man selten schriftlich gemacht, erklärt er vor Gericht. Zu schnell sei eben das Werbegeschäft. Welches Ausmaß die Zahlungsströme hatten, will er nicht bemerkt haben. Er bezeichnet die Geldsummen als »gefühlte Größen«, an die er sich nicht mehr recht erinnern könne. Eine Behauptung, die ihm

Datum	Betrag	Zahlungsart	Empfänger	Angeblicher Zweck
18. November 2002	464 000 Euro	per Scheck	ZHP	"Projekt Südtirol"
17. Dezember 2002	150 800 Euro	per Scheck	ZHP	"Projekt Südtirol"
23. Januar 2003	310 880 Euro	per Scheck	ZHP	"Projekt Südtirol"
23. Januar 2003	219 249 Euro	Überweisung	ZHP	"Projekt Astroh"
13. März 2003	90 262 Euro		ZHP	Projekt "R. Csallner/Ansto etz"
7. März 2003	104 632 Euro	per Scheck	ZHP	"Projekt Astroh".
7. April 2003	120 640 Euro	Überweisung		"Projekt Astroh"
7. Mai 2003	751 680 Euro	Überweisung	ZHP	"Projekt Südtirol"
7. Mai 2003	89 320 Euro	per Scheck	ZHP	"Projekt Astroh"
11. Juni 2003	119 480 Euro	per Scheck	ZHP	"Projekt Astroh".
27. Juni 2003	336 400 Euro	per Scheck	ZHP	"Projekt Südtirol"
18. Juli 2003	104 400 Euro	per Scheck	ZHP	„Projekt Astroh"
20. August 2003	64 960 Euro	per Scheck	ZHP	„Projekt Astroh"
18. Sept. 2003	: 126 440 Euro	per Scheck	ZHP	"Projekt Astroh"
11. November 2003	295 800 Euro	per Scheck	ZHP	"Projekt Südtirol"
3. Februar 2004	255 200 Euro	per Scheck	ZHP	"Projekt Südtirol"
2. April 2004	545 200 Euro	per Scheck	ZHP	"Projekt Südtirol"
7. Mai 2004	146 160 Euro	per Scheck	ZHP	"Projekt Südtirol"

2. Die Skandale im System Koch

25. Juni 2004	208 800 Euro	per Scheck	ZHP	"Projekt Südtirol"
1. Juni 2006	266 800 Euro	per Scheck	ZHP	"Projekt Südtirol"
17. Nov. 2004	301600 Euro	per Scheck	ZHP	"Projekt Südtirol"
15. Februar 2005	219 356 Euro	per Scheck	ZHP	"Projekt Südtirol"
15. März 2005	371 200 Euro	per Scheck	ZHP	"Projekt Südtirol"
3. Mai 2005	262 160 Euro	per Scheck	ZHP	"Projekt Südtirol"
29. Juni 2005	237 800 Euro	per Scheck	ZHP	"Projekt Südtirol"
10. Nov. 2005	315 556 Euro	per Scheck	ZHP	"Projekt Südtirol"
15. Februar 2006	239 963 Euro	per Scheck	ZHP	"Projekt Südtirol"
15. Februar 2006	78 564 Euro	per Scheck	ZHP	"Rest 2005, Projekt Südtirol"
10. März 2006	293 480 Euro	per Scheck	ZHP	"Projekt Südtirol"
28. April 2006	109 040 Euro	per Scheck	ZHP	"Projekt Südtirol"
24. Mai 2006	86 768 Euro	per Scheck	ZHP	"Projekt Südtirol"
16. Juni 2006	221 560 Euro	per Scheck	ZHP	"Projekt Südtirol"
31. August 2006	388 600 Euro	per Scheck	ZHP	"Projekt Gardisette"

Rechtsgrundlose Zahlungen an Hoffs ZHP samt Tarnnamen der Transaktionen

kein Prozessbeobachter glaubt. In vielen Ländern der Welt wäre er wegen Missachtung des Gerichts bestraft worden, meint ein Anwalt. Doch Hoff ist 2008 noch Abgeordneter und Minister der Landesregierung. Gilt als enger Freund des Ministerpräsidenten Koch und des damaligen Justizministers Jürgen Banzer. So einen Abgeordneten, der Immunität genießt, klagt man nicht einfach an, sagen Staatsanwälte, ohne namentlich zitiert werden zu wollen. Das verursache politisch einen Riesenknall.

Das überlege sich jeder hessische Staatsanwalt dreimal. »Bei Otto Normalverbraucher hätten wir längst ein Verfahren eingeleitet«, heißt es aus Behördenkreisen. Die CDU-Führung sieht keinen Grund, sich von Volker Hoff zu distanzieren. Und der gibt während der heikelsten Phase des Prozesses auf seiner Internetseite in launigem hessischem Idiom bekannt: »Bevor isch misch uffrehsch, iss ess mir liebä egal.«

Briefkastenfirmen bei Muttern

Der im Strafprozess gegen Ruzicka zuständige Staatsanwalt Wolf Jördens ist ein erfahrener Ermittler. Doch so viel Dreistigkeit eines Politikers, der zwar nur als Zeuge geladen ist, aber selbst eigentlich haarscharf vor dem Beginn eines Ermittlungsverfahrens steht – das hat der Staatsanwalt noch nicht erlebt. Hoffs Erklärung, man habe mit Ruzicka Millionensummen »gefühlsmäßig« und per »Flatrate-Vertrag« abgerechnet, bezeichnet Jördens in seinem Pladoyer als »den größten Blödsinn, den ich in einem Gerichtssaal je gehört habe«. Für die Zahlungen von Hoffs Firma ZHP an die Täter habe es in vielen Fällen erwiesenermaßen keinen Rechtsgrund und keine Gegenleistung gegeben, so der Staatsanwalt.

Rund hundert Seiten umfasst die Aufstellung der Staatsanwaltschaft Wiesbaden, die sich mit Hoffs ZHP befasst. Dabei sind die Ermittler in ihren Untersuchungen auf erstaunliche Dinge gestoßen. Ausgerechnet das Haus von Hoffs Mutter in Mühlheim war Sitz zweier weiterer von ihm gegründeter Firmen. Bei der einen mit dem klangvollen Namen Best of My World sollen, den Ermittlungen zufolge, große Summen des verschwundenen Geldes gelandet sein. Und von der anderen, der Zoffel Hoff Medienkommunikation GmbH, stellte sich heraus, dass an ihr die beiden Gesellschaften Live 2 Solutions und Cascade beteiligt waren. Eigentümer der Live 2 Solutions war ausgerechnet der angeklagte Werbemanager Aleksander Ruzicka, und Cascade gehörte einem seiner Vertrauten. Nach

```
         JUSTIZ          REPUBLIK ÖSTERREICH          FB
         FIRMENBUCH                                   FIRMENBUCHDATENBANK


     FIRMA                              FIRMA
1      digital-senses Zoffel Hoff Kubin  1   R. Zoffel & V. Hoff OEG
       Ges.m.b.H.
                                         RECHTSFORM
     RECHTSFORM                         1   Offene Erwerbsgesellschaft
1      Gesellschaft mit beschränkter Haftung
                                         1   Rechtsform besteht seit 30.08.1995
     SITZ in
1      politischer Gemeinde Linz        SITZ in
                                         1   politischer Gemeinde Graz
     GESCHÄFTSANSCHRIFT
2      Rainerstr. 22-24                  GESCHÄFTSANSCHRIFT
       4020 Linz                        1   Mandellstraße 12
                                            8010 Graz


     FIRMA                              FIRMA
2      communicationfactory Zoffel Hoff  1   Zoffel Hoff Spechtler Werbeagentur
       Marussig Werbeagentur                Gesellschaft mit beschränkter Haftung
       Gesellschaft m.b.H.
                                         RECHTSFORM
     RECHTSFORM                         1   Gesellschaft mit beschränkter Haftung
1      Gesellschaft mit beschränkter Haftung
                                         SITZ in
     SITZ in                            5   politischer Gemeinde Linz
1      politischer Gemeinde Graz
                                         GESCHÄFTSANSCHRIFT
     GESCHÄFTSANSCHRIFT                 5   Rainerstr. 22-24
3      Brockmanngasse 42                    4020 Linz
       8010 Graz
```

Wechselnde Eintragungen von Volker Hoffs Firmen in Österreich

Erkenntnissen der Staatsanwaltschaft handelt es sich bei beiden Gesellschaftern der Zoffel Hoff Medienkommunikation um reine Briefkastenfirmen, die den einzigen Zweck hatten, »Geldabflüsse zu verdecken«. Rund 52 Millionen soll Ruzicka über solche Tarnfirmen der Werbeagentur Aegis rechtswidrig entwendet haben – und die Firma eines CDU-Ministers der Landesregierung spielte dabei eine tragende Rolle. Dass für solche illegalen Millionentransaktionen auch noch das Haus der Ministermutter herhalten musste, würde man jedem Mafiafilm als Übertreibung ankreiden. Aber in Hessen schreiben sich Roland Koch und seine Freunde längst ihr eigenes Drehbuch, ohne sich um den Beifall des Publikums zu scheren.

Gegen Hoffs Partner Reinhard Zoffel ermittelt die Staatsanwaltschaft bis heute – gegen Hoff nie. Warum eigentlich nicht, fragen sich viele Beobachter des Prozesses. Angeklagt und später verurteilt wird lediglich der ehemalige Aegis-Manager Aleksander Ruzicka, der als der Erfinder des kriminellen Systems von Tarnfirmen gilt. Dabei hätte ein genauerer Blick auf Hoff sich durchaus gelohnt: Seine verschachtelten Firmenkonstrukte führten die Ermittler bis nach Österreich und Italien. Eine Spur, der die Staatsanwälte mit Hilfe italienischer Kollegen nachgingen, endet in Südtirol. Dort machten Hoff und sein Partner Zoffel undurchsichtige Geschäfte mit Hoteliers – und bandelten auch mit der Südtiroler Volkspartei (SVP) an, managten Wahlkämpfe und bekamen in der Folge lukrative Aufträge vom Land, von der Sparkasse und insbesondere von der Südtirol Marketing Gesellschaft SMG.

Für die Südtirol-Geschäfte gründete Hoff eine weitere seiner »Best of«-Firmen, wiederum mit Sitz im Mühlheimer Privathaus seiner Mutter. In diese Firma flossen laut Staatsanwaltschaft rund sechs Millionen Euro der Wiesbadener Agentur Aegis, ohne ersichtlichen Grund und ohne Gegenleistung. Hoffs nicht durch Immunität geschützter Partner Zoffel hat als Zeuge vor dem Wiesbadener Landgericht diese Summe bestätigt. Die Südtirol-Spur ist nie wirklich zu Ende geprüft worden. Floss etwa Geld von Ruzicka auf diesen verschlungenen Wegen zurück zur Hessen-CDU? Gab es dort Schwarzgeld, von dem niemand weiß? Der eine oder andere Kenner der Materie vermutet das. Doch nachweisen konnte man dem hurtigen Geschäftsmann Hoff, dessen Handelsregistereinträge, Firmenumbenennungen und Neugründungen ganze Bücher füllen, das nicht. Chamäleon Hoff war immer schon einen Schritt weiter.

Hoffs Geschäftspartner, Aegis-Manager Ruzicka, wird im Mai 2009 vom Landgericht Wiesbaden zu elf Jahren und drei Monaten Haft verurteilt. Das Landgericht befindet ihn in 68 Fällen der Untreue für schuldig. Ruzicka geht in Revision. Darüber ist noch nicht letztgültig entschieden. Und warum gegen Hoff nie ermittelt worden ist? Da für viele Bargeld-Transaktionen oder zumindest für den Umstand, dass Hoff sie aktiv selbst ausgeführt habe, schlicht die Nachweise fehlen, sei es juristisch sehr schwer, dem Mann beizukommen, sagen Ermittler. Beihilfe zur Untreue, Beihilfe zur Geldwäsche, das sei eventuell noch denkbar, aber nur, wenn sein Kompagnon Zoffel verurteilt werde – und das könne dauern. Bis zum Sommer 2010 ist noch nicht einmal Anklage gegen Zoffel erhoben worden.

Unterdessen haben wir zumindest einen Beleg dafür gefunden, dass die hessische CDU von Handlungen des verurteilten Managers Aleksander Ruzicka direkt profitiert hat. Sie hat im Jahr 2002 von der Wiesbadener Werbeagentur Aegis/Carat, die damals von Ruzicka geführt wurde, eine Parteispende in Höhe von 50 416 Euro bekommen. Nachlesbar ist das im Rechenschaftsbericht der Partei. Hat Hoff mit seinen guten Kontakten zu Ruzicka geholfen, die Spende zu bekommen? Oder floss noch viel mehr Geld auf andere Weise? Die hessische CDU sagt dazu auf unsere Anfrage nichts und teilt lediglich mit, die Partei komme ihren Veröffentlichungspflichten nach.

Und Hoff? Bleibt sich treu. Zieht einfach weiter, ins nächste Abenteuer. Der frühere hessische Staatsminister für Bundes- und Europa-Angelegenheiten und Landtagsabgeordnete wird im Frühjahr 2010 überraschend Cheflobbyist von Opel. Er will dem Autokonzern europaweit helfen, das angeschlagene Vertrauen von Regierungen zu gewinnen und vor allem: Staatshilfen zu bekommen. Was er eigentlich macht, seitdem sich herausgestellt hat, dass Opel keine Staatshilfen braucht, ist unklar. Er habe viel zu tun, antwortet er auf unsere Nachfrage. Vielleicht ist Hoff genau der Richtige für den Job des Lobbyisten. Mit Geschäften im Graubereich zwischen Wirtschaft und Politik kennt er sich bestens aus. Früher waren es die Kampagnen für die Hessen-CDU, Plakate und Veranstaltungen, wie etwa eine große Wiesbadener Fußball-WM-Feier. Sogar den Besuch des Dalai Lama bei Roland Koch in Wiesbaden hat Hoff in Szene gesetzt und geplant. Jetzt ist er einige Stufen höher angekommen: als europaweiter Politik-Lobbyist für Opel kann er

seine Fähigkeiten ausbauen. »Der will noch ganz groß raus-
kommen«, sagen manche, die ihn gut kennen. Geschäfte in arabischen Staaten oder gleich – in Amerika. Das sei dem Hoff
durchaus zuzutrauen. Im Haus seiner Mutter in Mühlheim,
das der umtriebige Politiker schon immer als Schutzraum und
Keimzelle für Vorbereitungen aller Art nutzte, ist schon mal eine
neue Firma eingetragen: die Omega Networking AG. Was diese
Firma macht? Welches Geld dort wieder fließt? Volker Hoff ist
für solche Fragen zu beschäftigt. Er muss weiter.

»Volker, du hast doch da was«

Ein unmoralisches Angebot

Die Landesgeschäftsstelle der hessischen CDU in Wiesbaden ist
eine elegante Villa, vor deren weißer Fassade die orangefarbe-
nen oder dunkelblauen Parteifahnen wehen. Es gibt dort im
Erdgeschoss einen langgestreckten Besprechungsraum, in dem
sich am ersten Aprilmontag des Jahres 2006 die führenden
Köpfe zweier konkurrierender Organisationen treffen: hier die
Vertreter der etablierten und regierenden CDU, dort die Protagonisten der regional erfolgreichen Freien Wähler. Auf beiden
Seiten sitzen an jenem 3. April jeweils vier Politiker. Die Protagonisten kennen sich schon lange. Roland Koch und der Landesvorsitzende der Freien Wähler, Thomas Braun, leben beide
im Main-Taunus-Kreis westlich von Frankfurt. Beide sind von
Haus aus Rechtsanwälte. In der örtlichen Politik sind sie sich
oft begegnet, Braun ist Mitglied des Kreistags. Koch hat ihm vor
25 Jahren das Du angeboten.

Die Parteienverdrossenheit schwappt durch das Land. Davon
profitieren die unabhängigen Wählergruppen. Bei den Kom-

munalwahlen am 26. März 2006 haben sie landesweit satte 5,2 Prozent geholt. Deswegen denken sie darüber nach, auch mal in Hessen zur Landtagswahl anzutreten. Ihre Kollegen in Bayern haben es vorgemacht und 2003 ansehnliche vier Prozent erzielt. Für die hessische CDU ist das eine echte Horrorvorstellung. Die Christdemokraten wissen, dass die Freien Wähler vor allem ihnen das Wasser abgraben würden. Wenn die Freien Wähler der CDU nur ein oder zwei Prozent abnehmen würden, könnte das bereits die Macht kosten. Es muss also etwas geschehen.

Auf der einen Seite sitzt an diesem Tag die engste Führung der CDU. Gekommen sind, neben Parteichef Roland Koch, dessen Stellvertreter Volker Bouffier und Karin Wolff sowie Generalsekretär Michael Boddenberg. Was sich in dem Besprechungsraum abspielt, klärt später ein Untersuchungsausschuss auf. Er fördert zu Tage, dass Koch und Bouffier den Freien Wählern Geld anbieten, wenn sie nicht zur Landtagswahl antreten. Diese Tatsache wird nicht einmal von den CDU-Größen bestritten. Die »Stimmenkaufaffäre« nimmt ihren Lauf.

Detailliert schildern Freie-Wähler-Chef Braun und sein Pressesprecher Dirk Oßwald, die in der Runde dabei waren, was dort abgelaufen ist. Wolff und Boddenberg hätten geschwiegen, Koch und Bouffier das Wort geführt. Zunächst habe man über den Erfolg der Freien Wähler bei den Kommunalwahlen gesprochen. Nachdem eine gute Stunde vorbei war, habe Koch gefragt: »Was können wir euch Gutes tun?« und Bouffier ermuntert: »Volker, du hast doch da was.« Bouffier habe daraufhin mit einem Papier gewedelt, offenbar einem Gesetzentwurf zur staatlichen Finanzierung von Kommunalwahlkämpfen der Freien Wähler. Bisher erhalten sie dafür kein Geld. Koch habe gesagt, man bringe den Entwurf demnächst in der CDU-Fraktion ein und anschließend ins Parlament. Entschieden werden solle darüber aber erst später – nach dem Delegiertentag, bei dem die Freien Wähler ihren Verzicht auf den Antritt bei der Landtagswahl beschließen sollten und der doch bitteschön vorverlegt werden möge. Die Abgesandten der Freien Wähler lehnen dankend ab. Am Ende des Gesprächs, so berichten Braun und Oßwald übereinstimmend, habe sich Koch locker zurückgelehnt. Dann habe er die Augen spaßeshalber Richtung Decke verdreht und gesagt: »Wollen wir mal hoffen, dass hier nicht abgehört wird von der SPD.«

Monate später macht Braun den Vorgang öffentlich. Die Wogen der Empörung schwappen hoch, und der Landtag setzt auf Antrag von SPD und Grünen einen Untersuchungsausschuss ein. In dem Gremium wird wie üblich mit allerhand Tricks gearbeitet. Die CDU versucht, die Glaubwürdigkeit der Freie-Wähler-Zeugen in Frage zu stellen. Immer wieder zerren die Christdemokraten die Aussage von Braun hervor, nach der Koch während des Gesprächs vor einer Schrankwand gesessen habe – wo es in dem Besprechungsraum doch gar keine Schrankwand gebe. Die Manöver sollen von Wichtigerem ablenken. Im Kern geben Koch und Bouffier selbst nämlich zu, dass sie den Freien Wählern an diesem ominösen Montag ein Gesetz in Aussicht gestellt haben, das dieser Wählergruppe deutlich mehr Geld bringen würde. Auch die Tatsache, dass das Gesetz nur verabschiedet werden soll, wenn die lästige Konkurrenz nicht zur Landtagswahl antrete, bestreiten die CDU-Größen nicht. »Wir wollten sichergehen, dass wir nicht so ein Gesetz beschließen und nachher dann die Freien Wähler die Landtagskandidatur beschließen«, sagt Bouffier wörtlich.

Kochs verblüffender Trick

Acht Monate nach dem Treffen in der CDU-Geschäftsstelle tritt Roland Koch vor den Untersuchungsausschuss. Niemand rechnet damit, dass er einfach alles zugeben würde. Aber genau das tut Koch. Ziemlich genau so, wie Thomas Braun und seine Kollegen von den Freien Wählern das Gespräch vom 3. April 2006 dargestellt hätten, habe sich die Sache abgespielt. Es gebe »keine wesentlichen Unterschiede in den Aussagen der Beteiligten«, formuliert Koch.

So wahr, so bizarr. Denn Koch, Bouffier und ihre Union finden das Lockangebot an die Freien Wähler einfach nicht weiter schlimm. Der Hinweis auf die Unvereinbarkeit mit der Teilnahme an der Landtagswahl sei kein Kaufversuch gewesen, sondern nur ein offenes Wort über die Grenzen des Machbaren. In allen Gesprächen sei immer klar gewesen, dass es nicht sowohl Geld für kommunale Wahlkämpfe als auch eine Kostenerstattung gemäß dem Landtagswahlgesetz geben könne.

Es geht an dieser Stelle um die Feinheiten der Politik, um den Moment, an dem die Öffentlichkeit in der Regel abschaltet, weil es zu kompliziert wird. Das ist immer gut für die in einem Untersuchungsausschuss angegriffene Partei. So behauptet die CDU anfangs, dass es rechtlich gar nicht möglich sei, den Freien Wählern die Wahlkampfkosten sowohl für Kommunal- als auch für Landtagswahlen zu erstatten. Doch das ist die Unwahrheit. Später kommt selbst Bouffier zu dem Schluss, dass eine staatliche Finanzierung für die Wahlkämpfe auf beiden Ebenen durchaus erlaubt sei. Nur politisch gewollt ist sie nicht.

Die CDU nennt das »Doppelfinanzierung«. Das klingt nach einer Bevorzugung der Freien Wähler gegenüber den Parteien, die die Kosten für Kommunalwahlkämpfe nicht eigens erstattet bekommen. Doch es ist ein Kampfbegriff, der täuschen soll. Bei genauerem Hinsehen kann von Bevorzugung keine Rede sein. Das Bundesverfassungsgericht hat schon mehr als ein Jahrzehnt zuvor gefordert, dass die Freien Wähler gegenüber den Parteien nicht weiter benachteiligt werden dürften. Denn die für sie vorgesehene Erstattung liegt viel niedriger als die der Parteien. Selbst eine »Doppelfinanzierung« hätte diesen Nachteil nicht ganz ausgeglichen. In Wahrheit gibt es keinen stichhaltigen Grund für die Bedingung von Koch und Bouffier, das Geld nur beim Verzicht auf die Landtagskandidatur aus dem Staatssäckel fließen zu lassen. Außer dem einen: die Freien Wähler im Interesse ihrer CDU von der Landtagswahl wegzukaufen.

Die Freien Wähler beschließen unterdessen, bei der Landtagswahl 2008 anzutreten. Die Stimmenkaufaffäre hat ihnen kurzzeitig landesweite Aufmerksamkeit beschert, mehr aber auch nicht. Der Untersuchungsausschuss schadet ihnen eher. Denn die Aussagen machen auch deutlich, wie berechnend Braun und seine Leute mit dem unmoralischen Angebot von Koch und Bouffier umgegangen sind. Statt sich gegen den Stimmenkauf zu verwahren, haben sie um ein gutes Gesetz gepokert. Erst beim Delegiertentag im November 2006, als er die intern umstrittene Landtagskandidatur durchsetzen wollte, hat Braun die Katze aus dem Sack gelassen und sich über einen Erpressungsversuch beklagt. Damals erreicht die Empörung zumindest in den Reihen der Freien Wähler den gewünschten Zweck, denn wer will sich seine Kandidatur schon abkaufen lassen? Die Mehrheit der Delegierten schließt sich Braun an und nominiert ihn als Spitzenkandidaten.

Bei der Wahl allerdings bleiben die Freien Wähler mit 0,9 Prozent nicht nur deutlich hinter ihren Erwartungen zurück. Am Ende verpassen sie sogar hauchdünn die Ein-Prozent-Marke, die ihnen Geld vom Staat in die Kasse gespült hätte. Von einem Gesetz zur Finanzierung ihrer Kommunalwahlkämpfe träumen sie noch heute. Pech für sie, Glück für die CDU. Am Ende kräht kein Hahn mehr nach der Stimmenkaufaffäre. Kochs Publicitytrick, das Ungeheuerliche als normal zu verkaufen, verfängt.

SPD und Grüne machen am Ende des Untersuchungsausschusses deutlich, dass sie Kochs Rücktritt für die angemessene Konsequenz aus der Stimmenkaufaffäre halten würden. Fast resigniert stellen sie allerdings nach acht Jahren Koch-Regierung fest, es habe gar keinen Sinn mehr, eine solche Forderung auch nur aufzustellen. »Der tritt nicht zurück«, sagt Grünen-Chef Tarek Al-Wazir, »das wissen wir seit Schwarzgeld und jüdischen Vermächtnissen!«

Von Konsequenzen für Volker Bouffier ist gar nicht erst die Rede, obwohl Kochs Minister in der Affäre sogar noch aktiver auftritt als sein Chef. Doch dass auch Bouffier nicht daran denkt, wegen irgendwelcher Skandale zurückzutreten, weiß die Opposition bereits aus langjähriger Erfahrung mit ihm.

3
Die Skandale des Volker Bouffier

Koch geht, sein System bleibt

Zusammen das Land erobern

Da sitzt er, raucht sein Zigarillo und spielt mit den Kollegen Skat. Volker Bouffier schätzt diese Momente in den Sitzungspausen des Landtags. Der Rechtsanwalt aus Gießen ist ein Kumpeltyp und zeigt das gerne. Vor allem, wenn er politisch unter Druck steht. Das ist oft der Fall. Vorwürfe lässt Bouffier an sich abprallen. Politische Attacken weist er mit seiner tiefen, donnernden Stimme zurück. Und spielt demonstrativ eine Runde Skat.

Der Mann mit dem Mittelscheitel im graublonden Haar, der immer so süffisant zu grinsen scheint, weil er den rechten Mundwinkel höher zieht als den linken, pflegt den Habitus des alten Hasen, dem keiner etwas vormacht. Den anderen erklärt Bouffier ausführlich, wie sie die Dinge zu sehen hätten. Die endlosen Monologe bei Gesprächen in seinem Büro im neunten Stockwerk des Wiesbadener Innenministeriums sind Legende.

Gemeinsam haben Koch und Bouffier Karriere gemacht, von der Jungen Union bis in die Landesregierung. Keiner hat so großen Einfluss auf Kochs Politik genommen wie Bouffier, der sechs Jahre Ältere. Nur durch seinen Verzicht konnte Roland Koch zum Spitzenkandidaten und Ministerpräsidenten aufsteigen. Bouffier war ja schließlich Chef der Tankstellen-Runde, als Koch hinzustieß. In der hessischen CDU zählt das Wort des heutigen Vorsitzenden schon lange so viel wie das des

Freundes, früheren Vorsitzenden und heutigen Ehrenvorsitzenden Koch.

Der langjährige hessische Innenminister war es, der bei Vorschlägen für schärfere Strafen gegen Gesetzesbrecher stets das Wort führte, als Sprecher der Innenminister von CDU und CSU. Bouffier steht damit in der Tradition von Helmut Kohls früherem Innenminister Manfred Kanther. Der Anspruch, strenger als die anderen für Recht und Gesetz einzutreten, verkehrt sich jedoch wie bei Kanther prompt ins Gegenteil, wenn die Gerichte nicht in seinem Sinne urteilen. Man kann diese Ignoranz in der Polizeichefaffäre, dem jüngsten Bouffier-Skandal, beobachten.

Trotz seiner innenpolitischen Rolle kennt man Bouffiers stets gerötetes Gesicht bundesweit bislang kaum. Obwohl er der dienstälteste Innenminister der Republik war, bevor er an Roland Kochs Stelle in der Staatskanzlei trat. Für Außenstehende kam es eher überraschend, dass Koch seinen Nachfolger in Hessen auch Angela Merkel empfahl, als neuen stellvertretenden CDU-Vorsitzenden auf Bundesebene. Koch war bundesweit mächtig, Bouffier bisher nur ein Provinzfürst.

Das beginnt sich am 12. Juni 2010 zu ändern. Im sauerländischen Willingen regnet es in Strömen. Der CDU, die dort in einer Halle ihren Landesparteitag abhält, kann das aber gleichgültig sein. Der Saal, in dem Volker Bouffier zum neuen Landesvorsitzenden gewählt wird, hat nämlich sowieso keine Fenster zur Außenwelt. In diesem abgeschotteten Raum wird Bouffier mit 96 Prozent der Stimmen zum Nachfolger von Roland Koch bestimmt.

In seiner Rede betont der Neue, er habe nicht die Absicht, sich von Kochs Politik zu distanzieren. Das wäre bei ihrer langen gemeinsamen Geschichte in der Politik ja auch Unsinn. »Neu ist die Person. Neu ist der persönliche Stil. Neu wird nicht sein mein Bekenntnis zu unserer Politik.« Er plane vieles, aber sicher »keine Revolution«. Man bleibe schließlich eine geschlossene Partei. Kein Zweifel: Koch ist weg, das System Koch bleibt.

Schon viele Jahre zuvor hat Bouffier dem Koch-Biografen Hajo Schumacher anvertraut, was die Jungs von der Tankstelle sich zum Ziel gesetzt hatten: »Wir wollten das Land erobern. Das hielt uns zusammen und trieb uns an.«[45]

Skandalminister Nummer eins

Elfeinhalb Jahre lang war Volker Bouffier Roland Kochs Skandalminister Nummer eins. Gründe für einen Rücktritt gab es in Serie. Aber unfreiwillige Rücktritte sind bei Bouffier so wenig vorgesehen wie bei seinem langjährigen Tankstellen-Kumpel Koch. Man mag heute kaum noch glauben, wie sich Koch und Bouffier noch Ende der 90er Jahre in der Opposition gegen Rot-Grün aufgeführt haben. Sie legten hohe Maßstäbe an die politische Moral der Regierenden an, sahen in Petitessen »unglaubliche Vorgänge« und verlangten die Entlassung eines Polizeipräsidenten, weil dieser das falsche Dienstpferd geritten hatte. Innenpolitiker Bouffier war stets ganz vorne mit dabei.

In Willingen vertraut die hessische CDU Bouffier ihre Führung an, obwohl zu diesem Zeitpunkt Beschuldigungen von ganz anderem Kaliber gegen ihn im Raum stehen. Bereits seit Jahren läuft eine staatsanwaltschaftliche Ermittlungsprüfung in einem Fall von Freiheitsberaubung. Das weiß allerdings kaum einer.

Anders die Polizeichefaffäre, die zu dieser Zeit in Wiesbaden für Wirbel sorgt. Erfolglos versucht die CDU, den Untersuchungsausschuss dazu schnell durchzuziehen. Jetzt weiß man, warum: Bouffier soll reingewaschen werden, ehe er Kochs Nachfolge antritt. Denn beim Ergebnis von Untersuchungsausschüssen hat die Regierungsmehrheit das Sagen. Sie kann mit dem Abschlussbericht auch die offizielle Bewertung von Skandalen bestimmen.

Es ist bereits der vierte Untersuchungsausschuss des Landtags, in dem Volker Bouffier im Fadenkreuz steht. So ist er vorne dabei, als die CDU – wie bereits geschildert – den Freien Wählern Geld für deren Verzicht auf eine Landtagskandidatur in Aussicht stellt.

Schon im allerersten Untersuchungsausschuss in der Ära Koch forderte die Opposition den frisch gebackenen Minister Bouffier aus guten Gründen zum Rücktritt auf. Vergeblich. Es lohnt, diese Geschichte ausführlich zu erzählen.

Die Mafiakatze

Die »strangulierte Katze« vor der Haustür

Wenn die Innenministerkollegen von Bund und Ländern im vergangenen Jahrzehnt zusammentrafen, spotteten sie insgeheim manchmal über Volker Bouffier: Da komme ja wieder »der Katzentöter«. Der Spottname hängt mit dem frühesten Skandal in der Regierungszeit von Roland Koch zusammen, den Bouffier mit Glück im Amt überstanden hat.

Eigentlich sind es sogar zwei Geschichten. Die eine handelt von einem Gießener Rechtsanwalt namens Volker Bouffier, der unter Verdacht steht. Er soll, bevor er 1999 in die Landesregierung eingezogen ist, eine Straftat begangen haben: Parteiverrat. Diesen Vorwurf erhebt jedenfalls die Staatsanwaltschaft. Zu den wichtigsten Grundregeln für Anwälte gehört jene, nach der sie in einem Rechtsstreit niemals beide Seiten zugleich beraten dürfen. Wer es doch tut, macht sich des Verrats an der von ihm vertretenen Partei schuldig, also des Parteiverrats.

Bouffier bestreitet, dass seine Gespräche mit beiden Partnern eines scheidungswilligen Ehepaars als derartige Straftat zu werten sind. Die Staatsanwaltschaft geht jedoch davon aus. Sie ist nur gegen eine Geldbuße von 8000 Mark (etwa 4000 Euro) bereit, das Verfahren einzustellen. Bouffier zahlt. So landet der

Fall nie vor Gericht und der Minister gerät nicht in Gefahr, als vorbestraft zu gelten. Für die Opposition im Landtag kommt die Zahlung der Geldbuße einem Schuldeingeständnis gleich. Aber der frisch berufene Minister versichert, er zahle, obwohl er unschuldig sei.

Als ein Untersuchungsausschuss des Landtags diese Fragen klären will, kommt die andere Geschichte hinzu: Die viel publikumswirksamere Story von der » Mafiakatze «überdeckt den eigentlichen Anlass des Parteiverratsverdachts. Bouffier nützt zunächst die Ablenkung und trägt das Seine dazu bei, dem Tod des Tiers im Mai 1999 eine ganz besondere Bedeutung anzudichten. Am Ende jedoch wird die Geschichte der » Mafiakatze « so peinlich wie die seines dubiosen Verhaltens als Rechtsanwalt.

Im Juni 1999, Kochs erste Landesregierung ist erst seit wenigen Monaten im Amt, erscheint in der konservativen Zeitung *Die Welt* ein reißerischer Artikel. Der Titel lautet: » Polizei besorgt über Sicherheit des CDU-Politikers «. Darin steht zu lesen, das Ermittlungsverfahren wegen des Parteiverrats habe sich inzwischen zu einem mysteriösen Kriminalfall um Bouffier ausgeweitet: Unbekannte hätten dem Innenminister » in Mafiamanier den Kadaver einer strangulierten Katze vor die Haustür « gelegt. Der Fall trage die Züge eines Thrillers.

Bouffier hilft dem Blatt mit einigen Zitaten auf die Sprünge. Die tote Katze sei » mit Schleifen versehen « gewesen, » so wie man das eigentlich von der Mafia kennt – richtig eindrucksvoll «, lässt er sich vernehmen. Die zeitlichen Zusammenhänge zu seinem Ermittlungsverfahren » müssten einen eigentlich schon misstrauisch machen «, findet der Minister.

Ergibt das irgendeinen Sinn? Warum sollte sich die Mafia für den Vorwurf des Parteiverrats in einem Scheidungsverfahren interessieren? Was will die Mafia angeblich mit Drohungen gegen Bouffier erreichen? Solche Fragen werden in der aufgeregten Stimmung gar nicht erst gestellt. Bouffiers Geschichte ist einfach zu schön, zu spektakulär. Nur wahr ist an ihr so gut wie nichts. Das aber weiß zu diesem Zeitpunkt noch niemand.

Stattdessen legt die stets an Sensationen interessierte *Bild*-Zeitung noch eins drauf. »Terror geht weiter«, berichtet sie in großen Lettern. Diesmal ist in einer zweiten Kanzlei, an der Anwalt Bouffier beteiligt ist, in Erfurt eingebrochen worden. Die Täter wollten in den Besitz vertraulicher Papiere kommen, vermutet die Polizei dem Bericht zufolge. So entsteht eine Stimmung, der sich auch seriöse Medien nicht verschließen. Selbst für sie hängt jetzt alles mit dem Verfahren gegen Bouffier zusammen: Einbrüche, Drohanrufe und die tote Katze.

Der Journalist Matthias Bartsch will wissen, was wirklich Sache ist. Er recherchiert bei der Polizei und fördert Bemerkenswertes zu Tage. Von dunklen Machenschaften gegen Bouffier, von Mafia oder gar einem »Gießen-Gate« nach US-Vorbild könne keine Rede sein, berichten ihm die Beamten. »Die tote Katze vor dem Haus sei nach derzeitigem Ermittlungsstand schlicht von einem Auto überrollt worden und vor Bouffiers Haus liegengeblieben«, schreibt Bartsch in der *Frankfurter Rundschau*.[46]

Genau das bestätigt sich fünf Monate später, als auch der Untersuchungsausschuss auf den Spuren der »Mafiakatze« wandelt und Ende November 1999 mehr als ein Dutzend Polizisten vernimmt. Der Einbruch in Bouffiers Gießener Kanzlei sei eben »ein ganz normaler Einbruch«, berichten sie, dilettantisch ausgeführt und keineswegs von einem Profi. In kurzer Entfernung sei in derselben Nacht auf die gleiche Art in eine andere Anwaltskanzlei eingebrochen worden. Es gebe also keinen Hinweis darauf, dass die Einbrecher es gezielt auf Bouffier abgesehen oder dessen Akten gesucht hätten. Ein Staatsschützer fasst zusammen: »Einen politisch motivierten Einbruch schließen wir aus.«

Auch an der Sache mit der Katze findet sich nichts Aufregendes mehr. Nach Einschätzung der Beamten, die das Tier gefunden haben, war es eine Straßenkatze, die vermutlich von einem Auto überfahren wurde und sich noch in den Vorgarten des Ministers schleppen konnte. Dort verendete sie an ihren

3. Die Skandale des Volker Bouffier

Verletzungen. Etwaige Schleifen an dem Tier hat niemand bemerkt.

Der Minister räumt schließlich im Untersuchungsausschuss
ein, dass auch er die angeblichen Schleifen niemals gesehen
hat. Als Kronzeugen für den derart bedrohlichen Schmuck des
toten Tieres gibt er nun ausgerechnet seinen Vater an, der früher
ebenfalls ein einflussreicher CDU-Politiker war. Robert Bouffier
habe das Tier samt Schleifen gesehen, behauptet der Minister.
Inzwischen aber ist Vater Bouffier gestorben. Ob der Politiker
die Wahrheit über die angeblichen Aussagen seines Vaters sagt,
lässt sich nicht mehr überprüfen. Ohrenzeugen, die Bouffiers
Katzensage von vornherein für gelogen halten, nehmen ihm die
Wendung mit dem verstorbenen Kronzeugen übel. Zu ihnen
zählt Frank Kaufmann von den Grünen. »Er hat genau gewusst:
Jede Person, die er nennt, wird als Nächste als Zeuge geladen«,
sagt der Abgeordnete. Bouffiers Hinweis auf seinen zwischenzeitlich verstorbenen Vater sei vor diesem Hintergrund weder
glaubhaft noch akzeptabel.

Der Anwalt rechnet rein privat

Angesichts der Aufregung über die Mafiakatzenlüge tritt der
Vorwurf in den Hintergrund, der eigentlich in dem Untersuchungsausschuss aufgeklärt werden soll. Dabei hat die Opposition aus SPD und Grünen bereits Bouffiers Rücktritt gefordert, weil er in seinem Anwaltsberuf Parteiverrat begangen
haben und die Parlamentarier darüber belogen haben soll.

Der Minister bestreitet nicht, dass er in dem fraglichen Scheidungsverfahren Kontakt mit beiden Eheleuten hatte, obwohl
er als Anwalt für die Frau auftrat. Mit dem Ehemann, einem
Gärtner, habe er eben auf freundschaftlicher, nicht auf anwalt-
licher Basis gesprochen. Das Verfahren dreht sich im Kern um
ein Gespräch zwischen Bouffier und dem Mann am 26. Juni
1997. Bouffier betont im Untersuchungsausschuss, das sei eine
zufällige Begegnung und kein verabredeter Termin gewesen.

Der Minister räumt ein, dass er dem Mann auf einem Zettel mögliche Unterhaltszahlungen an seine Ehefrau ausgerechnet habe. Trotzdem sei die Sache rein privat gewesen. Er beruft sich darauf, dass in seinem persönlichen Kalender kein solches Treffen eingetragen sei. Ob das Gespräch im Bürokalender vermerkt war, lässt sich nicht mehr aufklären. Er ist verschwunden.

Der Gärtner stellt die Sache vollkommen anders dar. Bouffiers Behauptung, es habe sich um ein zufälliges Treffen gehandelt, sei gelogen. Er sei davon ausgegangen, dass Bouffier als Anwalt für ihn arbeite, sagt der ehemalige Freund des Ministers im Untersuchungsausschuss. Das Treffen am 26. Juni 1997 sei ein mit der Kanzlei fest verabredeter Termin gewesen, den seine Frau für ihn ausgemacht habe. Er habe damit gerechnet, dass der befreundete Anwalt das Beste für ihn herausholen werde, sagt der Betroffene. Erst später sei ihm klar geworden, dass Bouffier alles zu Gunsten seiner Frau ausrechne. Daraufhin habe er sich einen anderen Anwalt genommen.

Im Untersuchungsausschuss geht es zu wie in allen folgenden. Es mag herauskommen, was will – für die Regierungsmehrheit steht immer fest, dass es keinen Skandal gegeben habe. Wie zu erwarten, lässt die Mehrheit von CDU und FDP ihren Minister Bouffier nicht fallen. Die Opposition müsse sich »damit abfinden, dass es in dieser Sache keinen Schuldspruch gibt, dass es keinen Rücktritt gibt und dass es auch keine Entlassung des Innenministers gibt«, fasst die Berichterstatterin Nicola Beer (FDP) zusammen. »Kurz und gut: außer Spesen nichts gewesen.« Der CDU-Abgeordnete Stefan Grüttner stellt fest, dass Bouffier vollständig und wahrheitsgemäß informiert habe. SPD und Grüne sehen das ganz anders. Der Innenminister sei der Lüge überführt, urteilen sie.

Aufschlussreich sind Untersuchungsausschüsse, weil sie den Blick hinter die Kulissen der Machtpolitik zulassen, weil Nebenfiguren auftreten, die Einblick geben in die Mechanik des Regierens. Deswegen lohnt es sich, genau hinzuhören, auch wenn gerade nicht die Großen und Wichtigen aussagen.

Im Parteiverratsausschuss etwa stellt sich heraus, auf welche Weise das Justizministerium unter Christean Wagner (CDU) auf die Staatsanwaltschaften Einfluss nimmt, die im Parteiverratsverfahren gegen Minister Bouffier ermitteln. Der damalige Frankfurter Generalstaatsanwalt Hans-Christoph Schäfer berichtet, er habe »ständig« im Kontakt mit Wagners Justiz-Staatssekretär Herbert Landau (CDU) gestanden und mit diesem auch über das Bouffier-Verfahren gesprochen.

Der Staatssekretär, der später sogar Bundesverfassungsrichter wird, nutzt die Gelegenheit dazu, den Ermittler auf ein Urteil aus dem Jahre 1961 aufmerksam zu machen, in dem ein Anwalt vom Vorwurf des Parteiverrats freigesprochen worden ist. So berichtet es der Generalstaatsanwalt, der damit offenbar zu Bouffiers Gunsten beeinflusst werden soll. Schäfer jedenfalls interpretiert das Gespräch so, dass Staatssekretär Landau möglicherweise die »Wunschvorstellung« damit verbunden habe, das Verfahren gegen den Minister ohne Bedingungen einzustellen. Als selbstbewusster Generalstaatsanwalt betont er jedoch, dies habe keinen Einfluss auf ihn oder die Gießener Kollegen gehabt. Schließlich kamen sie ja auch zu der Überzeugung, ein Parteiverrat liege objektiv vor, und erlegten dem Juristen Bouffier die Zahlung von 8000 Mark auf.

Noch brisanter ist ein Bouffier-Gespräch, das ebenfalls durch die parlamentarische Untersuchung auffliegt. Während das Verfahren gegen ihn läuft, trifft der Minister die Vizechefin der Gießener Staatsanwaltschaft, die gegen ihn ermittelt, in einem italienischen Restaurant. Im Wiesbadener Lokal »Bologna« spricht er mit Almuth von Anselm über Jobs als Polizeipräsidentin von Frankfurt oder Wiesbaden. Ob das als Stellenangebot zu verstehen ist, darüber gehen die Darstellungen auseinander. Bouffier bestreitet das. Er nennt das Treffen ein »Kennenlerngespräch«. Aus Sicht der Staatsanwältin hingegen gibt es keinen Zweifel. Bouffier habe zu ihr gesagt: »Ja, Sie werden das machen, Sie sind die richtige Frau.« Doch sie greift nicht zu. Von Anselm berichtet, sie habe wegen Skrupeln auf eine Bewerbung verzichtet, da sie im Ermittlungsverfahren Bouffier öffentlich Auskunft gegeben habe. Skrupel, das ist ein Wort, das im System der Herren Koch und Bouffier befremdlich klingen muss.

Die Abgeordneten von CDU und FDP retten Bouffier das Amt, das er erst seit wenigen Monaten inne hat, und ebnen ihm damit den späteren Aufstieg. Sie müssten sonst fürchten, dass die ganze Regierung auseinanderfliegt. Denn während der Parteiverratsausschuss in vollem Gange ist, gerät Koch wegen der Schwarzgeldaffäre in schwere Bedrängnis. »In gewisser Weise sind Sie, Herr Innenminister, ein Nutznießer der großen Affäre Ihrer Partei«, sagt am Ende des Untersuchungsausschusses der damals noch aufstrebende SPD-Politiker Jürgen Walter, der später seine Genossin Andrea Ypsilanti zu Fall bringen wird. »Denn im Vergleich zu der Spendenaffäre haben wir es hier mit etwas zu tun, was ich einmal mit folgendem Bild vergleichen möchte: Es ist, wie wenn man einem Großdealer vorwirft, dass er einen Joint geraucht hat.«

Die Federballaffäre

Minister kontra Berufsrevolutionär

In einer lauen Mainacht des Jahres 2006 spielen vier Menschen in Gießen Federball. Das ist an sich nichts Verbotenes, oder, wie es ein gutes Jahr später das Oberlandesgericht Frankfurt ausdrückt: »Dass der Betroffene nachts durch Gießen zieht, macht ihn ebenfalls noch nicht hinreichend verdächtig.«[47] Die Polizei allerdings nimmt die Nachtsportler fest, und einer von ihnen, der damals 41-jährige Politaktivist Jörg Bergstedt, wird mehr als vier Tage im Knast zubringen. Zu Unrecht, wie sich herausstellt.

Bergstedt und den damaligen Innenminister Volker Bouffier verbindet zu dieser Zeit schon einiges an gemeinsamen Erfahrungen. Auch die Nacht des 14. Mai 2006 hat nicht nur für den Aktivisten Nachwirkungen. Die Haft nach dem Federballspiel ist der Grund dafür, warum der hessische Generalstaatsanwalt vier Jahre später noch immer prüfen lässt, ob Vorermittlungen gegen den Innenminister und designierten Ministerpräsidenten aufgenommen werden. Noch immer gibt es keine Klarheit, wer in Polizei oder Justiz für ein schwerwiegendes Delikt verantwortlich war. Es geht um Freiheitsberaubung.

Volker Bouffier ist zu Studentenzeiten schon mit linken Kommilitonen aneinandergeraten. Leute wie er, die in der Jungen Union waren, zählten zur ungeliebten Minderheit auf dem Gießener Campus. Das hat ihn geprägt. Bis heute. Der Politiker hat nie den Habitus eines Menschen ablegen können, der sich unablässig gegen fiese Angriffe von links verteidigen muss. Dabei greift er selber gerne an. Er steht damit in der Tradition des Kampfverbandes Hessen-CDU, in der Tradition eines Alfred Dregger, eines Manfred Kanther und eines Roland Koch.

Für einen wie Volker Bouffier ist jemand wie Jörg Bergstedt ein rotes Tuch. Der linke Politikaktivist gibt als Tätigkeit vor Gericht »Berufsrevolutionär« an. Das Studium der Landschaftsökologie hat der »radikale Herrschaftskritiker« abgebrochen. Aus der Naturschutzjugend, in deren Bundesvorstand er einst saß, flog er schon im Jahr 1990. Bergstedt kommt mit den »blöden Hierarchien« nicht klar. Er zieht seit vielen Jahren mit seiner »Kommunikationsguerilla« gegen Militarisierung, Atomkraft und Gentechnik, gegen Polizei, Justiz und deren »Repressionsaktionen« los. Wenn er sich um sein Recht gebracht fühlt, führt Bergstedt Prozesse, zuweilen bis vor das Bundesverfassungsgericht, das ihn als »Wahlgegner, Gegner des herrschenden Wirtschafts- und Gesellschaftssystems und Anarchist« bezeichnet.[48] Oft verliert er, denn Bergstedt hält sich nicht immer an Gesetze, wenn er sie für falsch und politisch motiviert erachtet. Ihm droht gerade eine halbjährige Gefängnisstrafe wegen Sachbeschädigung, wenn dieses Buch erscheint. Er hat ganz offen und öffentlich die Pflanzen auf einem Gentechnikacker zerstört.

Weil der rechte Politiker und der linke Aktivist nahe beieinander leben, der eine im großzügigen Einfamilienhaus in Gießen, der andere in den chaotischen Räumen seiner »Projektwerkstatt« in Reiskirchen-Saasen, sind sie sich schon oft begegnet. Daraus ist eine stabile politische Feindschaft erwachsen, die Bergstedt erkennbar mehr Freude bereitet als Bouffier. Der CDU-Politiker pflegt sie mit den Mitteln von Polizei und Justiz, der Aktivist mit den Methoden der Spaßguerilla.

Das macht er so oft, dass er nach eigenen Angaben schon achtmal bis zu sechs Tage in Polizeigewahrsam landete. Mindestens einmal zu viel, wie die Justiz urteilte. Die Haft war ein Fall von Freiheitsberaubung. Ob sich dafür jemals Schuldige finden lassen, ist im Sommer 2010, als wir für dieses Buch recherchieren, ungewiss. Für Bergstedt allerdings steht fest, dass sein Erzfeind Volker Bouffier dahinter steckt. Auch die Staatsanwälte hielten das nicht für abwegig und versuchten jahrelang, den Verdacht zu überprüfen. Sie ermittelten gegen eine Reihe von Polizisten, gegen Richter und prüften auch Ermittlungen gegen den Minister, als er noch nicht Ministerpräsident war.

Mit seiner »Kommunikationsguerilla« geht Bergstedt der Gießener Polizei gewaltig auf die Nerven. Gemeinsam mit wechselnden Freunden spielt er eine Art politisches Theater, das auf den ersten Blick nur für Eingeweihte zu erkennen ist. Unfreiwillige Mitspieler werden oft Menschen in der Gießener Fußgängerzone, die Bergstedt auf diese Weise gegen die Staatsmacht aufzubringen sucht. Lieblingsverkleidungen von ihm und seinen Mitstreitern sind Polizeiuniformen und Arztkittel. Gern verfremdet er auch Wahlplakate. Im Internet verbreitet seine Projektwerkstatt das Foto eines Plakats, das Volker Bouffier mit einem Balken vor den Augen zeigt. Darunter ist die Aufschrift »Rechtsbrecher« gesprüht.

Manchmal ist Bergstedt dem Minister näher gekommen, als dieser wollte. Zum Beispiel im Januar 2003. Es ist mal wieder Wahlkampf in Hessen. Volker Bouffier will an einem CDU-Stand in seinem Gießener Wahlkreis für sich und seine Partei werben. Da kommen ihm Bergstedt und seine Freunde in die Quere. Der Anarchist hat ein Megafon dabei und beschwert sich zehn Minuten lang lautstark über die hessische Sicherheitspolitik. Bouffier wird dadurch von seiner Wahlkampfrede abgehalten, worüber er sich ärgert.

Das Landgericht und das Bundesverfassungsgericht stellen später fest, was dann geschieht. Bouffier und der damalige mittelhessische Polizeipräsident Manfred Meise seien an dem Stand gewesen. Sie hätten dem Einsatzleiter mitgeteilt, dass man sich »das«, also die Demonstration, nicht bieten lassen wolle. Worauf die Polizei mit Taten antwortet. Die Beamten versuchen, Bergstedt das Megafon zu entreißen, was aber misslingt, da der Mann sich nicht von seinem Gerät trennt. Daraufhin zerren sie den Politaktivisten in einen Polizeiwagen. Bergstedt wehrt sich und tritt in dem Tumult einem Beamten gegen die Stirn. Ist das Widerstand gegen Vollstreckungsbeamte in Tateinheit mit gefährlicher Körperverletzung?

Die Karlsruher Richter verneinen diese Bewertung unterer Instanzen. Sie kommen in ihrem Urteil zu dem Schluss, Bergstedt habe unter dem »Schutz der Versammlungsfreiheit« gestanden. Und: »Er überschritt die Schwelle zur Unfriedlichkeit nicht dadurch, dass er sich an das Megafon klammerte und sich gegen seinen Abtransport sträubte.« Bergstedts Widerstand gegen die Staatsgewalt sei nicht strafbar gewesen, da die Polizei sich rechtswidrig verhalten habe. Das Verfassungsgericht lässt keinen Zweifel. Es spricht von einem »offensichtlich rechtswidrigen Polizeiangriff«. Es habe kein Grund vorgelegen, »ohne Vorwarnung, Auflösung oder dergleichen sofort eine zwangsweise Zerschlagung der Demonstration durchzuführen«.

Als das Urteil im Jahr 2007 gesprochen wird, kündigt Hans Langecker an, die Sache zu prüfen und erforderliche Konsequenzen bei der Polizei zu ziehen. Er ist Vizepräsident im Präsidium Mittelhessen mit Sitz in der Bouffier-Stadt Gießen. Zwei Jahre später wird Langecker von Bouffier in einer höchst umstrittenen Aktion zum Chef der hessischen Bereitschaftspolizei befördert – worauf wir noch zu sprechen kommen werden.

Nach dem Badminton in Gewahrsam

Man kennt sich also, als die Polizei und Bergstedt im Mai 2006 erneut aneinandergeraten. Der Mai 2006 ist ein unruhiger Monat für den Innenminister und die Kompagnons in seiner Anwaltskanzlei, zu denen auch sein thüringischer Innenminister-Kollege Karl Heinz Gasser (CDU) gehört. Ihre gemeinsame Kanzlei in Gießen wird zum Ziel von Farbklecksern und -malern.

Anfang des Monats finden sich diverse Slogans in Knallrot an der Fassade. »Polizeimorde vertuschen? IM Gasser und seine Kanzlei«, lautet einer, »Petitionen an den thüringischen Landtag hier abgeben« ein anderer. Im Inneren der Kanzlei stinkt es nach der nächtlichen Aktion. Die Täter haben ein Loch in die Tür gebohrt und übelriechende Substanzen hineingeschüttet.

In der Projektwerkstatt wissen sie schon, was nach solchen Aktionen gegen Bouffier und seine Freunde passiert: Die Polizei steht vor der Tür. Diesmal kommen zwei Beamte, um bei den Linken nach dem Rechten zu sehen. Vier Tage später erwischt es Bouffiers Kanzlei erneut. Wieder wird das Gebäude attackiert. Diesmal werfen die Täter nicht nur Farbbeutel, sondern auch Steine. Scheiben gehen zu Bruch. Die Polizei verstärkt ihre Aktivitäten. Sie setzt jetzt ein »differenziertes polizeitaktisches Konzept« um, wie es später in einer Pressemitteilung des Polizeipräsidiums heißt.

Trotzdem gibt es an jenem 14. Mai 2006 wieder Unannehmlichkeiten für Bouffier und seine Partei. Nach Feststellung der Polizei wird gegen halb drei in der Nacht ein Loch in die Tür der Gießener CDU-Geschäftsstelle gebohrt. Diesmal kippt niemand stinkende Flüssigkeit ins Haus – vielleicht, weil der Täter gestört wurde, wie es später vor Gericht heißt. Die Polizei registriert ein fünf Millimeter großes Loch in der Tür. Bergstedt ist jedoch davon überzeugt, dass es dieses Loch nie gegeben hat und die Straftat von der Polizei erfunden worden sei. Nirgends werde sie in den Akten dokumentiert oder fotografiert, wendet er ein. Auch die Privatsphäre des Ministers bleibt in dieser Nacht nicht verschont, jedenfalls wenn man ihre Grenzen recht weit zieht. An einer Mauer unweit seines Wohnhauses werden Parolen ge-sprüht, allerdings auch an etlichen weiteren Objekten in der Nähe.

Den Ordnungshütern reicht es jetzt. Um halb fünf Uhr nachts stoppen sie Bergstedt und Freunde, die gerade aus Gießen zu ihrer Projektwerkstatt radeln, und nehmen sie fest. Dabei geht allerhand schief. Ein Polizist springt aus dem Auto, ohne richtig zu bremsen. Der führerlose Polizeiwagen rollt los und rammt das Fahrzeug eines anderen Beamten. Bergstedt schildert die Geschehnisse amüsiert in seinem Buch *Tatort Gutfleischstraße* im Kapitel »James Bond in Reiskirchen«.[49]

Doch trotz der unfreiwilligen Komik: Spaßig endet der Aus-flug nicht für Bergstedt und seine Mitstreiter. Den Rest der Nacht verbringen sie im Gewahrsam des Polizeipräsidiums Mittelhessen. Drei Politaktivisten werden am Nachmittag freigelassen. Einer nicht: Jörg Bergstedt. Gegen ihn verhängt ein Richter »Unterbindungsgewahrsam« von maximal sechs Tagen. Er verbringt ihn teils in Gießen, teils im Frankfurter Polizeipräsidium und am Schluss noch für ein paar Stunden im Frankfurter Gefängnis. Am 18. Mai 2006 gegen 9 Uhr ist Jörg Bergstedt wieder auf freiem Fuß. Er war mehr als vier Tage lang inhaftiert. Zu Unrecht, wie sich später vor Gericht herausstellt.

Denn die Pointe lautet: Bergstedt kann die Straftaten am 14. Mai gar nicht begangen haben. Niemand weiß das besser als die Polizei. Sie hat das Radlergrüppchen aus der Projekt-werkstatt nämlich die ganze Nacht lang observiert. Sie weiß, was Bergstedt und Freunde gemacht haben: Sie haben Federball gespielt. Vor dem Gießener Justizkomplex. Die CDU-Geschäftsstelle, wo Bergstedt gebohrt haben soll, liegt anderthalb Kilometer weit weg.

Umweg über den neunten Stock

Die Freunde des »kreativen Widerstands« wollen in dieser Nacht mal wieder die Polizei foppen. Sie packen ihre Sachen in den Bollerwagen, radeln nach Gießen, suchen sich einen hell erleuchteten Platz von politischer Brisanz und beginnen dort ein nächtliches Federballspiel. Sie sind sicher, dass sie observiert werden, und so ist es auch.

Wenige Tage später enthüllt die *Frankfurter Rundschau*, dass Bouffiers Polizei das ganze Spektrum aufgeboten hat, um die Anarchos nicht aus den Augen zu lassen.[50] Nach den Farbschmierereien und Sachbeschädigungen der vergangenen Tage ist eine Spezialeinheit auf die linken Aktivisten angesetzt. Es handelt sich um ein Mobiles Einsatzkommando (MEK), also eine Einheit, die normalerweise besonders gefährliche Straftäter der organisierten Kriminalität, Entführer, Erpresser und Geiselnehmer observiert. Bei der Polizei wundert man sich intern über den Eifer der eigenen Truppe. »Solche Einsätze sind mehr als selten«, ist dort zu hören. Politische Parolen auf Privathäusern hätten wohl kaum zu solchen Ermittlungen geführt wie die Slogans auf Bouffiers Kanzlei, heißt es bei den Beamten hinter vorgehaltener Hand. Als die Grünen viel später nachhaken, teilt das Ministerium mit, der Polizeichef von Mittelhessen habe den MEK-Einsatz angeordnet.

In diesem Fall kommt er dem Systemgegner Bergstedt am Ende jedoch entgegen. Denn die Polizeivermerke belegen, dass er nicht geschmiert und gebohrt hat, sondern geradelt ist und Federball gespielt hat. Das Oberlandesgericht Frankfurt lässt keinen Zweifel. »Aus dem (Polizei-)Vermerk ergibt sich, dass der Betroffene in der Zeit von 02.28 bis 02.47 Uhr beobachtet worden ist, wie er im Bereich des Gießener Justizkomplexes Badminton spielte«, stellen die Richter fest. »Danach ist es ausgeschlossen, dass der Betroffene zwischen 02.27 und 02.35 Uhr in der CDU-Geschäftsstelle ein Loch in die Eingangstür gebohrt hat.« Weiter fehlten »konkrete Hinweise auf den Betroffenen«, dass er für Farbschmierereien verantwortlich sein könnte, die gegen 2.43 Uhr an einer Mauer nahe Bouffiers Wohnhaus prangten.[51]

Der Spruch der Richter lässt an Deutlichkeit nichts zu wünschen übrig. »Ein hinreichender Anlass für einen Unterbindungsgewahrsam hat nicht bestanden. Die Ingewahrsamnahme des Betroffenen war insgesamt rechtswidrig«, heißt es darin.[52] Die Richter lassen es sich nicht nehmen, den Verantwortlichen für Bergstedts Gewahrsam einen drastischen historischen Wink zu geben. Sie weisen darauf hin, dass »das Instrument des Gewahrsams während der Nazizeit äußerst massiv missbraucht« worden sei und ihm deshalb besonders enge Grenzen gesetzt werden müssten. Der Gesetzgeber habe ausschließen wollen, »dass die Vorschrift zu einer Ermächtigung zum so genannten Vorbeugegewahrsam (früher: Schutzhaft) ausgeweitet wird«.[53] Wer die sonst so nüchterne Sprache der Urteile kennt, versteht: Diese Richter sehen ein kaum glaubliches Unrecht.

Denn sie müssen auch feststellen, dass Bergstedt fast nicht zu seinem Recht gekommen wäre. Die Richter der früheren Instanzen wussten nämlich gar nicht, dass er während der ganzen Nacht observiert worden ist. Den entscheidenden Hinweis der Polizei bekamen die Richter gar nicht erst auf den Tisch. Verwundert notiert das OLG, dass der entsprechende Polizeivermerk »erst in dritter Instanz zu den Akten« gelangt sei.[54] Ausdrücklich ungeklärt bleibt für die Frankfurter Richter die Frage, »wieso es kommen konnte, dass dem Amtsgericht ein Antrag auf Ingewahrsamnahme vorgelegt wurde, in dem der Umstand der anderweitigen Observation in der Tatnacht und deren Ergebnis nicht deutlich mitgeteilt und auch das Landgericht insoweit nicht unterrichtet wurde«.[55]

Es steht also fest, dass dem Politaktivisten Jörg Bergstedt die Freiheit geraubt wurde. Weiter spricht viel dafür, dass diese gesetzwidrige Aktion vertuscht werden sollte, indem den Richtern der entscheidende Teil der Polizeiakten vorenthalten wurde. Es ist ein erstaunlich wenig beachteter Skandal, der sich da in der Amtszeit des Innenministers Bouffier und in seinem unmittelbaren Gießener Umfeld abgespielt hat. Wer die Verantwortung dafür trägt, ist bis zum Sommer 2010, vier Jahre danach, nicht geklärt. Als die *Frankfurter Rundschau* über die Vorgänge berichtet und sich das Parlament mit den Vorgängen befasst, antwortet Bouffier, er habe »keinerlei konkrete Erinnerungen mehr« daran.

Bergstedt verdächtigt viele Beteiligte und zeigt sie an. Die Polizisten. Den Amtsrichter, der den Unterbindungsgewahrsam angeordnet hatte. Und den seinerzeitigen Innenminister Bouffier.

Der Anarchist hegt den Verdacht, dass keine Aktion von Polizei und Justiz gegen ihn oder seine Projektwerkstatt abläuft, ohne dass sein Intimfeind Bouffier sie genehmigt. Diesmal findet er einen Beleg dafür, dass sich der Minister zumindest im Nachhinein mit der öffentlichen Darstellung der misslungenen Polizeiaktion befasst. Die *Gießener Allgemeine* recherchiert, dass die Mitteilung der Gießener Polizei über die Festnahmen vom 14. Mai 2006 »einen Umweg über den neunten Stock des hessischen Innenministeriums in Wiesbaden gemacht hat«.[56] Der neunte Stock, dort hat Minister Bouffier sein Büro. Eines ist ohnehin klar: Ohne Bouffiers politisches Zutun hätte Bergstedt gar nicht so lange festgehalten werden können. Schon im ersten Regierungsjahr hat der Innenminister das Polizeigesetz verschärft. Vorher war Unterbindungsgewahrsam in Hessen für höchstens zwei Tage möglich, seitdem sind es sechs. Ein früherer Bouffier-Mitarbeiter schildert die Usancen im weißen Ministeriumshochhaus so: »Wenn ein Vorgang bei einer Polizeidienststelle anhängig wird, der irgendeinen politischen Anstrich hat, dann ist die Stelle verpflichtet, darüber an das Innenministerium zu berichten. Das landet auf dem Schreibtisch des Landespolizeipräsidenten. Der entscheidet über den weiteren Umgang.

Der kann sich festmachen am Sachverhalt selber oder daran, ob er im Herzen des Ministers eine Rolle spielt. Dann landet das auf dem Tisch des Ministers.« Es spricht einiges dafür, dass die jahrelange lästige Auseinandersetzung mit Jörg Bergstedt dem damaligen Innenminister eine Herzensangelegenheit war.

Die Staatsanwaltschaft Wiesbaden prüft den Verdacht und kommt zunächst zu dem Ergebnis, dass Bouffier keine Schuld an Bergstedts unrechtmäßiger Inhaftierung trage. Im Jahr 2008 stellt sie die Vorermittlungen gegen ihn ein. »Der Minister hat damit nichts zu tun«, sagt uns damals der Sprecher der Staatsanwaltschaft, Hartmut Ferse. Neben dem Verfahren gegen Bouffier stellt die Anklagebehörde nach den Worten ihres Sprechers auch alle Verfahren gegen Richter und Staatsanwälte in dieser Sache ein, bis auf einen. Es betrifft den Gießener Ermittlungsrichter Rainer G. Gotthardt, der die Ingewahrsamnahme angeordnet hat. Auch Ermittlungen gegen Polizisten werden weitergeführt. »Im Polizeibereich ist etwas schiefgelaufen«, sagt Ferse. Geprüft werde nun, ob sich Verantwortliche dafür ausmachen ließen. Klar ist, wer die politische Verantwortung für Missstände in der Polizei trägt: ihr oberster Dienstherr Volker Bouffier.

Bergstedt macht weiter. Er beschwert sich über die Einstellung. Der Generalstaatsanwalt schaltet die Wiesbadener Staatsanwaltschaft ein. Sie soll klären, ob sie die Vorermittlungen gegen Bouffier, der durch die Immunität als Landtagsabgeordneter vor strafrechtlicher Verfolgung geschützt ist, und die Ermittlungen gegen die anderen Verdächtigen wieder aufnimmt. Gut vier Jahre nach den Ereignissen, Bouffier ist inzwischen zum hessischen CDU-Vorsitzenden gewählt und als Ministerpräsident nominiert worden, werden alle Ermittlungen eingestellt, auch die Vorermittlungen gegen Bouffier. Man habe keinen Verantwortlichen für die fatale Polizeiaktion ermitteln können, sagt uns Staatsanwaltschaftssprecher Ferse im Sommer 2010. Bergstedt wird Bouffier verbunden bleiben – in inniger Feindschaft.

Die Kanzlei der Innenminister

Mit Schmierereien an einer ganz besonderen Gießener Kanzlei beginnt das Katz-und-Maus-Spiel im Jahr 2006. Es lohnt sich, einen Blick auf diesen Anwaltssitz zu werfen. Es ist wohl die einzige Kanzlei in Deutschland, in der zeitweise zwei Innenminister als Rechtsanwälte auf dem Türschild stehen, auch wenn sie während der Amtszeit keine Mandate wahrnehmen können. Einer ist Volker Bouffier. Der andere heißt Karl Heinz Gasser und amtiert einige Jahre lang als Innenminister in Thüringen. Man kennt sich, man ehrt sich.

Dem »lieben Karl Heinz« heftet Hessens Innenminister Volker Bouffier am 12. Mai 2010 im Gästehaus der Landesregierung das Bundesverdienstkreuz erster Klasse an. Der geehrte Grauhaarige ist Bouffiers Parteifreund, Weggefährte seit 40 Jahren und Kanzleikompagnon Gasser. Es ist der Mann, gegen den sich manche Sprühattacken und Graffitischmierereien an der gemeinsamen Gießener Kanzlei richten.

Die politischen Gegner von links haben Bouffier und den acht Jahre älteren Gasser schon vor Jahrzehnten zusammengeschweißt. Damals nimmt Gasser als wissenschaftlicher Mitarbeiter den Jurastudenten Bouffier in Schutz, der als Landesvorsitzender der Jungen Union von linken Kommilitonen angefeindet wird. Dafür sei er noch heute dankbar, macht der hessische Minister deutlich. Er betont jedoch, die Ehrung mit dem Bundesverdienstkreuz sei nicht nur aus seiner persönlichen Meinung über den Freund entstanden. »Ich tue es ganz persönlich, aber auch im Namen der Bundesrepublik Deutschland«, sagt Bouffier.

Der Jüngere hat dem Älteren einst den Weg in die große Politik gebahnt, als 1989 die Mauer zur DDR fiel. Bouffier, damals Justizstaatssekretär unter Roland Kochs Vater Karl-Heinz, wurde vom hessischen Ministerpräsident Walter Wallmann ausersehen, sich um den Aufbau der Justiz in Thüringen zu kümmern. Als das Land Thüringen entsteht und die CDU mit der FDP eine Regierung bilden kann, hilft der Hesse mit Parteifreunden aus dem eigenen Bundesland weiter. Der Wiesbadener Hans-Joachim Jentsch, der später Bundesverfassungsrichter wird, nimmt das Amt des Justizministers ein. Bouffiers Kompagnon Gasser wird zu Jentschs Staatssekretär. Später amtiert er als Wirtschaftsstaatssekretär, dann folgt 2004 die Berufung zum Innenminister. Nun treffen sich die Anwaltskumpel Bouffier und Gasser auch offiziell bei den Runden der Ressortchefs, bis Gasser 2008 aus dem Amt in Erfurt gedrängt wird. Seitdem arbeitet er wieder als Anwalt in der gemeinsamen Gießener Kanzlei.

Es ist ein kleiner Kreis von rund 15 Gästen, die bei Wasser und Orangensaft zur Verleihung des Verdienstkreuzes zusammenstehen. Die Presse ist eingeladen, aber wer kommt schon zu derartigen Veranstaltungen? Das Tor ist verschlossen, wird jedoch von der Polizei für Autor Pitt von Bebenburg geöffnet. Es hätte so schön sein können. Man wäre unter sich gewesen, im Kreise der Bouffier-Gasser-Clique.

Unter dem guten Dutzend Teilnehmer der kleinen Zeremonie befindet sich auch ein Mann, dessen Berufung von Thüringen nach Hessen erst vor ein paar Monaten, Anfang 2010, Schlagzeilen gemacht hat: Hermann Josef Klüber, der neue stellvertretende Polizeipräsident Hessens. Er hat gerade eine Klage gegen das Land Thüringen laufen, wobei er sich vertreten lässt durch einen Anwalt aus der Kanzlei Bouffier-Gasser.

Der damalige Minister Gasser hat Klüber 2005 zum thüringischen Polizeichef berufen, soll aber das vorgeschriebene Auswahlverfahren missachtet haben. Ein Konkurrent klagt erfolgreich. Klüber wird nie offiziell berufen, obwohl er den Spitzenjob faktisch bis 2008 erledigt. Nach dem Rücktritt Gassers muss auch Klüber gehen. Nun will er nachträglich entsprechend eingestuft werden und lässt sich dabei von Gassers Kanzlei unterstützen. Die Opposition bezeichnet die personellen Verflechtungen als »schwarzen Sumpf«. Mit einem Seitenhieb geht der Geehrte auf die Kritik ein. »Was wir an Mandaten übernehmen, entscheiden wir und nicht die Opposition oder die PDS oder wie sie heißen«, heißt das dann in der Sprache von Gasser.

Der hessische Minister Bouffier ist zuvor bereits im Innenausschuss des Landtags zu den Umständen der Klüber-Berufung
gefragt worden. Er trägt dort eine bizarre Antwort vor auf die
Frage, welche Rolle Gasser dabei gespielt hat. »Mit dem Rechtsanwalt Gasser habe ich nicht gesprochen«, versichert der Minister, um dem Verdacht der Vetternwirtschaft zu widersprechen. Sehr wohl habe er aber gesprochen »mit dem ehemaligen
Dienstvorgesetzten von Herrn Klüber, Herrn Minister a.D. Dr.
Gasser«. So machen die alten Freunde in bester Kameradschaft
hessische Personalpolitik, in welcher Rolle auch immer. Es ist
keineswegs der einzige Fall, in dem gute persönliche und politische Kontakte zu Volker Bouffier dafür hilfreich sind.

Die Polizeichefaffäre

Eine Landesverwaltung darf keine Spielmasse von Regierungen
und Ministern sein. Sie soll, so wollen es das Grundgesetz und
die hessische Verfassung, den Besten offen stehen. Es gibt klare
gesetzliche Regeln, um Kumpanei bei solchen Besetzungen aus-
zuschließen.

Wie wenig Volker Bouffier davon hält, zeigt die Berufung
eines Parteifreundes aus seiner Heimatstadt Gießen zum Chef
der hessischen Bereitschaftspolizei. Ein Untersuchungsausschuss versucht noch Licht in die Angelegenheit zu bringen, als
Bouffier zum Ministerpräsidenten des Landes Hessen gewählt
wird. Ein Gericht hat zu diesem Zeitpunkt bereits festgestellt,
dass Bouffier das Recht gebrochen habe. Doch die Landesregierung kümmert das nicht. Sie entgegnet einfach, sie teile die
Rechtsauffassung des Gerichts nicht. Als ob es die Regierung
wäre, die die Justiz kontrolliert – und nicht umgekehrt. Der

Untersuchungsausschuss klärt weiter auf, wenn dieses Buch erscheint.

Für viele Verliebte ist der 7. Juli ein magisches Datum. Wegen der doppelten Sieben im Datum stehen sie vor den Standesämtern Schlange. Für Volker Bouffier hingegen steht der 7. Juli unter keinem guten Stern. An diesem Tag im Jahr 2009 begeht der damalige hessische Minister für Inneres und Sport einen schwerwiegenden Fehler. Denn das, was er an diesem Tage macht, wird auffliegen und den Vorhang öffnen für die Sitten im System Bouffier. Es ist ein Dienstag, und morgens um 8 Uhr händigt der CDU-Politiker im Wiesbadener Innenministerium die Ernennungsurkunde an den neuen Präsidenten der hessischen Bereitschaftspolizei aus. Der Mann heißt Hans Langecker, kommt wie Bouffier aus Gießen und gehört wie Bouffier der CDU an. Die beiden Männer kennen sich schon lange. Das Problem: Langecker hätte nicht ernannt werden dürfen.

Die Umstände lassen wenig Zweifel daran, dass Bouffier das weiß. Denn während das Ministerium bei der Besetzung solch hochrangiger Stellen sonst einen großen Bahnhof arrangiert und lange vorher dazu einlädt, bleibt man diesmal lieber im kleinen Kreis. Ohne Landespolizeiorchester oder zumindest dessen Bläserquartett, das sonst bei solchen Anlässen aufspielt. Eine große Einladung wäre auch kaum noch möglich gewesen. Kochs Kabinett hat die Ernennung erst am Abend vorher abgesegnet. Die Kabinettsvorlage gibt es überhaupt erst seit wenigen Tagen.

Ein Konkurrent klagt. Er heißt Wolfram Ritter, ein gestandener Mann, dem man das Selbstbewusstsein eines langjährigen Polizeiführers anmerkt. Das Gericht urteilt, Bouffier habe sich »grob rechtswidrig über das Gebot einer ausreichenden Wartefrist vor Aushändigung der Urkunde hinweggesetzt«. Dem unterlegenen Bewerber nützt das aber nichts mehr. Mit der Übergabe der Urkunde ist die Ernennung rechtskräftig. Dabei hat Ritter ein halbes Jahr vorher sogar schon ein Urteil des höchsten hessischen Verwaltungsgerichts erstritten, in dem die Richter es Bouffier untersagt hatten, Langecker zu berufen, ohne vorher fehlende Beurteilungen einzuholen. Genau das tut der Minister jedoch.

Der Schaden ist offenkundig. Bouffier könnte jetzt klein beigeben und Fehler eingestehen. Aber im System Koch duckt man sich nicht. Die eigenen Leute werden einem schon den Rücken freihalten, egal wie unübersehbar das Fehlverhalten ist.

Als der Fall im Frühjahr 2010 ruchbar wird, erklärt die Regierung, es gebe halt unterschiedliche Rechtsauffassungen. Wenige Tage danach stellt die Opposition Bouffier im Innenausschuss des Landtags zur Rede. Da hat er eine weitere Variante parat. Plötzlich behauptet er, dass nach dem Besetzungsverbot der Richter ein neues Auswahlverfahren stattgefunden habe. Belege dafür gibt es allerdings nicht. Während die Schritte des ersten Verfahrens ausführlich dokumentiert sind, findet sich über das angebliche zweite Verfahren nichts – außer zwei Erinnerungsvermerken, die erst viel später im Zusammenhang mit der Ausschusssitzung angefertigt worden sind.

Die Opposition beantragt einen Untersuchungsausschuss. Roland Koch macht das offenkundig nervös. Im Landtag legt er im Mai 2010 einen Wutauftritt hin. Die Opposition versuche, seinen Innenminister Volker Bouffier persönlich zu diskreditieren. Es sei »eine Sauerei«, seinen Minister »so in den Dreck zu ziehen«, ruft er in den Saal. Damals fragen sich viele, was den Noch-Ministerpräsidenten so heftig umtreibt, der inzwischen nur noch selten im Landtag das Wort ergreift. Wenige Tage später wissen es alle.

Koch steht kurz davor, sein Amt zu räumen und will seinen Kumpel Bouffier als Nachfolger installieren. Da hat er allen Grund zur Nervosität. Denn in der Polizeichefaffäre, über die gerade ein Untersuchungsausschuss berät, sieht Bouffier ganz schlecht aus.

Volker Bouffier gibt sich betont gelassen. Unruhe wegen dieses Untersuchungsausschusses, der ihm Rechts- und Verfassungsbruch bei der Besetzung eines wichtigen Polizeipostens nachweisen soll? Ach was, signalisiert der designierte Koch-

Nachfolger, als er Anfang Juni 2010 lächelnd und verbindlich plaudernd einen Saal des Hessischen Landtags betritt, an dessen Stirnseite ein Porträt von Altkanzler Willy Brandt (SPD) prangt. Normalerweise ist dies der Sitzungssaal der SPD-Fraktion. Bouffier in der Höhle des Löwen, sozusagen. Doch der symbolträchtige Ort täuscht. Die SPD ist in der Opposition, und auch im Untersuchungsausschuss stellt die Opposition immer nur eine Minderheit. Der CDU-Minister weiß aus Erfahrung: Die Mehrheit wird ihn nicht im Stich lassen.

Es dauert nicht lange, bis dem designierten Ministerpräsidenten die heikle Frage gestellt wird, um die sich in dieser Affäre einiges dreht: ob die CDU-Mitgliedschaft des bevorzugten Bewerbers Hans Langecker eine Rolle gespielt habe. Jeder weiß, dass Bouffier die Frage verneinen wird, doch erst einmal verschafft sich der Minister eine Kunstpause und entgegnet: »Ich beantworte das gerne, wenn ich vorher was bestellen darf.« Mit seiner durchdringend tiefen Stimme ruft er der Dame vom Service zu: »Tee, bitte.« Das Signal lautet: Mögen andere aufgeregt sein, für mich ist das eine Sitzung wie viele zuvor. Dabei ist sie alles andere als das. Denn der Untersuchungsausschuss hat bereits vieles zu Tage gefördert, was den Minister belastet.

Grob rechtswidrig

Ein Jahr zuvor, im Juli 2009, hat Bouffier in einer Nacht-und-Nebel-Aktion Hans Langecker zum Präsidenten der hessischen Bereitschaftspolizei ernannt. Das ist einer der höchstdotierten Posten in der Polizei des Landes, der noch einen weiteren Vorteil aufweist: Der Inhaber kann bereits mit 60 Jahren bei vollen Bezügen in den Ruhestand gehen statt mit 65 Jahren. Langecker ist vorher Vizepräsident des Polizeipräsidiums Mittelhessen gewesen. Es ist ein beachtlicher Aufstieg für den Beamten aus Bouffiers Partei.

Der Minister hat es eilig. Auf gesetzliche Fristen und Vorgaben, etwa für die Beteiligung der Frauenbeauftragten, kann er keine Rücksicht nehmen. Die Stelle ist schließlich schon seit weit über einem Jahr unbesetzt.

Minister Bouffier und sein Staatssekretär Boris Rhein wissen genau, dass sich noch ein anderer Polizist für die Stelle interessiert hat. Es ist der stellvertretende Chef der Bereitschaftspolizei, Wolfram Ritter. Auch den trifft Bouffier an diesem Dienstag, dem 7. Juli. Allerdings erst, nachdem er die Urkunde an Langecker bereits übergeben hat. Als Ritter um 8.45 Uhr, eine Dreiviertelstunde nach Langecker, im Ministerium eintrifft, ist die Sache entschieden. Der Verwaltungsakt ist jetzt formal vollzogen. Ob rechtmäßig oder nicht, es gibt kein Zurück mehr. Der unterlegene Wolfram Ritter allerdings weiß davon nach eigenen Angaben auch nach dem Gespräch mit Bouffier nichts. Der habe ihn zwar über seine Entscheidung für den Konkurrenten unterrichtet, nicht aber darüber, dass er schon vollendete Tatsachen geschaffen habe. »Ich konnte mir nicht im Entferntesten vorstellen, dass der Herr Langecker die Urkunde schon hatte«, sagt der Polizist.

Ritter zieht sofort vor das Verwaltungsgericht Wiesbaden. Das entscheidet schon am 17. August 2009, dass sich Bouffier »grob rechtswidrig« verhalten habe, als er dem unterlegenen Bewerber die Chance nahm, vor Aushändigung der Urkunde an Langecker Rechtsmittel dagegen einzulegen. Der Minister hat das Verfahren umgedreht. Er informiert Ritter erst nach der Urkundenübergabe.

Damit schafft der Minister Fakten. Die Sache ist nicht mehr zurückzudrehen. Doch das Verwaltungsgericht macht deutlich, dass Kläger Wolfram Ritter im Recht war. Er erlegt dem Land deswegen die Kosten des Eilverfahrens auf. So müssen die Steuerzahler für Bouffiers Hauruckverfahren bezahlen. Für sie kann es noch erheblich teurer werden. Ritter wird zwar nicht mehr den gewünschten Posten erhalten, aber er könnte Schadenersatz einklagen. Der Wiesbadener Verwaltungsrechtler Gerhard Strauch rechnet vor, dass ihm bis zu 150000 Euro an Ansprüchen für Besoldung und Pension entgangen sein könnten.

Gewinnt Ritter einen solchen Prozess, müssen die Steuerzahler auch dafür aufkommen.

Der Minister hätte wissen können, wie heikel dieses Besetzungsverfahren ist. Schon ein halbes Jahr vorher hat ihn ein Gericht darauf aufmerksam gemacht, dass er bei dieser Stellenbesetzung nicht einfach seinen Favoriten durchsetzen darf, solange er dafür keine nachvollziehbaren Gründe anführt. Das Beamtenrecht ist in dieser Frage streng. Es sieht weit schärfere Auswahlkriterien vor, als sie in der Privatwirtschaft gelten. Der Grund dafür ist in der deutschen Verfassung verankert. Dort heißt es in Artikel 33, Absatz 2: »Jeder Deutsche hat nach seiner Eignung, Befähigung und fachlichen Leistung gleichen Zugang zu jedem öffentlichen Amte.« In der hessischen Verfassung steht es ähnlich im Artikel 134.

Auch in diesem ersten Gerichtsverfahren muss das unterlegene Land bereits die Prozesskosten zahlen. Bouffier allerdings lässt das Ganze an sich abprallen. Im Untersuchungsausschuss behauptet er steif und fest: »Die Vorwürfe eines Rechtsbruchs sind unbegründet.«

Dabei ist das Gericht der Hessische Verwaltungsgerichtshof, die höchste Instanz im Verwaltungsrecht des Landes. Dessen Richter sehen sich genötigt, den Verfassungsminister des Landes Hessen ausdrücklich an das Grundgesetz und die hessische Verfassung zu erinnern. Und sie schreiben ihm eine ganze Serie von Rechtsfehlern ins Stammbuch, die der Innenminister bei der versuchten und diesmal noch gerichtlich verhinderten Berufung von Hans Langecker begangen hat.

So hat Mitbewerber Ritter die etwas besseren Beurteilungen vorzuweisen als Langecker. Bei Ritter steht »sehr gewissenhaft«, bei Langecker nur »gewissenhaft«, und so weiter. Mehrfach haben die Vorgesetzten für den Bereitschaftspolizisten die leicht günstigere Bewertung gewählt. Das seien zwar nur »Nuancen«, notiert der Verwaltungsgerichtshof. Aber es sei »kein nachvollziehbarer Grund dafür ersichtlich«, warum diesen Nuancen nicht Rechnung getragen würde.

Das ist nur eines der Versäumnisse, die Bouffier von den hohen Verwaltungsrichtern vorgehalten bekommt. Einen »schwerwiegenden Auswahlfehler« erkennen sie etwa darin, dass die Landesregierung sich bei ihrer Entscheidung auf die Ergebnisse eines Auswahlgesprächs gestützt hat. In dem Bewerbungsgespräch hatte Langecker nach einhelliger Beurteilung den besseren Eindruck hinterlassen. Doch was in einem Unternehmen den Ausschlag geben könnte, darf in einer Spitzenposition der öffentlichen Verwaltung nicht maßgeblich sein. Zu groß erscheint dem Gesetzgeber die Gefahr, dass auf diese Weise die Willkür des Dienstherrn entscheiden könnte. Deswegen legt er so hohen Wert darauf, regelmäßige Beurteilungen der Vorgesetzten zu berücksichtigen.

Im vorliegenden Fall fehlen diese Beurteilungen sowohl bei Langecker als auch bei Ritter für rund vier Jahre. Die Lücken müssten geschlossen werden. Erst wenn trotz der nachträglichen Beurteilungen keiner der Bewerber bessere Unterlagen mitbringe, dürfe das Ergebnis des Auswahlgesprächs herangezogen werden, geben die Richter dem Innenminister auf. Ausdrücklich fordern sie ihn dazu auf, »zur Vorbereitung eines erneuten Auswahlverfahrens zunächst die bestehenden Beurteilungslücken« zu schließen. Doch das wird nie geschehen.

Der Verwaltungsgerichtshof untersagt Bouffier ausdrücklich, seinen Favoriten Langecker vor dem Abschluss eines erneuten Personalauswahlverfahrens dem Mitbewerber Ritter vorzuziehen. Bis heute behauptet Bouffier, es habe ein solches erneutes Verfahren gegeben. Doch dafür gibt es keinerlei Belege.

Es ist ja auch die Frage, zwischen wem überhaupt hätte ausgewählt werden sollen. Einen anderen Bewerber als Langecker hat Bouffier im Frühjahr 2009 anscheinend gar nicht in Betracht gezogen. Jedenfalls berichtet keiner der Beteiligten davon. Während das erste Verfahren ordentlich in den Akten dokumentiert ist, gibt es zum angeblichen zweiten so gut wie nichts. Als der Untersuchungsausschuss die Akten einsieht, sind nur zwei Vermerke zu diesem angeblichen Verfahren in den

Ordnern enthalten. Beide sind nachträglich angefertigt worden, nämlich erst im Frühjahr 2010, als sich nach Presseberichten der Landtag für die Vorgänge interessiert. Ein Erinnerungsvermerk stammt von einem hochrangigen Polizisten, ein zweiter vom Staatssekretär Boris Rhein. Es ist der einzige Punkt, an dem die hartleibige Regierung sogar selbst Fehler einräumt. »Eine bessere Dokumentation dieses zweiten Verfahrens wäre wünschenswert«, sagt Volker Bouffier.

Alles nur eine Frage schlampiger Aktenführung? Vieles, wenn nicht alles spricht dagegen. Im ersten Verfahren ist die Dokumentation sorgfältig geführt worden. Warum nicht im zweiten? Immerhin hatte die Regierung inzwischen auch noch ein Warnsignal vom Verwaltungsgerichtshof erhalten. Sie musste damit rechnen, ein erneutes Verfahren vor Gericht nachweisen zu müssen. Und dann verzichtet sie auf die Dokumentation?

Wie energisch der Minister seinen Lieblingskandidaten durchsetzen will, wird aus dem Umgang mit der Frauenbeauftragten des Landespolizeipräsidenten deutlich. Schon im ersten Verfahren bemängeln die Richter des Verwaltungsgerichtshofs, dass sie nicht genug Zeit für ihre Stellungnahme erhalten habe. Doch auch im nächsten Anlauf springt man im Hause Bouffier nicht zimperlich mit der zuständigen Frau um, wenn man ihrem Bericht glaubt.

Im Untersuchungsausschuss erzählt sie von dem Druck, den die Personalchefin ihrer Behörde ausgeübt habe. Die habe gedrängt, die Frauenbeauftragte solle auf ihr Anhörungsrecht verzichten, da die Sache eilig sei. Außerdem habe die Personalerin darauf hingewiesen, dass der Vorgang abgezeichnet werden solle, obwohl er rechtswidrig sei. Die Frauenbeauftragte zitiert die Personalchefin mit den Worten: »Ich mache Sie darauf aufmerksam: Diese Maßnahme ist rechtswidrig.« Die Beauftragte unterzeichnet und notiert in ihrem Kalender: »Mitzeichnung unter Hinweis auf Rechtswidrigkeit der Maßnahme – klarer Ministerwunsch.«

Die Personalchefin widerspricht dieser Aussage und nennt

sie vollkommen unverständlich und nicht erklärbar. Aus ihrer Sicht sei das Verfahren in keiner Weise rechtswidrig gewesen. Doch die Frauenbeauftragte beharrt auf ihrer Darstellung, als sie ein zweites Mal vor den Ausschuss zitiert wird. Es ist eine Aussage, die Bouffier belastet und deshalb Mut erfordert. Warum sollte sie lügen?

Das nullte Verfahren und ein offenes Messer

Im Untersuchungsausschuss stellen sich noch weitere Merkwürdigkeiten heraus. So unternahm Bouffier insgesamt sogar drei Anläufe, Langecker auf den Polizeipräsidentenposten zu hieven. Ein erster Versuch, den Ministerfavoriten ohne Ausschreibung zu installieren, scheiterte bereits im eigenen Ministerium an hartnäckigem Widerstand. Augenscheinlich ist das Bouffier und seinen Getreuen peinlich. Keiner verrät, dass es diesen Versuch zum Durchregieren gab. Ohne den Untersuchungsausschuss des Landtags hätte wahrscheinlich nie jemand von diesem Teil der Geschichte erfahren, den die SPD-Innenpolitikerin Nancy Faeser als »nulltes Verfahren« bezeichnet, weil es zeitlich vor dem bis dahin bekannten ersten Verfahren liegt.

Im Mai 2010 wird bekannt, dass der Minister seinen Parteifreund Hans Langecker schon 2007 ohne Ausschreibung zum Chef der hessischen Bereitschaftspolizei machen wollte. Davon hat Bouffier bis dahin nichts berichtet. Auch der frühere Vizepräsident der Landespolizei, Günter Hefner, der in dieser Ausschusssitzung als Zeuge geladen ist, erzählt zunächst kein Wort davon. Erst als SPD-Obfrau Nancy Faeser ihn mit einem entsprechenden Hinweis aus den Akten konfrontiert, räumt der Spitzenpolizist den Vorgang ein. Danach erstellte er im November 2007 im Auftrag von Bouffier den Entwurf für eine Kabinettsvorlage, mit der Langecker berufen werden sollte. Davon sieht der Minister aber ab. Landespolizeipräsident Norbert Nedela, ein enger Vertrauter Bouffiers, hat gewarnt. Nedela übersendet die angeforderte Vorlage zwar an den Minister, rät zugleich aber dringend dazu, anders zu verfahren und die Stelle auszuschreiben. Daraufhin bläst der Innenminister den ersten Versuch ab. Es besteht kein Zweifel: Bouffier will von Anfang an Langecker auf dem Posten haben – egal, welche Konkurrenten sich bewerben würden.

Seit Februar 2009 hat Bouffier einen neuen Staatssekretär im Ministerium: den Frankfurter CDU-Chef Boris Rhein. Den betraut der Minister mit dem heiklen Auftrag, die Sache endlich zu regeln. Rhein soll dem ungeliebten Wolfram Ritter Alternativen zum Chefposten schmackhaft machen. Tatsächlich führt Rhein mit Ritter auch zwei Gespräche im März und Mai 2009. Der Staatssekretär eröffnet sie nach den Worten des Polizeibeamten »mit der Bemerkung, er möchte ein Nicht-Gespräch führen«. Man wolle offenbar eine schnelle Lösung ohne Akten und ohne Ärger. Doch die vagen Angebote, die der Staatssekretär mitbringt, interessieren den ehrgeizigen Wolfram Ritter nicht. Er hofft weiterhin auf den Aufstieg in der Bereitschaftspolizei.

Die Führung des Innenministeriums hingegen tut so, als sei der Vize jetzt überzeugt, dass er sich nicht mehr auf den Polizeichefposten bewirbt. Später behaupten Bouffier und Rhein, der Staatssekretär habe dem Polizisten im Mai 2009 förmlich eröffnet, dass er aus dem Rennen sei. Der Betroffene weist das entschieden zurück.

In manchen Phasen des Untersuchungsausschusses kann man sich des Eindrucks nicht erwehren, dass Bouffier seinen Parteifreund Rhein ins offene Messer laufen lässt. Die Opposition sieht ihn bereits als mögliches »Bauernopfer«. Der Staatssekretär soll die Verantwortung dafür tragen, dass Ritter nicht von seiner Bewerbung abgelassen und Bouffier zu allem Überfluss nichts davon erfahren hat. Es passt ins Bild. Der junge Frankfurter Rhein ist kein Koch-Mann. Er steht für eine modernere CDU, für eine Großstadtpartei, die in Frankfurt mit den Grünen koaliert.

Der gestählte Routinier aus dem System Koch versucht allerdings, keinen Raum zu lassen für Spekulationen. Rhein habe zwar die »operative Arbeit« bei der Polizeichefberufung übernommen, sagt Bouffier. Doch auf die Frage, wer denn das angebliche zweite Auswahlverfahren geleitet habe, erwidert der Minister so jovial wie deutlich: »Die Leitung in diesem Ministerium hab' immer ich. Jedenfalls glaube ich das.«

P. S.: Diese Mail existiert nicht!

An dieser Stelle darf der unglückliche Auftritt des unterlegenen Bewerbers vor dem Untersuchungsausschuss nicht unerwähnt bleiben. Denn damit versucht die CDU-Fraktion Bouffier reinzuwaschen, nach dem Motto: Seht her, wie ungeeignet dieser Mann für den Posten gewesen wäre. Ritter gibt tatsächlich keine glückliche Figur ab, als er seine Motivation für den hohen Polizeijob darlegt: keine weiten Wege zur Arbeit, keine Repräsentationspflichten am Abend, besseres Gehalt bei früher Pensionierung.

Doch all das kann das Versagen von Volker Bouffier nicht übertünchen, wie die CDU es versucht. Aus gutem Grund dürfen sich Personalentscheidungen in der öffentlichen Verwaltung nicht auf einen einmaligen Eindruck stützen. Auch wenn sich Bouffier über die umständlichen Verfahrenswege bei der Besetzung von hohen Beamtenstellen ärgert – er muss sich an sie halten. Bouffier hat es damit offenkundig nicht so genau genommen.

Die CDU versucht derweil, Ritter noch an einem anderen Punkt zu diskreditieren. Merkwürdig sei, dass der unterlegene Bewerber 2008 durchsetzte, dass Polizeipräsident Norbert Nedela und sein Vize Günter Hefner nicht an der Auswahl teilnahmen, weil er sie für befangen hielt. Im Untersuchungsausschuss zeigt sich allerdings, dass er dafür gute Gründe gehabt haben könnte. Akten legen nahe, dass zwischen Hefner und dem erfolgreichen Langecker ein augenzwinkerndes Einvernehmen herrschte. SPD-Frau Faeser zitiert eine Mail, die Langecker während des Gerichtsverfahrens an Hefner geschrieben habe. Sie ende mit der Bemerkung: »PS: Diese Mail existiert nicht!«

Die Koalition aus CDU und FDP lässt sich von den offenkundigen Ungereimtheiten in der Polizeichefaffäre nicht irritieren. Die Vorwürfe sollen kein Hinderungsgrund sein, ihn zum Parteivorsitzenden und Ministerpräsidenten zu machen. Weshalb die Koch-Riege verbal schwere Geschütze auffährt.

Bouffier nennt alle Anschuldigungen »ehrenrührig«. Er betont: »Es lag kein Rechtsbruch vor.« Koch-Sprecher Dirk Metz assistiert: »Es gab keinen Rechtsbruch, auch wenn das noch so oft ohne jeden Beleg behauptet wird.« Kein Beleg? Gibt es nicht Urteile, die eine deutliche Sprache sprechen? Nein, behauptet Kochs Staatskanzleichef Stefan Grüttner in einem Schreiben an SPD und Grüne. Das VGH-Urteil sei durch das zweite Verfahren »überholt«, behauptet der Minister, als gebe es Belege dafür, dass ein solches Verfahren überhaupt ordnungsgemäß stattgefunden hätte. Und das Urteil des Verwaltungsgerichts Wiesbaden? Nun, urteilt Grüttner schlicht: Die Bewertung des Gerichts »entspricht nicht der Rechtsauffassung der Landesregierung«.

Diese Verteidigungslinie ist nicht nur empörend. Sie gestattet zudem einen tiefen Einblick in das Rechtsverständnis des Systems Koch. »Diese Landesregierung zieht offensichtlich überhaupt nicht mehr in Betracht, dass auch sie nicht außerhalb des Rechts steht und Gerichtsentscheidungen zu befolgen hat«, folgert der Grünen-Innenpolitiker Jürgen Frömmrich.

Für ihn und seine SPD-Kollegin Nancy Faeser steht schon früh im Untersuchungsausschuss fest, Bouffier sei vor einem Rechtsbruch nicht zurückgeschreckt, um seinen Favoriten durchzusetzen. Gewerkschafter wie Jörg Bruchmüller, der Landesvorsitzende der Polizei, sehen das genau so. Bruchmüller spricht von einer »massiven Verletzung der Rechtsstaatlichkeit«.

Der Linken-Abgeordnete Hermann Schaus urteilt: »Ein Innenminister, der gegen Recht und Verfassung verstößt und die

Öffentlichkeit belügt, kann nicht, wie von der CDU geplant, Ministerpräsident in Hessen werden.« Das allerdings sieht die große Regierungspartei anders. Ihre Führungsleute haben schon ganz andere Skandale ausgesessen.

4
Zeit für den Rücktritt

Der Anführer geht

Wäldchestag

Koch ist fort, und Kabarettisten übermannt deshalb die Trauer. »Nun ist er weg, der geschäftsführende Hessenzombie auf Lebenszeit«, klagt Thomas Reis. »Koch war ein Feindbild auf Augenhöhe, kein Dodo wie Pofalla oder Niebel, kein putziges Kerlchen wie Seehofer oder Köhler, wo mich nach jeder Pointe das schlechte Gewissen des Pädagogen übermannt.«[57] Koch geht, und schon grämen sich auch seine schärfsten Gegner über den Verlust des besten Feindbilds. In Wahlkämpfen haben SPD und Grüne den Ministerpräsidenten sogar plakatiert, als abschreckendes Beispiel. Welcher Politiker könnte das schon von sich sagen?

Auch anderswo klüngeln sie, um Macht zu erlangen und zu erhalten. Aber kein Gerhard Schröder oder Joschka Fischer, kein Oskar Lafontaine, kein Guido Westerwelle und keine Angela Merkel hat es wie Koch geschafft, sämtliche politischen Jugendfreunde in die Regierung zu holen. Keiner hat seine eigenen Reihen so gnadenlos geschlossen gehalten. Keiner hat so dreist alle Vorwürfe ausgesessen.

Am Dienstag nach Pfingsten fällt in Frankfurt und Umgebung gegen ein Uhr mittags traditionell der Hammer. Dann lässt der Südhesse die Arbeit Arbeit sein und eilt mit Kollegen hinaus zum Umtrunk ins »Wäldchen«, in den maigrünen Stadtwald. Der Schriftsteller Andreas Maier, der die typisch hessische Schnoddrigkeit in seinem Buch *Wäldchestag* treffend schildert[58], fasst die Bedeutung des Tages mit den Worten zusammen: »Schon morgens befindet sich alles in Vorfreude auf den alkoholischen Nachmittag und Abend.«[59]

Roland Koch hat sich den Wäldchestag ausgesucht, um die Politik Politik sein zu lassen. Aber der Mann, der Cola-light liebt, ist kein trunken-männlicher Wichtigtuer. Er bleibt durch und durch nüchtern. Er wird seinen Abend nicht im Wäldchen vor den Toren Frankfurts zubringen, sondern im Hotel Rosenau, einem tragisch modernen Kettenhotel am Rande von Bad Nauheim.

Dort folgt die Parteibasis ihm wie immer. Diesmal, indem sie Innenminister Volker Bouffier, seinen politischen Blutsbruder seit mehr als 30 Jahren, zum Nachfolgekandidaten kürt. In der Hessen-CDU gibt es für solche Entscheidungen Mehrheiten, wie man sie sonst nur von den gescheiterten Staatsparteien des kommunistischen Ostblocks kennt. Hundert Prozent. Keine Gegenstimme, keine Enthaltung. Zur Sicherheit hat man die geheime Abstimmung gescheut und die Parteifreunde offen die Hand heben lassen. Das System Koch funktioniert auch zum Schluss hundertprozentig.

Man könnte sich damit abfinden, dass Politik eben so funktioniert. Man könnte wie Elisabeth Niejahr und Rainer Pörtner über das Unverständnis der Bürger klagen, welche die »machtpolitische Gewitztheit meist naserümpfend zur Kenntnis« nehmen.[60] Als Beobachter der Berliner Politikszene sind die Journalisten zu dem Schluss gekommen, es gehe im Alltag der Politiker im Grunde genau wie zu Zeiten des Florentiner Renaissance-Philosophen Niccolò Machiavelli »nicht vornehmlich um die Frage, welche Methoden des Machterhalts gut oder böse sind, sondern ob sie nützen oder schaden«. Eine moralische Bewertung verkneifen sich die Autoren. So sei es halt. Auch der »instrumentelle Umgang mit der Wahrheit« sei unvermeidlich, gelte in Deutschland aber noch immer als anrüchig.[61]

Armes, zurückgebliebenes Deutschland? Es gehört schon

eine gehörige Portion Zynismus dazu, Lügen und Ranküne in den Himmel der geglückten Politik zu erheben. Nein, die Menschen wissen zwar, wie üblich die Lüge in der Politik ist. Aber sie haben vollkommen Recht, wenn sie darüber die Nase rümpfen. Der Publizist Roger Willemsen und der Kabarettist Dieter Hildebrandt bringen diese beiden Seiten in ihrem Dialog über die »Weltgeschichte der Lüge« treffend auf den Punkt. »Kochs Wahlergebnis sagt doch auch: Es gibt für Wählerinnen und Wähler Wichtigeres als die Wahrheit«, stellt Willemsen fest. »Und das bedeutet: Bleibe im Amt und nähr' dich unredlich?« Hildebrandt antwortet: »Gut, aber bei Koch sind wir ja gewissermaßen schon im Olymp der Unaufrichtigkeit.«[62]

Mit Lügen über die Schwarzgeldaffäre seiner Partei hat Kochs Amtszeit begonnen und mit Lügen geht sie zu Ende. »Ich bin Ministerpräsident von Hessen. Dabei bleibt es. Punkt. Aus.«[63] Mit diesen Worten hat der 52-jährige Wirtschaftsanwalt aus Eschborn noch 14 Tage vor dem Wäldchestag die neuesten Rücktritts- und Wechselgerüchte zurückgewiesen. Sie haben ihn jahrelang begleitet, sind in jenen Wochen aber wegen einer Erkrankung von Bundesfinanzminister Wolfgang Schäuble neu aufgekeimt, als dessen Nachfolger viele Journalisten Koch vermuten. Seine Antwort jedoch ist gelogen, wie man heute weiß. Koch wollte weg. Und er wusste es längst, als er das Interview gab. Als unwahr stellt sich an diesem Wäldchestag auch heraus, was der Noch-Ministerpräsident seinen Wählern vor dem Urnengang im Januar 2009 versichert hat. »Ich bewerbe mich als hessischer Ministerpräsident für die ganze nächste Amtszeit«, lautete seine Formulierung.[64] Von fünf Jahren blieb Koch jedoch nur anderthalb Jahre lang.

Ist sein »instrumenteller Umgang mit der Wahrheit« unvermeidlich? Nach Kochs Lesart selbstverständlich. Stolz ist er darauf, dass niemand von seinem bevorstehenden Rückzug erfuhr, bevor man es erfahren sollte, besonders die Journalisten nicht. Eine solch gelungene Geheimhaltung sei »in Deutschland nicht selbstverständlich«, grinst der Noch-Regierungschef im

Gespräch mit den Reportern. Das sei zwar »nicht Ihr zentrales Berufsziel, aber unseres«, lässt er sie wissen. Da kommt es auf die kleine Notlüge nicht weiter an. Politischer Alltag im System Koch.

Man könnte darüber diskutieren, ob der Zweck in diesem Fall das Mittel der Lüge heiligt. Ob es unumgänglich ist, damit der Politiker selbst bestimmen kann, wann er seinen Rückzug bekannt gibt. Doch Roland Koch selbst ist der Kronzeuge dafür, dass es über das Verbiegen der Wahrheit keine Diskussion geben darf. Niemand sonst hat so leidenschaftlich den instrumentellen Umgang mit der Unwahrheit der anderen gepflegt. Was haben er und die Seinen sich empört über den Wortbruch der Andrea Ypsilanti, der einzigen Gegenkandidatin, die ihm jemals gefährlich geworden ist. Der Verdacht liegt nahe, dass es mehr um diese Gefahr ging, die beseitigt werden musste, als um die Lüge selbst.

Roland Koch hat es in elfeinhalb Jahren im Amt geschafft, dass ein Großteil des Landes ihm schlicht nicht glaubt. Mag sein, dass er etwas Wahres sagt. Aber nur, wenn es ihm zumindest nicht schadet. Und so fragen sich viele, was wohl der wahre Grund für Roland Kochs Rücktritt sein könnte.

Sicher ist dem CDU-Politiker bewusst, dass seine Partei mit einem unbeliebten Spitzenkandidaten wie ihm schlechte Karten im nächsten Hessen-Wahlkampf besessen hätte. Er weiß, dass ihn die Summe seiner Grenzüberschreitungen irgendwann einholen würde. Das Ergebnis bei der Landtagswahl 2009, als die CDU erneut Wählerstimmen verlor, obwohl die SPD durch die Ypsilanti-Abweichler-Krise massiv geschwächt war, dürfte ihn gewarnt haben. Ob die Chancen mit Bouffier besser stehen, darf bezweifelt werden.

Man kann aber auch nicht ausschließen, dass Koch einfach keine Lust mehr hat, 16 Stunden am Tag hellwach zu arbeiten, schwierige Entscheidungen zu treffen, angefeindet zu werden und sich dafür mit einem Grundgehalt von 150 000 Euro vom Steuerzahler zufriedenzugeben. Vielleicht will er einfach ein ruhigeres Leben führen und mehr Geld verdienen.

Freimütig hat der Ministerpräsident uns in einem Interview gesagt, er finde die Politikerbesoldung »eindeutig nicht angemessen, etwa im Vergleich zu dem, was wir Verwaltungsdirektoren von Kliniken oder Sparkassendirektoren bezahlen«. Koch weiter: »Ich habe viel Geld aufgegeben, als ich mich entschieden habe, Ministerpräsident zu werden.«[65] Einen Normalverdiener oder einen Arbeitslosen muss das befremden. Nicht aber die Wirtschaftsbosse, mit denen Roland Koch regelmäßig zu tun hatte.

Ein Machtprojekt

Den Journalisten offenbart sich Kochs lange gehütetes Geheimnis erst am Dienstag, 25. Mai 2010. In dunkelblauem Anzug, hellblauem Hemd und roter Krawatte, wie immer mit dem Hessen-Wappen am Revers, tritt Koch in den Büchnersaal der Staatskanzlei, in dem eine Hundertschaft von Medienleuten ihn erwartet. Bisher dachten wir, er habe graue Haare, aber diesmal fällt es uns ins Auge: Sie sind inzwischen weitgehend weiß. Koch ist gerade mal 52 Jahre alt.

Er wirkt gelöst. Roland Koch gibt alle politischen Ämter auf: erst den Vorsitz der Landes-CDU, dann das Ministerpräsidentenamt, das Landtagsmandat und schließlich den stellvertretenden Bundesvorsitz der CDU. Er geht nach elfeinhalb Jahren. Das ist in der Politik eine Ewigkeit. Als Koch 1999 in die Staatskanzlei einzieht, heißt die Bundeshauptstadt noch Bonn, die Deutschen zahlen mit D-Mark und viele Arbeitnehmer rund um Frankfurt können am Nachmittag des Wäldchestags ganz offiziell blau machen. Tempi passati.

Koch verrät an diesem Tag noch nicht, was er beruflich vorhat. Aber eines ist es ganz sicher nicht: blau machen. Er sagt das mit einer Koch-typischen Pointe: »Jedenfalls wird der Steuerzahler mich noch lange nicht auf seiner Pensionärsliste sehen.«[66]

Es ist ein Abschied, doch zugleich beweist der Chef, wie sehr ihm an Macht für seine CDU gelegen ist. Er erinnert an seinen

50. Geburtstag, der vor zwei Jahren im Wiesbadener Kurhaus gefeiert wurde. Damals war Kochs CDU bei der Landtagswahl gegen SPD-Herausforderin Ypsilanti abgestürzt, dem Ministerpräsidenten fehlte die Mehrheit im Landtag und er harrte nur geschäftsführend im Amt aus. Bei diesem Fest verkündete Koch, dass er noch etwas zu erledigen habe. Was er damit gemeint hat, erzählt der Ministerpräsident jetzt: »Ich wollte eine langfristige bürgerliche Mehrheit in Hessen.« Ein Machtprojekt also. Kein Wort davon, dass er Hessen eigentlich mal zum »Bildungsland Nummer eins« machen wollte oder zum »Musterland der regenerativen Energien«.

Nachfolger Bouffier beherrscht das System Koch. Was niemanden verwundern kann. Er hat es schließlich selbst mit aufgebaut. Koch wäre niemals Ministerpräsident geworden, wenn Bouffier ihn nicht gelassen hätte. Denn ursprünglich war Bouffier der »Anführer«. Kochs Dankbarkeit für den damaligen Verzicht dürfte den Ausschlag dafür gegeben haben, dass Bouffier zwölf Jahre später doch noch in das Spitzenamt darf.

Hinzu kommt freilich, dass er keinen anderen Nachfolger vorweisen konnte. Die junge Silke Lautenschläger, die Koch als Sozial-, Hochschul- und Umweltministerin aufgebaut hatte, wird vom Männerklüngel um Bouffier nicht ernst genommen. Sie schmeißt am Wäldchestag in Kochs Windschatten hin.

Die Tankstellen-Treue einer Kampfgemeinschaft – in dieser Erfahrung wurzelt das System Koch. Sie ist es, die einem Großteil der nachwachsenden CDU-Generation zutiefst fremd ist. Jene jungen Leute, die das System Koch dereinst ablösen werden, denken pragmatisch. Mit Angela Merkel verbindet sie mehr als mit Roland Koch. Sie sind nicht in der Konfrontation gefangen. Kein Wunder: Als diese Generation jung war, regierte Helmut Kohl in Bonn. Die Republik tickte rechts, nicht links.

Koch und Bouffier fremdeln mit dieser Unionsgeneration, die ihnen nicht scharfkantig genug ist, mit Leuten wie der von Kanzlerin Merkel ausgewählten Familienministerin Kristina Schröder, die schnell aufgestiegen ist, statt die übliche Ochsentour durch die Partei zu absolvieren. Bouffier holte sich lieber bewährte Koch-Helferinnen als stellvertretende CDU-Vorsitzende an seine Seite als die leibhaftige Bundesministerin. Auch das kann als Zeichen dafür gelten, dass das System Koch weiter wirkt.

Warum Politiker zurücktreten

Abgang des Anti-Koch

Als Bundespräsident Horst Köhler am letzten Maitag des Jahres 2010 seine vielen Freunde und wenigen Gegner mit seinem sofortigen Rücktritt überrumpelt, hat Roland Koch drei magere Sätze für dieses Ereignis übrig. Man sei Köhler zu Dank »verpflichtet«, lässt der Hesse erklären. Der Dank als Pflicht – deutlicher kann das Befremden über den Ausstieg des Staatsoberhaupts kaum formuliert werden.

Es ist keine Woche vergangen, seit Roland Koch selbst zur allgemeinen Überraschung sein Ausscheiden verkündet hat. Als Köhler folgt, sind die Kommentatoren nicht mehr zu halten und stellen die Ereignisse in eine Reihe. Wahlweise sehen sie die Rücktritte als Zeichen für Flucht aus der Verantwortung in schwierigsten wirtschaftlichen Zeiten, als neue Lustlosigkeit gerade in konservativen Kreisen oder als Ausweis der Führungsschwäche von Kanzlerin Angela Merkel, die ihre Spitzenkräfte nicht halten könne.

Die etwas verkrampfte Suche nach den Gemeinsamkeiten der großen »K's« verdeckt den Umstand, dass die Unterschiede zwischen ihnen viel bemerkenswerter sind. Niemand käme auf die Idee, von einem System Köhler zu schreiben, im Gegenteil. Es ist viel eher seine Einsamkeit im Amt, ohne den Halt langjähriger politischer Freunde mit Einfluss, die den Abgang des Bundespräsidenten beschleunigt hat. Köhler hat quasi als Anti-Koch Karriere gemacht, ist als Außenseiter von jenseits der politischen Eliten ins Amt geholt worden, als Zeichen gegen die ungeliebte Parteienherrschaft. Koch dagegen ist seit Kindesbeinen mit seiner CDU verwachsen und setzt als Köhler-Nachfolger einen Kumpel durch, der ebenso klar der etablierten politischen Klasse angehört wie er selbst: Christian Wulff aus Niedersachsen.

Der wichtigste Gegensatz zwischen Köhler und Koch aber liegt in dem ganz unterschiedlichen Maß an Freiwilligkeit zwischen den Rücktritten. Wenn Roland Koch aus Zwängen zurückgetreten sein sollte, dann hat er das jedenfalls sehr erfolgreich verbergen können. Koch ist nicht über einen seiner vielen Skandale gestürzt, hat sich nicht von der Opposition oder innerparteilichen Widersachern zum Rückzug drängen lassen und sich auch nicht Knall auf Fall davongemacht wie Horst Köhler. Sein Rücktritt ist ein durchtriebendes Meisterstück im System Koch – und damit die beste Voraussetzung dafür, auch den Zeitpunkt seines Wiedereinstiegs selbst wählen zu können.

Im Moment seines freiwilligen Rücktritts dämmert allen, dass dieser skandalgeschüttelte Politiker keinen erzwungenen Rücktritt mehr zu befürchten hat. »Es hätte ja nun wirklich bei mir auch anders kommen können«, diktiert der Ministerpräsident den Journalisten zum Abschluss in die Blocks. Der Abgang wird zum Triumph. »Koch will weg« hört sich einfach besser an als »Koch muss weg«.

Heimlich liiert

Rücktritt wegen eines Skandals? Das bleibt Roland Koch fremd bis zum Schluss. Rücktritte sind in seiner Amtszeit eine Seltenheit. Umso mehr fallen sie rückblickend auf.

Im August 2001 erklärt die hessische Sozialministerin Marlies Mosiek-Urbahn ihren Rücktritt. »Die Gründe für diese

Entscheidung liegen ausschließlich im persönlichen Bereich«, schreibt die CDU-Politikerin zur Begründung in einem Brief an Ministerpräsident Koch. Es bestehe die Gefahr, dass eine bevorstehende Veränderung in ihrem Privatleben »der glaubwürdigen öffentlichen Darstellung der wertorientierten familienpolitischen Ziele dieser Landesregierung im Wege stehen« könnte. Der Anlass: Die Ministerin hat sich nach 26 Jahren von ihrem Ehemann getrennt. Sie ist heimlich mit einem anderen Mann liiert, mit dem verwitweten CDU-Landtagsabgeordneten Rolf Müller.

Es ist eine Privatgeschichte, die zehn Jahre danach wie aus einer anderen Zeit anmutet. Warum muss jemand in so einer Situation zurücktreten? Wieder einmal zeigt sich: Es ist nicht der skandalöse Anlass an sich, der zum Rücktritt führt, sondern nur der Verlust an Rückhalt. Journalisten hatten die für CDU-Verhältnisse peinliche Privatgeschichte gesteckt bekommen. Direkt aus Kochs Umfeld.

Nur wer genug Rückhalt in den eigenen Reihen und ein dickes Fell besitzt, kann solche Phasen überstehen. Auch wenn die Vorwürfe anders als im Fall Mosiek-Urbahn schwer wiegen. Roland Koch und Volker Bouffier haben es vorgemacht.

Koch selbst hätte das zweite Amtsjahr nicht erreicht, wenn seine Lügen in der Schwarzgeldaffäre Konsequenzen gehabt hätten. Doch das System Koch sieht unfreiwillige Rücktritte nur in absoluten Ausnahmefällen vor. Zum Beispiel, um den Chef zu schützen. So nimmt Kochs Staatskanzleichef Franz Josef Jung im September 2000 seinen Hut. Als Generalsekretär der Hessen war er von 1987 bis 1991 verantwortlich für Wahlkämpfe und den Bau einer neuen CDU-Zentrale in Wiesbaden. Dass er nichts vom Schwarzgeld gewusst haben will, das dafür floss, als »jüdische Vermächtnisse« getarnt, glaubt ihm keiner mehr. Selbst der großmütige Koalitionspartner FDP nicht. Die Freidemokraten fordern Jungs Rücktritt als Preis dafür, Koch weiter zu unterstützen. Jung spricht verbittert davon, er sei ein »Bauernopfer« geworden.

Das wird zur Lesart im System Koch, und so holt der Ministerpräsident den Freund nach der Landtagswahl 2003 auf die große politische Bühne zurück, als seine CDU die absolute Mehrheit geholt hat und die FDP nicht mehr zum Regieren braucht. Der Rücktritt ist vergessen. Es geht steil nach oben für den Juristen aus dem Rheingau. Erst wird Jung Vorsitzender der CDU-Fraktion im Landtag, dann Spitzenkandidat für die Bundestagswahl 2005. Schließlich ernennt Kanzlerin Angela Merkel den Winzersohn, den man eher als Landwirtschaftsminister erwartet hat, sogar zum Verteidigungsminister. Vier Jahre lang übersteht Jung dieses Amt.

Am Ende steht auch hier sein Rücktritt. Der Minister trägt die politische Verantwortung für den blutigen Luftangriff auf zwei Tanklaster im afghanischen Kundus. Unter den etwa 90 getöteten Afghanen sind viele Zivilisten. Kinder und Greise zählen zu den Menschen, von denen nach der Bombardierung der Tanklaster Anfang September 2009 kaum etwas übrig bleibt. Jung aber verschweigt der Öffentlichkeit wochenlang, dass in Kundus nicht nur bewaffnete Kämpfer getötet worden sind. Im November 2009 gibt der Minister auf, obwohl er bis zum Schluss findet, dass ihm nichts vorzuwerfen sei.

Bundeskanzlerin Merkel und Jungs Amtsnachfolger Karl-Theodor zu Guttenberg sind offenkundig anderer Auffassung. Der Rückhalt, der den Rücktritt hätte vermeiden können, fehlt. In Berlin funktioniert das System Koch nicht wie in Wiesbaden. Jung, der 30 Tage vorher in sein neues Amt als Bundesarbeitsminister gewechselt ist, schmeißt hin. Es ist der schnellste Rücktritt, seit es Bundesregierungen gibt.

Auch die weitere Entwicklung in Berlin verläuft ganz und gar nicht im Sinne des obersten hessischen Christdemokraten. Merkel sucht nicht Kochs Rat, um abzusprechen, welche Hessen in der Bundesregierung berücksichtigt werden könnten. Sie wählt einfach selbst die erst 32 Jahre junge, aufstrebende Bundestagsabgeordnete Kristina Köhler aus, die kurze Zeit später heiratet und seitdem Kristina Schröder heißt. Koch erfährt erst von Köhlers Berufung, als die Sache entschieden ist.

Es ist ein weithin sichtbares Signal der Kanzlerin nach Wiesbaden, und nicht das erste. Das System Koch ist an Grenzen gestoßen, die nicht überwindbar scheinen, solange Angela Merkel den Ton angibt. Der Mann, der schon als Jungunionist auf Bundeskanzler studierte, hat sein Berufsziel vorerst verfehlt. Wer die politischen Gründe für Roland Kochs Rücktritt sucht, dürfte hier auf einer heißen Spur sein.

Starke Nerven

Politiker treten fast nie freiwillig zurück. Manche werden abgewählt wie Helmut Kohl, Gerhard Schröder oder Joschka Fischer und verschwinden dann in ein Leben außerhalb der Politik. Andere erwischt es, weil sie über einen Skandal stolpern und »nicht mehr zu halten« sind, wie es im Journalistenjargon heißt. Dabei verschleiert die Formulierung mehr, als sie erklärt. Denn gerade der Fall Koch macht deutlich, dass es zwischen Fehlverhalten und Rücktritt keine zwangsläufige Verbindung gibt. Vielen fehlt eben, was Koch aufgebaut hatte: die unbedingte Treue der eigenen Leute.

Die Journalisten Niejahr und Pörtner bringen das Schicksal gestürzter Politiker auf den Punkt: »In den meisten Fällen stolpern sie über scheinbar nebensächliche Affären, über einen an sich verzeihlichen Fauxpas oder eine kleine Lüge«, notieren sie. »Zum Rücktritt führen diese Fehler in der Regel nur dann, wenn der Betreffende aufgrund anderer Umstände in der eigenen Partei oder der Öffentlichkeit ohnehin einen schwachen Rückhalt hat.« Rücktrittsgefährdet seien am Ende jene Politiker, die dem psychischen Druck nicht gewachsen seien, »also schlicht die Nerven verlieren«.[67]

Im System Koch gab es einen Amtsinhaber mit Nerven wie Stahlseilen. Und einen, der alles für den Rückhalt getan hat. Koch hat niemanden im Stich gelassen wegen seiner Verfehlungen, nicht Bouffier, nicht Weimar. Die zahlten es mit Vasallentreue zurück. Bei seinem Abschiedsparteitag in Willingen 2010 berichtete Koch stolz, er habe innerparteiliche Gegner stets an einer Hand abzählen können.

Am Ende weiß der Ministerpräsident, dass sein System funktioniert hat. »Ich bin der erste hessische Ministerpräsident, der aus souveräner Entscheidung das Amt aufgibt«, sagt Koch in den letzten Sätzen, die er am Wäldchestag 2010 von seiner vorbereiteten Erklärung abliest. Und, damit es auch alle verstehen: Im Beruf des Ministerpräsidenten sei es »etwas Besonderes, selbst entscheiden zu können, wann es genug ist«.

Traumschiffe und Bonusmeilen

Unfreiwillige Rücktritte sind der Normalfall in der Demokratie. Regierungen werden abgewählt und scheiden aus dem Amt. Politiker machen Fehler, schwere oder weniger schwere Fehler, und müssen gehen. So gut wie nie sind politische Fehlentscheidungen oder fachliches Versagen der wahre Grund dafür. Meistens geht es um persönliches Fehlverhalten oder den Verdacht darauf, um Vorteilsnahme oder Vetternwirtschaft.

In Baden-Württemberg tritt Ministerpräsident Lothar Späth (CDU) 1991 wegen der »Traumschiffaffäre« zurück. Ein Unternehmen hat ihm den Urlaub bezahlt und auch noch ein Firmenflugzeug zur Verfügung gestellt. Zwei Jahre später stolpert sein bayerischer Amtskollege Max Streibl (CSU) über die Amigo-Affäre. Ein Unternehmer hat ihm Reisen nach Brasilien und Kenia finanziert. Den Niedersachsen Gerhard Glogowski (SPD) erwischt es 1999, weil er Opernbesuche und Teile seiner Hochzeitsfeier von Unternehmen hat bezahlen lassen.

Persönliche Bereicherung ist der häufigste Anlass für Rücktritte. Teure Reisen, Autos, Flugzeuge für »die da oben« sind der schönste Stoff, aus dem Rücktrittsforderungen gestrickt werden können. Das versteht jeder. Auch derjenige, der Fehler in komplizierten Fragen der Fachpolitik gar nicht bemerken würde. Zudem ist der moralische Absturz besonders tief. Dafür muss es nicht einmal um große Summen gehen.

Entsprechend großen Wirbel und gleich mehrere Rücktritte verursacht die mitten im Wahlkampfjahr 2002 von der *Bild*-Zeitung ausgerufene »Flugmeilenaffäre«. Bundestagsabgeordnete verschiedener Parteien sind privat gratis geflogen, nachdem sie mit ihren Dienstflügen so genannte Bonusmeilen erworben haben. Die Sache ist nicht illegal, verstößt aber gegen die Verhaltensregeln des Bundestags.

Zwei Abgeordnete ziehen Konsequenzen aus dem Druck der *Bild*-Zeitung: der PDS-Politiker Gregor Gysi, der schon nach einem halben Jahr von seinem Amt als Berliner Wirtschaftssenator zurücktritt; und der Grünen-Innenpolitiker Cem Özdemir, der sein Mandat im neu gewählten Bundestag gar nicht erst antritt. Für Özdemir gibt es noch einen weiteren Anlass: den Privatkredit, den er von dem Frankfurter Berater Moritz Hunzinger erhalten hat. Es sind Rücktritte aus nebensächlichen Gründen verglichen mit den Skandalen, die Roland Koch im Amt ausgesessen hat.

Roland Koch kehrt zurück

Der Traum von der Kanzlerschaft ist nicht vorbei. Roland Koch hat es selbst angedeutet. »Auch wenn ich plane, Politik aus einer anderen Perspektive zu betrachten, ich werde ein politisches Wesen bleiben«, formuliert der Hesse bei der Ankündigung seines Rücktritts von allen politischen Ämtern. Manchmal, so Koch weiter, werde ihn seine »Ungeduld an der Seitenlinie sehr fordern«.[68]

Angela Merkel wird diese Sätze als Drohung empfunden haben, als sie sie endlich zu hören bekam. Das hat ein bisschen gedauert. Denn Roland Koch wählte für sein Bekenntnis einen

Zeitpunkt, zu dem sie sich ganz weit weg befand, auf Auslandsreise in Abu Dhabi.

Ein Politiker, der die Rückkehr auf die große Bühne ausschließen will, redet wahrlich anders als Roland Koch, und wer die Kanzlerin nicht düpieren will, der wählt dafür einen anderen Zeitpunkt. Je mehr Krise in der Bundesregierung von Angela Merkel herrscht, desto wahrscheinlicher wird der Ruf nach einem Mann, der bisher alles in seinem Leben der Machteroberung und dem Machterhalt untergeordnet hat. Dann, nach ein paar Jahren in der Wirtschaft, könnte Roland Koch zurückkehren.

Politiker gehören in Deutschland zu den unbeliebtesten Berufsgruppen. Die Menschen haben den Parteienstreit, das Kleinklein und die Durchtriebenheit von Leuten wie Roland Koch und Volker Bouffier satt. Die weit verbreitete Begeisterung für den Charme von Pfarrer Joachim Gauck, der sich 2010 so besonnen und unpolitikerhaft um das Amt des Bundespräsidenten bemüht hat, ist nur eines von vielen Anzeichen dafür. Von der Bundesversammlung gewählt wurde dann doch Kochs Andenpakt-Kumpel Christian Wulff.

Roland Koch war bisher der Inbegriff eines politikerhaften Politikers, eines Mannes, dessen Welt die Partei, die Regierung und das Streben nach Macht sind. Es ist absonderlich, aber wahr: Ausgerechnet er könnte sich in einiger Zeit die Aversion gegen Politiker zunutze machen, jene »andere Perspektive«, jenen Blick von der »Seitenlinie«. Wenn er frei ist von seinen Ämtern, kann er wie die bessere Alternative zu all den Zumutungen des politischen Betriebs wirken. Erst recht als bessere Alternative zu Angela Merkel.

Schuld war nur die Wirtschaftskrise

Für einen Sprung an ihre Stelle wäre ein allzu negatives Image schädlich. Also arbeitet Roland Koch in den letzten Monaten seiner Amtszeit an dem Bild, mit dem er in die Geschichte der Landespolitik eingehen will. Es ist mancher Fall von Geschichtsklitterung darunter, der geradezu rührend daherkäme, wenn nicht so offenkundig politisches Kalkül dahinter steckte. Kochs Version der Schwarzgeldaffäre gehört dazu, mit der er vergessen machen will, wie er selbst verschleierte, nachdem er »brutalstmögliche Aufklärung« versprochen hatte. Es ist die Geschichte vom Nitroglycerin, das ihm andere übergeben hätten.[69]

Zu seinem Wortbruch gegenüber den Frankfurter Flughafen-Nachbarn, denen er ein Nachtflugverbot versprochen hatte, findet Koch kein Wort des Bedauerns, sondern lediglich eine karge Ausrede von einem einzigen Satz: »Beim Flughafen ist nur eine Gerichtsentscheidung in die Quere gekommen.«[70] Wer sich entsinnt, wie Koch und seine Partei mit dem Wortbruch der einstigen SPD-Rivalin Ypsilanti umgesprungen sind, kann sich über derlei Nonchalance nur wundern.

Auch für das bitterste Versagen seiner Regierung hat der scheidende Ministerpräsident nur eine dürftige Erklärung zu bieten. Die Weltwirtschaftskrise sei daran schuld, dass sich das Bundesland so hoch habe verschulden müssen.[71] Dabei gab es in der Regierungszeit von Koch und seinem Finanzminister Karlheinz Weimar von Anfang an derart hohe Schulden, dass die Opposition den Staatsgerichtshof anrief. Die Zahlen sprechen eine deutliche Sprache. Koch und Weimar verabschieden sich mit einem Haushalt, der für 2010 die Rekordmarke von 3,4 Milliarden Euro neuer Schulden in einem Jahr vorsieht. In ihren elf gemeinsamen Regierungsjahren haben sie die Schuldenlast des Landes von 22 auf beinahe 40 Milliarden Euro fast verdoppelt. Wie schrieb Koch noch Ende 1998, kurz bevor er an die Regierung kam? »Die Staatsverschuldung muss dringend reduziert werden.«[72] Diejenigen, die jetzt nach der Rückkehr des vorgeblich größten Finanzexperten der Union rufen, sollten gelegentlich an solche Widersprüche erinnert werden.

Merkels Krise, Kochs Chance

Die Ungeduld scheint größer zu werden. Angela Merkels Bundesregierung steckt in einer tiefen Krise, ihre Partei CDU ist auf der Suche nach Orientierung. Die Protagonisten der Koalitionspartner CSU und FDP bewerfen sich gegenseitig mit Dreck. Sie beschimpfen sich nach wenigen Monaten gemeinsamen Regierens wahlweise als »Gurkentruppe« und »Wildsau«. Oder sie sind auf lächerliche Weise damit beschäftigt, sich gegenseitig zu ermahnen, dass es dem Ansehen schade, wenn man sich »Gurkentruppe« oder »Wildsau« nenne. Niemand kann sich mehr daran erinnern, dass sie eigentlich Wunschkoalitionspartner waren.

Die FDP ist mit sich selbst genug beschäftigt. Sie leidet unter der notorischen Unfähigkeit ihres Chefs Guido Westerwelle, seiner Partei ein Profil jenseits des Steuersenkungswahns zu verpassen und gleichzeitig als Außenminister wenigstens ein ganz kleines bisschen wie ein Staatsmann zu wirken. In der Union wächst die Sehnsucht nach einer politischen Führung, die ganz anders ist als jene von Angela Merkel, nach Machtworten und klarem Kurs. Es wächst die Sehnsucht nach Roland Koch. Er ist der Mann, der in Wiesbaden geräuschlos und vertrauensvoll mit der FDP zusammen regiert hat.

Schon am Tag nach der Rücktrittsankündigung fängt das demonstrative Koch-Vermissen an. Es sind vor allem Merkel-Gegner, die den Ton vorgeben, aber auch Beobachter von außerhalb. So schreibt der Wirtschaftssachverständige Bert Rürup im *Handelsblatt*, Koch hinterlasse »eine gewaltige Lücke«. Die *Stuttgarter Zeitung* attestiert der CDU nach Kochs Abgang ein »Vakuum auf dem rechten Flügel«.

Der Chor wird lauter, als Koch ein paar Wochen danach allen gezeigt hat, wie viel besser er die Partei ansprechen kann als Angela Merkel. In einer Pause der Bundesversammlung, die es trotz klarer schwarz-gelber Mehrheit erst im dritten Wahlgang fertig bringt, Christian Wulff zum Bundespräsidenten zu wählen, legt Merkel einen mauen Auftritt hin (»Aller guten

Dinge sind drei«) und Koch einen umjubelten. Vielleicht hat Koch damit Angela Merkel für ein paar Monate oder Jahre das Amt gerettet, wer weiß. Doch langfristig ist die Wirkung eine ganz andere. Merkel steht als schwächliche Frau da, der es ohne einen wie Roland Koch nicht gelingt, die eigene Mannschaft bei Laune zu halten. Und die es nicht schafft, starke Männer wie ihn zum Weitermachen zu bewegen.

Es geht um Berlin. Das hat schon am Tag nach Kochs Rücktrittsankündigung sein Freund Franz Josef Jung klargemacht. In Hessen gebe es mit Volker Bouffier eine gute Nachfolge, aber auf Bundesebene, da fehle jetzt ein gewichtiger Vertreter konservativer und wirtschaftsliberaler Themen, sagt Jung, wenn man ihn auf Kochs Abgang anspricht.

Angela Merkel gehen im Jahr 2010 innerhalb von wenigen Monaten fünf von zehn CDU-Ministerpräsidenten verloren, aus den unterschiedlichsten Gründen. Günther Oettinger landet als Energiekommissar in Brüssel, Christian Wulff wird Bundespräsident, Jürgen Rüttgers wird abgewählt, Ole von Beust verliert die Lust und Roland Koch zieht sich zurück.

Sechs Wochen liegt seine Rücktrittsankündigung bereits zurück, als sich die *Bild*-Zeitung auf die Suche nach der Nummer zwei in der Union (nach Angela Merkel) macht. Selbst das einfallsreiche Boulevardblatt findet keine. Die Zeitung entscheidet sich dafür, sieben unwahrscheinliche Kandidaten vorzuschlagen. Ganz oben: Roland Koch. »Ginge es morgen um die Merkel-Nachfolge, würden große Teile der Partei lautstark nach ihm rufen«, urteilt die Zeitung.[73]

Bei seinem letzten amtlichen Besuch in Washington trifft Koch auf Robert Zoellick. Was Koch an dem Präsidenten der Weltbank fasziniert, ist die Tatsache, dass Zoellick ohne Probleme von der Wirtschaft in die Regierung und zurück wechseln konnte.

Die Unterstellungen gegen solche Seitenwechsler in Deutschland findet Koch falsch. »Klar ist doch, dass die Krise deshalb in den USA gut beherrscht worden ist, weil es in der Regierung

Leute gab, die die Spielregeln der anderen Seite kannten«, sagt der Deutsche in einem Interview. Er nennt Zoellick als Beispiel und zitiert dessen Lebenslauf: »von der Versicherung ins Regierungsamt, zur Bank, ins Regierungsamt«.[74] Man beachte: Es sind zwei Stationen an der Regierung dabei, unterbrochen durch einen Job in der Wirtschaft. Nicht unwahrscheinlich, dass es bei Roland Koch genau so kommt.

Es mag keine Planungen für solche Lebensläufe geben, auch nicht bei Roland Koch. Dazu ist Politik zu unberechenbar. Man sollte dem 52-Jährigen aber nicht unterstellen, er könne sich keine weitere Lebensphase im Regierungsamt vorstellen. Vieles spricht dafür, dass Koch nach einer Zeit in der Wirtschaft wiederkommt und mit ihm das System Koch der gnadenlosen Machterhaltung. Seine Chance liegt in Merkels Krise. Aber nur, wenn seine Partei und die Wähler mitspielen. Sie sind diejenigen, die das System Koch ins Haus der Geschichte verbannen können.

Dank

Mit diesem Buch danken wir allen, die im System Koch den Mut zur eigenen Meinung aufgebracht haben, innerhalb und außerhalb der Landesverwaltung, innerhalb und außerhalb der hessischen CDU. Eine lebendige Demokratie braucht Menschen wie sie.

Unser ganz herzlicher Dank gilt Beate Zekorn-von Bebenburg, Marija Zegarac und Olivia Thieme, die uns mit liebevoller Hilfe bei der Arbeit an diesem Buch begleitet haben. Auch Katharina Otto steuerte inspirierende Ratschläge bei.

Der *Frankfurter Rundschau* und ihrer Chefredaktion verdanken wir die Möglichkeit zu umfangreichen Recherchen in der hessischen Landespolitik und die freundliche Begleitung dieses Buchprojekts. Viele Kolleginnen und Kollegen der *FR* und der Dumont-Redaktionsgemeinschaft haben uns bei der Entstehung dieses Buches ganz besonders unterstützt. Dafür bedanken wir uns bei unserem ersten Leser Jörg Schindler, bei dem Fotografen Alex Kraus sowie der Gestalterin Irina Gabb für die Bearbeitung der Dokumente.

Politische Bücher, zumal aktuelle wie dieses, entstehen unter schwierigen Bedingungen. Wir freuen uns sehr, dass so viele an unser Projekt geglaubt haben. Dafür danken wir Carmen Kölz und allen Beteiligten im Eichborn-Verlag, unserem Lektor Klaus Gabbert sowie Markus Karsten für seine guten Ideen.

Anhang

Anmerkungen

1 *Frankfurter Allgemeine Zeitung*, 24.2.2009
2 *Staatsanzeiger für das Land Hessen* 2005, S. 1682
3 Schumacher 2004, S. 47
4 *Der Spiegel*, 17.5.2010
5 Siehe Susen 1999
6 *Bild*, 28.12.2007
7 *Bild*, 7.1.2008
8 *Bild am Sonntag*, 12.1.2008
9 *Idea*, 13.7.2010
10 Kermani 2009
11 Zit. n. Schumacher 2004, S. 49
12 Zit. n. ebd., S. 123
13 *Frankfurter Rundschau*, 17.3.2009
14 *Frankfurter Allgemeine Sonntagszeitung*, 3.3.2008
15 Ypsilanti 1991
16 Schimmeck 2010, S. 147
17 *Frankfurter Rundschau*, 15.8.2008
18 CDU Hessen 2008, S. 3
19 Schimmeck 2010, S. 147
20 *Süddeutsche Zeitung*, 19.3.2009
21 *Die tageszeitung*, 30.12.2009
22 *Frankfurter Allgemeine Zeitung*, 24.2.2009
23 Koch 1998, S. 9
24 Schumacher 2004, S. 325
25 Zit. n. *Hamburger Abendblatt*, 11.5.2010
26 *Frankfurter Allgemeine Sonntagszeitung*, 30.5.2010
27 Zit. n. Schumacher 2004, S. 171
28 Ebd., S. 175
29 *Der Spiegel*, 4.9.2000
30 *Frankfurter Allgemeine Zeitung*, 26.12.1999
31 *Frankfurter Allgemeine Sonntagszeitung*, 30.5.2010
32 17.9.2009, Aktenzeichen: 21K1220/09 GI.B
33 Beschluss Verwaltungsgericht Frankfurt, 7.4.2004, Aktenzeichen: P 1061 B-430.01/02 Lz II 4.01
34 Schlötterer 2009
35 *Der Spiegel*, 11.8.2003

36 Ebd.

37 Bundesrechnungshof 2006, S. 214

38 Adameck/Otto 2009, S. 57 ff.

39 UNA 15/III »Burg Stauffenberg«

40 *Wiesbadener Kurier*, 21.2.2001

41 Deiseroth/Falter 2009, S. 69 ff.

42 Ausführlicher dazu www.ansTageslicht.de/Foerster und
www.ansTageslicht.de/Borcharding

43 Siehe www.ansTageslicht.de/Steuerfahnder

44 BGH-Beschluss vom 30.6.2009, vgl. auch: Roth 2010, S. 133

45 Zit. n. Schumacher 2004, S. 85

46 *Frankfurter Rundschau*, 23.6.1999

47 Oberlandesgericht Frankfurt, 18.6.2007, S. 6

48 Bundesverfassungsgericht 1 BvR 1090/06

49 Bergstedt 2007, S. 107 ff.

50 *Frankfurter Rundschau*, 17.5.2006

51 Oberlandesgericht Frankfurt, 18.6.2007, S. 7

52 Ebd., S. 5

53 Ebd., S. 6

54 Ebd., S. 7

55 Ebd.

56 *Gießener Allgemeine*, 20.5.2006

57 *Frankfurter Rundschau*, 29.5.2010

58 Maier 2000

59 *Welt-online*, 27.5.2010

60 Niejahr/Pörtner 2002, S. 9

61 Ebd.

62 Hildebrandt/Willemsen 2009, S. 114

63 *Hamburger Abendblatt*, 11.5.2010

64 *Frankfurter Rundschau*, 11.12.2008

65 *Frankfurter Rundschau*, 12.12.2007

66 Koch 2010, S. 3

67 Niejahr/Pörtner 2002, S. 158

68 Koch 2010, S. 4

69 *Frankfurter Allgemeine Sonntagszeitung*, 30.5.2010

70 *Frankfurter Neue Presse*, 16.7.2010

71 Ebd.

72 Koch 1998, S. 122

73 *Bild*, 8.7.2010

74 *Wirtschaftswoche*, 14.6.2010

Literatur

Adameck, Sascha / Otto, Kim: *Schön reich. Steuern zahlen die Anderen*, München: Heyne 2009

Bergstedt, Jörg: *Tatort Gutfleischstraße. Die fiesen Tricks von Polizei und Justiz*, Reiskirchen: SeitenHieb 2007

Bild am Sonntag: »Sind Sie ein Ausländerfeind, Herr Koch?«, Interview mit Roland Koch von Michael Backhaus und Martin S. Lambeck, 12.1.2008

Bild: »Wer in Deutschland lebt, hat die Faust unten zu lassen!« Interview mit Roland Koch von Nikolaus Blome, 28.12.2007

Bild: »7 U-Bahn-Schläger verprügeln Lokführer«. Von Jan Schütz und Christian Stenzel, 7.1.2008

Bild: »Wer ist die Nr. 2 hinter Angela Merkel?« Von Nikolaus Blome, 8.7.2010

Bundesrechnungshof: *Bemerkungen 2006 zur Haushalts- und Wirtschaftsprüfung des Bundes*, Bonn 2006

Bundesverfassungsgericht: Urteil 1 BvR 1090/06, 30.4.2007

CDU Hessen: *In Zeiten wie diesen. Stabilität, Kompetenz, Vertrauen.* Wahlprogramm der CDU Hessen 2009, beschlossen auf dem Landesparteitag am 13.12.2008

Deiseroth, Dieter / Falter, Annegret: *Whistleblower in der Steuerfahndung*, Berlin: Berliner Wissenschaftsverlag 2009

Der Spiegel: »Was wusste Roland Koch?«, 4.9.2000

Der Spiegel: »Amnestie durch die Hintertür«. Von Felix Kurz, 11.8.2003

Der Spiegel: »Ende der Behutsamkeit«. Interview mit Roland Koch von Ralf Beste und Michael Sauga, 17.5.2010

Die Tageszeitung: »Wortbruch kann viele Facetten haben«. Interview mit Andrea Ypsilanti von Thomas Holl und Richard Wagner, 3.3.2008

Die Tageszeitung: »Der Hessen-Berlusconi«. Von Klaus Walter, 30.12.2009

Frankfurter Allgemeine Sonntagszeitung: »Ich bringe eine politische Debatte auf Ja-nein-Fragen, damit entschieden werden kann«. Interview mit Roland Koch von Cornelia von Wrangel und Volker Zastrow, 30.5.2010

Franfurter Allgemeine Zeitung: »Was haben Sie gegen Nikolaus

Brender?« Interview mit Roland Koch von Stefan Niggemeier, 24.2.2009

Frankfurter Neue Presse: »Ganz fertig wird man doch nie«. Interview mit Roland Koch von Georg Haupt und Thomas Scholz, 16.7.2010

Frankfurter Rundschau: »Keine Spur von Gießen-Gate oder Mafia«. Von Matthias Bartsch, 23.6.1999

Frankfurter Rundschau: »Polizei-Einheit für Farbattacke«. Von Michael Grabenströer, 17.5.2006

Frankfurter Rundschau: »Vermögensteuer würde teuer«. Interview mit Roland Koch von Pitt von Bebenburg, 12.12.2007

Frankfurter Rundschau: »Ich halte grundsätzlich mein Wort«. Interview mit Andrea Ypsilanti von Pitt von Bebenburg und Michael Grabenströer, 15.8.2008

Frankfurter Rundschau: »Feuerstöße zur Kurskorrektur«. Interview mit Roland Koch von Uwe Vorkötter, Rouven Schellenberger und Matthias Thieme, 11.12.2008

Frankfurter Rundschau: »Die Hessen-CDU ist eine besondere Partei«, Interview mit Peter Beuth von Pitt von Bebenburg, 17.3.2009

Frankfurter Rundschau: »Koch war ein Geschenk«. Von Thomas Reis, 29.5.2010

Hamburger Abendblatt: »Jetzt kommt es nicht auf Popularität an«. Interview mit Roland Koch von Joachim Gaugele, 11.5.2010

Hildebrandt, Dieter / Willemsen, Roger: »*Ich gebe Ihnen mein Ehrenwort!« Die Weltgeschichte der Lüge*. Ein Text von Traudl Bünger und Roger Willemsen, Frankfurt: Fischer 2009

Idea. Das christliche Nachrichtenportal: »CDU-Politiker: Union vernachlässigt die Treuesten der Treuen«, 13.7.2010

Kermani, Navid: »Bildansichten: Warum hast du uns verlassen?«, in: *Neue Zürcher Zeitung*, 14.3.2009

Koch, Roland: *Vision 21. Ein Gegenmodell zur rot-grünen Republik*, Frankfurt: Blazek und Bergmann 1998

Koch, Roland: Erklärung des Hessischen Ministerpräsidenten Roland Koch, 25.5.2010

Machiavelli, Niccolò: *Il Principe/Der Fürst*, Stuttgart: Reclam 1986

Maier, Andreas: *Wäldchestag*, Frankfurt: Suhrkamp 2000

Neumann, Arijana / Schmid, Josef: Die Hessen-CDU: Kampfverband und Regierungspartei, in: Schröder, Wolfgang (Hg.): *Parteien und Parteiensystem in Hessen. Vom Vier- zum Fünfparteiensystem?*, Wiesbaden: VS Verlag für Sozialwissenschaften 2008, S. 107–141

Niejahr, Elisabeth / Pörtner, Rainer: *Joschka Fischers Pollenflug und andere Spiele der Macht. Wie Politik wirklich funktioniert*, Frankfurt: Eichborn 2002

Oberlandesgericht Frankfurt: Urteil 20 W 221/06, Beschluss des 20. Zivilsenats vom 18.6.2007

Pflüger, Friedbert: *Ehrenwort. Das System Kohl und der Neubeginn*, Stuttgart: DVA 2000

Pohrt, Wolfgang: *Brothers in Crime. Die Menschen im Zeitalter ihrer Überflüssigkeit. Über die Herkunft von Gruppen, Cliquen, Banden und Gangs*, Berlin: Edition Tiamat 1997

Roth, Jürgen / Nübel, Rainer / Fromm, Rainer: *Anklage unerwünscht. Korruption und Willkür in der deutschen Justiz*, Frankfurt: Eichborn 2007

Roth, Jürgen: *Gangsterwirtschaft. Wie uns die organisierte Kriminalität aufkauft*, Frankfurt: Eichborn 2010

Schimmeck, Tom: *Am besten nichts Neues. Medien, Macht und Meinungsmache*, Frankfurt: Westend 2010

Schlötterer, Wilhelm: *Macht und Missbrauch. Franz Josef Strauß und seine Nachfolger*, Köln: Fackelträger 2009

Schumacher, Hajo: *Roland Koch. Verehrt und verachtet*, Frankfurt: Fischer 2004

Staatsanzeiger für das Land Hessen, Ausgabe 20/2005, 16.5.2005

Süddeutsche Zeitung: »Roland Kochs Spielwiese«. Von Christoph Hickmann, 19.3.2009

Susen, Ann-Sofie: »Weil ick dafür bin, daß keine doppelten Staatsbürgerschaften existieren«, in: *Agent Provocateur*. Studierendenzeitung am Otto-Suhr-Institut, Berlin 1999

Welt-online: »Die Wahrheit liegt im Apfelwein«. Von Andreas Maier, 27.5.2010

Wirtschaftswoche: »Ich suche«. Interview mit Roland Koch von Henning Krumrey und Roland Tichy, 14.6.2010

Ypsilanti, Andrea: *Biographien einflussreicher Frauen. Über »ohnmächtige« Mütter und »abwesende« Väter*, Frankfurt (unveröffentlichte Diplomarbeit) 1991

Zastrow, Volker: *Die Vier. Eine Intrige*, Berlin: Rowohlt 2009

Personenregister

»*Gangsterwirtschaft* ist Roths bislang politischstes Buch ... genau recherchiert und spannend geschrieben.«

Berliner Zeitung

Jürgen Roth
Gangsterwirtschaft
Wie uns die organisierte Kriminalität aufkauft
304 Seiten / gebunden mit SU
ISBN 978-3-8218-5680-3

Jürgen Roth zeigt erstmals, wie leicht und zielgerichtet kriminelle Organisationen Teil der globalen und der deutschen Wirtschaft geworden sind: mit Unternehmensbeteiligungen, durch Investitionen in Fonds und Aktien – und mit Hilfe von Anwälten, Wirtschaftsprüfern und Banken, die schmutziges Geld sauber waschen. Und er stellt die provokante Frage: Warum sollten Politik, Justiz und Wirtschaft etwas ändern, wenn scheinbar alle profitieren?

»Die Faktenfülle ist beeindruckend, die Quellen sind systematisch aufgeführt. Roth fesselt den Leser, indem er alte Wahrheiten mit neuen Erkenntnissen verknüpft. Die Finanzkrise spielt dabei eine tragende Rolle. Ein Aufklärungsbuch, das zur rechten Zeit erscheint.«

Alexander Linden, Financial Times Deutschland

Die Macht hinter der Macht

Rudolf Lambrecht / Michael Müller

Die Elefantenmacher
Wie Spitzenpolitiker in Stellung gebracht und
Entscheidungen gekauft werden

368 Seiten / gebunden mit SU
ISBN 978-3-8218-6523-2

Wie unabhängig und rechtstreu sind unsere demokratischen Machthaber
wirklich? Anhand zahlreicher hoch brisanter Fälle zeigen Rudolf Lambrecht
und Michael Mueller das ganze System der verdeckten Einflussnahme der
Wirtschaft auf die Politik und das wahre Ausmaß der Verstrickung unserer
Spitzenpolitiker – von den Anfängen der Bundesrepublik bis heute.

»Der Prozess gegen Karlheinz Schreiber war ein Anstoß, dieses Buch über
die Elefantenmacher zu schreiben. Bei unseren Recherchen sind wir auf bislang unentdeckte skandalöse Vorgänge gestoßen, deren Verantwortliche wir
nennen. Wir haben untersucht, ob es im politischen System einen Webfehler
gibt, der periodisch Skandale der Finanzierung von Parteien und Politikern
produziert. Es gibt ihn.«